辅国良臣

华 惠 ◎主编

明察秋毫

狄仁杰

辽宁人民出版社

ⓒ 华惠 2016

图书在版编目（CIP）数据

明察秋毫——狄仁杰 / 华惠主编. —沈阳 : 辽宁人民
出版社, 2017.4
　（辅国良臣）
ISBN 978-7-205-08943-6

Ⅰ. ①明… Ⅱ. ①华… Ⅲ. ①狄仁杰（630-700）- 传记
Ⅳ. ①K827=42

中国版本图书馆 CIP 数据核字（2017）第 017751 号

出版发行：辽宁人民出版社
　　　　　地址：沈阳市和平区十一纬路 25 号　邮编：110003
　　　　　电话：024-23284321（邮　购）　024-23284324（发行部）
　　　　　传真：024-23284191（发行部）　024-23284304（办公室）
　　　　　http://www.lnpph.com.cn
印　　刷：北京晨旭印刷厂
幅面尺寸：710 mm × 1000mm
印　　张：15.75
字　　数：230 千字
印　　数：1 ~ 6000
出版时间：2017 年 4 月第 1 版
印刷时间：2017 年 4 月第 1 次印刷
责任编辑：陈　昊
封面设计：侯　泰
版式设计：桃　子
责任校对：解炎武
书　　号：ISBN 978-7-205-08943-6

定　　价：43.80 元

　　狄仁杰，字怀英，生于公元630年，唐代并州太原（今山西省太原南郊区）人，唐（武周）时杰出的政治家，武则天当政时期宰相。狄仁杰的一生，是富有传奇色彩的一生，也是宦海浮沉的一生：他历官并州都督府法曹、大理寺丞、侍御史、宁州、豫州刺史等，武则天即位，任地官侍郎、同凤阁鸾台平章事，后为来俊臣诬害下狱，贬彭泽令，转魏州刺史，神功初复相，后入为内史，后又封为梁国公。在武则天当政时，以不畏权贵著称。

　　从唐代的历史发展来看，狄仁杰在当时的社会政治生活中占有举足轻重的地位，更不是一般的精熟刑律、善于推案的官吏所能比拟的。让人觉得难能可贵的是，狄仁杰不管自己出任什么官职，总是心系黎民百姓，政绩也非常卓著。就是在他身居高位时——武则天时期的宰相，也曾多次指出武则天治国时的疏漏。当时，他虽然是女皇武则天朝堂上的宰相，可是他仍然心系李唐，并通过自己的一系列努力说服武则天重立庐陵王李显为皇太子，还向武则天举荐了一些贤良的大臣，终于一举恢复了唐室。可以说，狄仁杰是上承贞观之治，下启开元盛世的武则天时代的重要人物。

狄仁杰生前，爱民如子，造福万民。他死后，武则天痛惜地说："朝堂空也！"唐中宗李显将他追赠为司空，睿宗李旦又将他追封为梁国公，可见，狄仁杰不仅得到老百姓的肯定，朝廷对他也是非常器重与尊重的。

一千多年来，狄仁杰受到历代很多帝王将相、达官贵人、文人学子、农人贩夫的交口称道。关于他的事迹，尤其是他断案冤狱的故事，人们更是传得神乎其神。当时，老百姓为了纪念这位为官清正、断案如神的神探，为他捐资立碑或修建寺庙，而且凡是他做过地方官的地方，都出现过此类建筑。虽然经过了漫长的时光变迁，当时百姓所立的碑石和修建的建筑已经所剩无几了，但从史籍记载来看，它们的确是存在过的，这也说明了他在当时人们心中与后世人们心中的地位之高以及人们对他的尊敬和敬仰。

"大江东去浪淘尽……"是的，大江只能淘去岁月的尘沙，却淘不去那些给历史留下光辉烙印的一代名臣……

明察秋毫

前言　　·001

第 一 章
狄氏家族有渊源
书香门第出英才

家族渊源，官宦之家　　·002

狄氏籍贯，颇有争议　　·006

书香门第，博览群书　　·007

　　狄仁杰的家族是源远流长的，他出生在一个官宦之家。正因为如此，他自小不仅受到书香门第的熏陶，而且有机会博览群书，同时，这也为他以后显著的政绩与功勋奠定了一定的基础。但是，狄仁杰的先祖和后世子孙没有一个人的声望与影响超过狄仁杰的，为此，狄仁杰在家族中的地位也就显得更加突出，是整个狄氏家族的骄傲。

第二章

为官清廉平冤狱
刚正不阿弹佞臣

初涉宦海，崭露头角 · 012
善决冤滥，高宗器重 · 015
刚正不阿，弹劾佞臣 · 018

狄仁杰为官清正廉洁、刚正不阿，他的这些美好品格在初涉宦海时，就已经展露出来了。他高尚的品德和卓越的才干不仅赢得了百姓们的赞誉，同时也深获唐高宗的信任。当然，狄仁杰的不凡表现也引起了当时尚是皇后的武则天的关注。他的善决冤狱、不畏权势、敢于弹劾佞臣的表现，为武则天以后重用他并与其建立良好的君臣关系奠定了基础。

第三章

历官各地惠四方
爱民如子行德政

心系百姓，行惠四方 · 024
魏州刺史，施行德政 · 027
稳定河朔，政绩卓著 · 033
神秘使命，南巡江南 · 035
巡抚江南，移风易俗 · 040

狄仁杰的一生，是宦海浮沉的一生。不管他出任什么官职，总是爱民如子，心里总是牵挂着黎民百姓，政绩非常突出。狄仁杰的宦海生涯，大部分时间还是在任地方官中度过的。有时是被贬于州县；有时是临危受命，镇守一方；有时则是奉命充使，安抚或巡察地方。但是，无论是哪种情况，即使是遭到残酷的迫害，他都能做到不计个人得失，依然尽心竭力，施行德政，努力为百姓营造一个安居乐业的社会环境。

狄仁杰

第四章

被诬入狱遭贬谪
酷吏当道躲厄运

宗室操戈，冒死请命 · 046

被诬遭贬，善恶有报 · 052

朝无贤臣，起用为相 · 054

酷吏当道，无辜下狱 · 055

机警保身，侥幸逃死 · 064

武则天垂拱年间是一个充满腥风血雨的历史时期，在这个历史时期里，武则天越来越不满足手中的权力——临朝称制，她想进一步地扩大自己的权力，也就是改朝换代——登上皇帝的宝座。武则天为了登上皇帝的宝座，大肆诛杀李唐子孙，残酷无情地打击朝中对自己不满的重臣，她甚至利用酷吏血腥残酷的镇压手段来排除异己。当然，连狄仁杰也未能幸免——被诬入狱。但是，狄仁杰却凭着自己的机警与智慧逃过一死，只不过是被罢官而已。

第五章

德抚四夷安天下
辅佐女皇济苍生

大唐易主，无力回天 · 070

身在武周，心在李唐 · 076

安抚河北，狄公出征 · 082

安抚大使，赈济百姓 · 090

辅佐女皇，投桃报李 · 092

反对佛教，巧妙进谏 · 098

安边定国，不切实际 · 103

武则天经过大肆诛杀李唐子孙及反对自己的人，为自己逐步改朝换代的路上基本上扫清了障碍。针对武则天的"大周革命"，狄仁杰作为这一时期的一个重要人物，应该有所表示才对。然而，史籍对狄仁杰当时的态度只字未提，很可能是史籍为他避讳而已。众所周知，狄仁杰是一个聪明机智之人，他当时大概是因为看到大势所趋，自己已经无力回天，于是就选择明哲保身，随大流参加了劝进活动——支持武则天称帝。但是，狄仁杰辅佐登上皇帝宝座的武则天时，尽心尽职地为国效力，早已掩盖了他当时灰色的一面。

第六章
知人善任识贤才
桃李天下美名传

不遗余力，荐举棘之　　·110
慧眼识才，古贤之风　　·113
智者千虑，必有一失　　·119

自古以来，中国就有敬贤重才的优良传统，狄仁杰作为唐代的杰出政治家，自然也非常重视荐举贤才。他先后向朝廷推荐的贤才都为大唐的江山社稷做出了不可磨灭的贡献，这不能不说是狄仁杰的功劳。并且，狄仁杰举贤不避亲，这一点也颇有古贤之风。然而，"智者千虑，必有一失"，狄仁杰所举荐的贤才当中，却看错了一个人——窦怀贞，此人一生投机钻营，寡廉少耻，丧失了一位士人所应具备的基本人格，最后不得善终，并留下了千古笑柄。狄仁杰一生荐贤数十，可谓能识人者，但也误荐了窦怀贞这类人，可见识人知人之难。

第七章
匡复唐室挽狂澜
一代名臣驾鹤去

储位之争，迎归庐陵　　·124
复立太子，匡复唐室　　·135
临终遗言，心系李唐　　·139
一代名臣，光耀千秋　　·144

自从西周确立宗法制以来，中国的天子之位的继承通常都是按照父死子继、立嫡以长的原则来确定的，这已经成了不可动摇的金科玉律。但是，由于武则天是一位女皇帝，她既是武氏家族中人，也是李氏家族中的媳妇，这种特殊的身份使这位女皇帝深深地陷入不知选谁做继承人的困惑之中。狄仁杰作为朝廷重臣，自然非常关心武则天身后皇位的继承问题。后来，经过自己的努力，终于复立了庐陵王李显。虽然狄仁杰未能看到李显——唐中宗即位便驾鹤西去了，他的努力却给匡复唐室造成了不可磨灭的影响。

明察秋毫

狄仁杰

第八章

断案机智如传奇
神探狄公传千古

红丝黑箭，迷雾散去　·150

断指之谜，浮出水面　·164

跛腿乞丐，真相大白　·180

棺柩疑案，水落石出　·192

汉家营寨，侦破奇案　·204

断案神仙，名传千古　·237

　　狄仁杰是中国历史上最负盛名的大清官之一，但是，令人感到有意味的是，狄仁杰明明是一个政治家，可他"大侦探"的形象却流传于民间。史传狄仁杰破案机智，断案公平，但并没有多少事迹被记载下来，后世有关狄仁杰推案断狱的故事充斥着稗官野史，实在是真假难辨。毋庸置疑的是，狄仁杰的确是一位断案如神的"神探""东方的福尔摩斯"。本篇章不作历史论证，仅把狄仁杰到各地做官时的一些断案传奇略举几例。

第 一 章
狄氏家族有渊源
书香门第出英才

狄仁杰的家族是源远流长的，他出生在一个官宦之家。正因为如此，他自小不仅受到书香门第的熏陶，而且更有机会博览群书，同时，这也为他以后显著的政绩与功勋奠定了一定的基础。但是，狄仁杰的先祖和后世子孙没有一个人的声望与影响超过狄仁杰的，为此，狄仁杰在家族中的地位也就显得更加突出，是整个狄氏家族的骄傲。

家族渊源，官宦之家

早在唐代，狄氏家族谱牒就已经残缺不全，史籍中有关狄仁杰家族的世系情况记载也非常少，而且互相矛盾的现象也普遍存在。因此，针对狄氏家族渊源及事迹只能做一比较粗略的叙述。

唐太宗贞观四年（630），狄仁杰出生于一个普通官员家庭。尽管狄仁杰日后声名赫赫，但他呱呱落地时，其啼声与普通婴儿毫无差异，显得那么平凡，平凡得以致连他的出生时间都没有留下记载。

狄仁杰所在的家庭在注重门第、郡望的隋唐时代是那么普通，与社会上备受人们推崇的那些高门显族相比，顿失光彩，所以狄仁杰充其量也只是一个士族子弟。如果更进一步地追溯，就会发现狄氏家族也是一个源远流长的古老家族，只是由于魏晋以来没有名人涌现，才不为人们所注目。在唐朝初年，这个家族中官职最高的是狄仁杰的祖父狄孝绪，曾担任过尚书左丞，却未建立过显著的功勋，因而名声及社会影响十分有限。狄氏家族中最著名的人物，还是要算狄仁杰，他在历史上的不凡表现，为这个家族增添了不少光彩，这才引起世人对其家族的重视。从这个意义上看，狄仁杰的降生对这个古老的家族来说，是一件值得庆贺的大事。

前面已经说过，关于狄氏家族的世系情况，今天能够了解的已经比较有限，只能粗略地知道一些狄氏家族的情况。

根据记载，狄仁杰的父亲狄知逊有两位兄长，即长兄狄知俭，唐朝江阴县（今江苏江阴）县令；次兄狄知本，唐朝营州（今辽宁朝阳）司马。地位都不高，也未见有什么事迹流传。另据有关碑刻记载，说狄知逊是狄仁杰的祖父狄孝绪第五子。这就说明狄知逊至少还有两位兄弟，但史籍中未见记载，这个现象的出现应当是狄氏谱牒残缺所导致的结果。

狄知俭是否有子，没有见于记载。狄知本有两个儿子，即狄仁蛙、狄仁权，是否做过官，史书上没有记载。狄知逊共有5个儿子，即狄仁杰、狄仁贞、狄仁节、狄仁恪、狄仁矩。狄仁杰排行第一，除他之外，其他4位兄弟是否任官也未见于记载。狄氏家族中如此之多的人未见任官情况的记载，并不一定证明他们均未进入官场，很可能是官职卑小，故史籍疏于记载。

唐人十分重视谱牒之学，当时人林宝编撰了一部名为《元和姓纂》的谱牒书，据他本人说，撰此书时"案据经籍，穷究旧史，诸家图牒，无不参详"。可见搜集资料还是比较广泛，比较丰富。后来宋人欧阳修撰《新唐书》时，其中的《宰相世系表》主要就是依据此书并增补了部分内容而编成的。现在以上二书尚存，然关于狄氏家族的记载非常简略，这就说明这个家族的谱牒早在唐代就已经残缺不全了。狄氏家族谱牒在唐代不如其他大家族完备的事实，与其不属士族阶层有很大的关系。

宋代名将狄青显达后，有一位狄仁杰的后人特地去拜见他，并献上狄仁杰的画像和告身（任官状）十余通，希望狄青能认狄仁杰为远祖。狄青认为自己一时幸运做了高官，不敢妄加攀附，冒充狄仁杰后人，因而拒绝了他的"好意"，厚赠一番。这一事件说明了一个问题，即狄氏谱牒虽然残缺，但在北宋时仍然存在，所以狄青才不敢贸然攀附。随着岁月的推移，有关这个家族的资料又有所散失，时至今日，所能考知的情况便十分有限了。

根据记载，狄姓出自姬姓。周成王把他的同母弟孝伯封于狄城（今甘肃临洮），以地名为氏，孝伯遂成为狄姓的最早始祖。

孔子有一名弟子狄黑，就是孝伯的后裔。狄黑的裔孙狄山，在西汉充任过博士之职，世代居于天水（今甘肃通渭西）。前秦末年，大将姚苌在关陇豪族的支持下举兵反秦，其中的天水豪族狄伯支就是狄山的后裔。姚苌建立后秦政权，任狄伯支为尚书。他临终时召集四位大臣受遗诏辅佐其子姚兴，狄伯支也是辅臣之一。姚兴灭了前秦苻登，称帝之后，遂任狄伯支为征虏将军、乐平侯。不久，姚兴遣其弟姚平与狄伯支率步骑4万进攻北魏，由于姚兴支援不力，致使后秦军队先胜后败，姚平战死，狄伯支等人被俘。后双方关系和好，狄伯支被放回，很快恢复了官爵。后秦与割据陕北的赫连勃勃关系恶化，平北将军姚冲与狄伯支奉命率军征讨，姚冲图谋发动叛乱回师袭击长安，狄伯支不从，姚冲惧怕阴谋败露，便设计将狄伯支毒死。

狄仁杰

狄伯支是后秦的开国功臣，地位较高，他的死使家族地位大受影响。到了其孙子狄恭时，移居于太原（今山西太原南）。从此，这个家族就以太原为籍贯，旧史记载狄仁杰为太原人，其依据就来源于此。狄恭的儿子狄叔湛在东魏担任过帐内正都督、平西将军，封爵临邑子。狄叔湛的儿子狄孝绪，在唐朝初年曾先后充任过行军总管、大将军、尚书左丞、使持节汴州诸军事、金紫光禄大夫，封爵临颍男。从狄孝绪所任官职看，在唐初地位已经相当显赫了。行军总管，为一路野战部队的统帅。使持节汴州（今河南开封）诸军事，则掌握这一地区的军政大权，并拥有专杀之权。尚书左丞，为尚书省的主要官员，具体掌管尚书省的

明察秋毫

狄仁杰

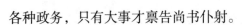

各种政务，只有大事才禀告尚书仆射。

左丞分管吏部、户部、礼部十二司事务，如果诏书不当有权封还重议，并有决定郎官人选的人事权。金紫光禄大夫，为文散官第四阶，正三品，在唐初这已经是相当高的官阶了。狄孝绪担任过的这些官职，不仅表明他位高权重，而且也才兼文武。但是，有关狄孝绪的事迹在史书中非常罕见，恐怕不仅是年久湮没的问题，大约是他功绩不怎么显著，才致使史书中缺乏记载，这一点从他的封爵可以得到证实。狄孝绪尽管职位颇高，却仅获得了一个临颍男的爵位，在唐代爵位为最低一级，从五品上。唐朝初期的封爵主要根据功绩大小来封授，狄孝绪没有获得显爵，可能就是出于这个原因。

狄仁杰的父亲狄知逊是狄孝绪的第五子，由于其父为朝中高官，家业富足，所以狄知逊从小受到了良好的教育，后来通过科举考试而步入仕途。据载，他是明经及第后，被授以东宫内直郎，掌管太子东宫的符玺、伞扇、几案、服饰等事。对于初入仕途的人来说，这已是相当不错的职位了。据说狄知逊"龙章风姿"，"神情秀发"，一表人才。后又充任过郑州（今河南郑州）司兵参军，兼郑王府兵曹参军。郑王指唐高祖的儿子、唐太宗的异母弟李元懿，李元懿本封滕王，贞观十年（636）正月，改封郑王，任郑州刺史，狄知逊充任这一官职当在这个时期。此后，他又历任梁州（今陕西汉中）都督府录事参军、越州剡县（今浙江嵊州）令、华州郑县（今陕西华州）令、夔州（今重庆奉节东北）都督府长史等职，死后赠使持节邛州（今四川邛崃）诸军事、邛州刺史。狄知逊在仕途上很不得意，几乎没有充任过重要职务，死后的赠官还是沾了狄仁杰的光。

关于狄仁杰的母亲，史书中没有记载。《邛州刺史狄公碑》中略有提及，可惜由于碑文残缺，不知其姓氏。然狄仁杰有一堂姨卢氏，所谓堂姨是指其母的堂姐妹，即狄仁杰外公的兄弟之女，据此可以断定狄仁杰之母必然姓卢。上面提到的这块碑文记载说："凤皇于飞，生享从夫之秩；蛟龙既没，死偕同穴之荣。初封太谷县君，追赠（下缺）。"说明在狄知逊获得赠官的同时，他的夫人也得以追赠封号，只是由于碑文残缺已无法知道具体封号了。

狄氏籍贯，颇有争议

关于狄仁杰的籍贯，旧史均记载为并州太原人。并州在隋炀帝大业中改为太原郡，唐高祖武德时又改称为并州（今山西太原西南）。上面所说太原是指并州所属的太原县，治所从隋末以来移到州城之内。然据明朝阳曲县知县彭而述所撰的《狄梁公谱系祀田记》记载："县之南治十里，人烟可三五十家，相传为梁公故里，志乘所载，父老所传，人竞呼之为狄村云。"阳曲县也是唐代并州下属的一个县，在明清隶于太原府。唐代的阳曲县城位于今太原市北约15公里，明代的阳曲县城距今太原市北约25公里，狄村就位于唐明阳曲县城之间，这里距唐代的太原县约百里之遥。从"志乘所载，父老所传"等语看，可知认为此处为狄仁杰故里的说法由来已久，并非明代才出现，且有文字记载为据。因此，狄仁杰的故里应该在阳曲县而不是太原县。清康熙时编撰的《阳曲县志》卷12《人物》就明确记载说："狄仁杰，字怀英，阳曲人。"同一时期修撰的《太原县志》也没有将狄仁杰说成是本县人。唐朝后来把并州改为太原府，如果说狄仁杰是太原府人，那是不错的；如说是并州太原人，则大为不妥了。

狄氏家族到狄知逊时住址又有一次变化，根据记载，狄仁杰从汴州调任并州，途中登太行山，南望河阳（今河南孟州东南），对随从人等说："我的亲人就居住在南边那片白云之下。"他伫立很久，一直看到那片白云飘移远去，才怀着依依不舍的心情离去。根据研究，狄仁杰所说的亲人即其父狄知逊。大约此时狄知逊已致仕赋闲于家，住在河阳别业，狄仁杰离家赴外地任职，在途中登高南望，思念亲人，才留下这一感人至深的记载。

狄仁杰的主要政治生涯是在武则天时期度过的。武则天是以洛阳为政治中心，狄仁杰在洛阳就有自己的住宅，位于尚贤坊内，狄仁杰的堂姨卢氏就住在洛阳城南的午桥别业。河阳与洛阳隔黄河相望，距离不远，后来狄氏家族在河南一带生活的人很多，这里可以说是他们的第二故乡。明代人金怀玉编撰了一部名为《狄梁公返周望云忠孝记》的戏剧，其中也有上述的那个情节，索性就称狄仁杰为"河阳狄氏怀英"，即认为其是河阳人。

书香门第，博览群书

童年时代，狄仁杰是在随父亲宦游各地中度过的。在雄伟壮丽的帝都长安，一览无垠的中原大地，繁花似锦的江南水乡，山清水秀的汉中盆地，奇险秀美的三峡两岸，都留下了狄仁杰幼小的足迹。漂泊不定的宦游生活，对于磨炼狄仁杰的意志、增长见识十分有利。直到青年时代他才结束了随父宦游的生活，却又开始了他自己的动荡不定的仕宦生涯，南北奔波，四方漂流，狄仁杰一生中的大部分时间都是在奔波于神州大地上度过的。

其实，狄仁杰的童年时代正是唐太宗统治的贞观时期。在唐太宗的治理下，这一时期政治清明，社会稳定，人民安居乐业，但由于隋末长期的战争破坏，社会经济尚未得到完全恢复，不少地区村落萧条，人口稀少，土地荒芜，处于亟待恢复的阶段。隋炀帝大业中，天下有户890万，而贞观初不满300万户，直到唐高宗永徽三年（652），全国也不过380万户。可见人口锐减到何种程度。贞观六年（632），魏徵还说从洛阳向东直到海边，"茫茫千里，人烟断绝，鸡犬不闻，道路萧条"。由于这一时期国家的财力、物力有限，所以地方官的俸禄比较微薄，尤其是一些品级较低的地方官员，没有禄米之给，甚至不免有饥寒之虑。直到贞观八年，政府财力稍有增加，才提出给地方官增加禄米的问题。狄仁杰的父亲虽然身在仕途，但由于是地方官，且品级不高，俸禄有限，所以狄仁杰虽为官宦子弟，尽管不会有生活之虞，但他的童年生活肯定不十分富足。这样的社会与家庭环境对狄仁杰的成长是有益处的，使他不至于染上一般官僚子弟那种不良习气。

狄知逊共有5个儿子，狄仁杰为长子，所以在家庭中对他很少溺爱，更多的是严教。作为一个古老的家族，狄氏家族和中国古代许多大家族一样，都有自己的家族传统，用以规范家人的行为和教育子弟。许多家族还撰写了所谓家训之类的东西，世代相传，成为这个家族中人人必须遵循的训条，著名的《颜氏家训》便是一部流传至今、影响甚大的此类书籍。狄氏家族是否在狄仁杰之前也有此类家训，不得而知，后来狄仁杰显达以后，的确撰写过一部名为《家范》的训言，共一卷，用于教育自己的子孙。据此类推，狄氏家族肯定也有此类训条存在。唐文宗时，狄仁杰的族曾孙狄兼谟任给事中，文宗认为狄兼谟能忠于职守，是一个执法官员的最好人选，便把他提升为御史中丞，并对他说："御史台朝廷纲纪，台纲正则朝廷理，朝廷正则天下理。凡执法者，大抵以畏忌顾望为心，职业由兹不举。卿梁公之后，自有家法，岂复为常常之心哉！"这段话清楚地表明狄氏家族确有自己的家族训条。所谓"家法"，即家族传统、家族训诫。

明察秋毫

狄仁杰

狄仁杰祠堂碑

作为长子的狄仁杰，自然受到其父的严格要求，希望他能够光耀家族，成为有用之材。所以狄仁杰在童年时就养成了勤奋学习的好习惯，有时读书甚至到了入迷的程度。有一次，他家的门人被害，惊动了当地官府，县吏奉命前来调查案情，全家上下人等都出来接受讯问，只有狄仁杰一人未动，仍在房中读书。县吏十分生气，责问他为何不出，狄仁杰不慌不忙地回答说："黄卷之中，圣贤备在，犹未对接，何暇偶俗人而见耶？"由此可知他读书的刻苦用心。他把苦读儒家经典看成是与古代圣贤进行交流，小小年纪便已表现出与众不同的见识，因而从小就受到人们的关注。

据说，有一天，狄仁杰和他的小兄弟们外出游玩，在途中与高僧海涛法师相遇。此人学识渊博，尤善相面之术，他一见到狄仁杰，大吃一惊，感叹地说："此儿郎日后当位极人臣，百姓有幸，苍生是赖，可惜我年事已高，不能等到那个时候了。"

狄仁杰在少年时期读书不仅限于儒家经典，还广泛地涉猎了其他各类书籍，其中包括医学书籍在内，因此他对医术也颇为精通。官僚子弟博览群书本不足为奇，但大都不去涉猎医学书籍，在他们看来医术不属于经邦治国之学，因而不屑一顾。从狄仁杰乐于研习医术看，恐怕不是一时兴趣所致，而是他志向远大，想多学本领以便为民造福，这一点在他日后任官期间仍不忘为民诊治疾病、解除痛苦的行动上可以得到证实。

明察秋毫

第 二 章

为官清廉平冤狱
刚正不阿弹佞臣

狄仁杰为官清正廉洁、刚正不阿，他的这些美好品格在初涉宦海时，就已经展露出来了。他高尚的品德和卓越的才干不仅赢得了百姓们的赞誉，同时也深获唐高宗的信任。当然，狄仁杰的不凡表现也引起了当时尚是皇后的武则天的关注。他的善决冤狱、不畏权势、敢于弹劾佞臣的表现，为武则天以后重用他并与其建立良好的君臣关系奠定了基础。

初涉宦海，崭露头角

唐高宗显庆（656—661）中，狄仁杰通过明经科的考试而步入仕途。初涉宦海的狄仁杰，意气风发，雄心勃勃。并且，在这一时期，唐高宗延续了唐太宗制定的统治政策，承"贞观之治"的余绪，国力逐渐强盛，人口增长，社会生产发展，政治局势比较稳定。朝中的重要大臣基本上都是太宗时期的重臣宿将，如长孙无忌、褚遂良、李勣、契苾何力、苏定方、薛仁贵等。他们具有丰富的政治经验和军事指挥才能，在他们的辅佐下永徽、显庆时期的唐朝国力强盛、形势稳定。显庆后期朝中的矛盾逐渐明显，主要是围绕着是否拥立武则天为皇后而展开斗争的，朝中大臣分为拥武和反武两大派。武则天是在永徽六年（655）当上皇后的，虽然她深恨反对派，但因时机未成熟，所以隐忍不发。到了显庆四年（659），她指使人诬告宰相长孙无忌（高宗的舅父）谋反，将其贬官，不久逼令自杀，在此之前已将另一宰相褚遂良贬死。高宗原皇后王氏的舅父柳奭、韩瑗等重臣也先后被杀，所有这些家族的近亲也都被流放岭南，朝中辅政者基本上为武则天亲信或同党。显庆五年（660），高宗患了风眩病，"头重，目不能视"，因此高宗在患病时，允许武则天处理百司奏事。这是她参政的开始，偶尔为之，她正式参决大政还是数年之后的事情。

在这样的历史背景下，狄仁杰走上了坎坷的仕途，他首任的官职是汴州（今河南开封）判佐。判佐又称判司，是对司功、司仓、司户、司兵、司法、司士等曹参军事的统称，分掌本州各种具体行政事务。狄仁

明察秋毫

狄仁杰

杰到底充任的是哪一曹参军事，史书缺载，不可考知。

但是，狄仁杰在汴州上任不久，就被本胥吏诬告，使初涉宦海的他很快就尝到官场风云的险恶。至于狄仁杰因何事被人诬告，史籍未载，不得而知。由于在唐朝初期，每隔一至数年都要派一批朝官充任黜陟使，到全国各道巡视、监察，大事奏裁，小事立决，对地方吏治的考察与监督是其重要的职责之一。这时到河南道充任黜陟使的是工部尚书阎立本，他接到对狄仁杰的举报后十分重视，亲自负责审理。经过了详细深入的调查后，阎立本发现狄仁杰尽管任职时间不长，但政绩非常突出，举报之事纯属毫无根据的诬告。阎立本遂召见狄仁杰，向他当面谢罪，并称赞说："仲尼云：'观过知仁矣。'足下可谓海曲之明珠，东南之遗宝。"对狄仁杰给予了很高的评价。

阎立本可谓慧眼识贤才，他也是第一位赏识狄仁杰并对他进行提拔重用的人。阎立本，雍州万年（今陕西西安）人，他是唐代著名的大画家，《秦府十八学士图》《凌烟阁功臣图》等作品，都出于阎立本之手，流传至今的绘画作品有《步辇图》《历代帝王图》《职贡图》与《萧翼赚兰亭图》等。他还擅长工艺、建筑，因此曾充任主管工程的将作大匠、工部尚书等职，后来虽然还担任过右相、中书令等重要官职，由于他的画名气太大，往往掩盖了其政治才干。其实就阎立本的本意而言，他非常希望在政治上有一番作为。虽然阎立本不愿再以此技见知于天下，但既入官场，身不由己，往往欲罢不能，致使后人认为他非宰辅之器。从阎立本为狄仁杰平反昭雪，并赏识重用的举动看，上述看法的确多少有些冤枉了阎立本。

阎立本为狄仁杰平反后，认为狄仁杰品行高洁、才干卓越，遂上奏唐高宗推荐他任并州（今山西太原西南）都督府法曹参军。这一职务仍是判司，由于并州是大都督府，诸曹参军均为正七品上，汴州在当时为上州，判司均为从七品下，对狄仁杰来说，是官升两阶。并州在唐朝地位比较特殊。隋大业十三年（617），唐高祖以这里为基地，起兵向关中进军，建立了唐王朝，因此并州被视为李唐王朝的发祥之地。此外，并州还具有重要的军事地位，发挥着屏障关中和镇抚北方少数民族的军事作用。由于这些原因，唐政府对并州官员的选用比较慎重，狄仁杰能被推荐到这里任职，是对他德才的肯定与赏识。

正好并州是狄仁杰的桑梓之地，因此他对在这里任职十分兴奋，决心为故乡百姓做一些有益的事。唐制，大都督府法曹参军设置两员，掌管司法刑狱。狄仁杰在并州任上，执法严明，政平讼理，他经手的案子都能及时处理，从不积压。由于能公平执法，没有冤滥，受到同僚与百姓的赞誉。

并州的另一位法曹参军郑崇质，恭顺仁孝，对其老母颇能尽为子之道，为当时人所称道。就在狄仁杰到并州上任不久，郑崇质奉命将要出使远方。这时他的母亲年事已高，且患有重病，如他远去，老母将无人照料；如抗命不去，作为政府官员又身不由己，处于两难之际。狄仁杰看到这种情况，十分同情，便对郑崇质说："太夫人病情危重，而公奉命出使远方，路途万里，岂能不担忧！"遂主动去见都督府长史蔺仁基，要求代替郑崇质充使外出。按照唐朝初期制度，大都督府都督通常都由亲王、皇子充任或遥领，凡遥领大都督时，大都督府的军政事务由长史负责。因此，这时的蔺仁基实际上是并州大都督府的军政长官。狄仁杰的行为对蔺仁基触动很大，他非常感慨地说："狄公之贤，北斗以南一人而已。"当时蔺仁基正与都督府司马李孝廉闹矛盾，双方关系十分紧张。狄仁杰与郑崇质也是同僚关系，且狄仁杰到任不久，互相之间并无深交。古代交通工具比较落后，长途跋涉，辛劳异常，非至交或亲属是没有人会主动代替他人充使的。正因为如此，蔺仁基对狄仁杰的义举感慨万分，再对照自己的行为，使他十分惭愧。于是，他主动去找李孝廉，经过推心置腹的交流，从此两人之间"相待如初"。

明察秋毫

狄仁杰

在并州，狄仁杰本是一位普通官员，却以自己的高尚行为感化了顶头上司，消除了官员之间的矛盾，使狄仁杰在当地的声望迅速提高，受到同僚们的交口称道。狄仁杰完成出使使命后，又回到并州，在这里任职十余年时间，为当地百姓做了许多有益的事。

善决冤滥，高宗器重

上元二年（675），狄仁杰被调入长安（今陕西西安）任大理寺丞。这是他首次充任京官，也是他人生的一个转折点，从此狄仁杰以自己卓越的才干、不凡的政绩，一步步地登上高位，为人们所注目与赞颂。尽管在以后的政治生涯中，仍有曲折和起落，但狄仁杰必定已不再是默默无闻的地方小官吏，他的刚直果敢、德才兼备的形象在朝野上下留下了深刻的印象。一旦风云散去，他便又重新获得重用和信任。

狄仁杰任职的大理寺是国家的最高司法审判机关，大理寺丞的地位虽不算高，仅为从六品上，却是一个十分重要的职位。按照唐朝制度，大理寺置丞6人，分别掌管本寺日常事务，并负责审判断罪之事。狄仁杰在这一职位上做出了骄人的成就，令当时人及后世称道不已。唐朝的大理寺下设有监狱，用来关押待审的罪犯，如果大理寺审案迟滞或疑难案件较多，监狱往往就会人满为患。狄仁杰上任的那年，就碰到这样的情况，大理寺积压旧案颇多。他不辞辛劳，夜以继日，一年之内就将历年积压的旧案审理一清，同时也没有影响新案的及时审理，共计审理17000余人，无一人诉冤，"时称平恕"。唐朝对官员有较严格的考课制度，每年考核一次，称小考，三四年举行一次大考。这年负责京官考课的是尚书左仆射刘仁轨，他没有详细了解大理寺的情况，认为狄仁杰是新任官员，就将大理寺所上报的中上等给否定了。大理寺卿张文瓘认为此事不公，向刘仁轨提出异议，刘仁轨问狄仁杰审理了多少案件，张文瓘回答说一年审理了17000余人，刘仁轨大惊，为自己失察而深感内疚，便把狄仁杰的考课等级提为上下。唐朝的考课等级共分九等，上下为第三等。当时考课标准掌握很严，"人多者不过中上，未有得上下以上者"。狄仁杰在担任京官的第一年，就取得如此引人注目的政绩，使他很快就崭露头角，为以后仕途的通达创造了良好的条件。

上元三年（676）九月，左威卫大将军权善才、左监门卫中郎将范怀义在负责守卫唐太宗的昭陵时，因陵园面积广大，一时分辨不清，误伐了昭陵的柏树。此事本来并不为高宗所知，因为飞骑（禁军）中一军士违反军法，被权善才依法惩处，此人心怀怨恨，利用番休之机入长安请求高宗召见，痛哭流涕地反映了权善才等人砍伐昭陵柏树之事。高宗听后十分震惊，"悲泣不自胜"。高宗8岁时就失去了亲生母亲长孙皇后，由于他幼年性情软弱，又早早失去母爱，所以太宗对他十分爱怜，关怀备至。16岁时立为皇太子，太宗对他更加关心，朝夕相处，言传身教，甚至以吃饭、骑马、乘舟等生活琐事为例，对高宗进行教育，传授政治经验。太宗所倾注的这种深深的父爱，使高宗终生难以忘怀。现在竟然有人敢于砍伐自己父皇陵园的柏树，在高宗看来无疑是大逆不道的行为，不可容忍，必欲置之死地。

高宗下诏逮捕了权、范二人，送大理寺严加惩处。大理寺审理后，依法判处免官除名，高宗认为处罚太轻，要求判处死刑。大理寺内无一人敢于出面抗争，唯有狄仁杰上表反对，认为权、范二人罪不当死。高宗亲自召见狄仁杰，对他说："权善才砍伐我父皇陵上柏树，使我陷于不孝。我知卿是好法官，请一定将权善才等人处死。"狄仁杰固争不已，高宗勃然变色，狄仁杰的顶头上司张文瓘见皇帝动了真气，唯恐狄仁杰吃亏，以笏挥之令出。皇帝左右的人也赶紧拿眼神对狄仁杰示意，

明察秋毫

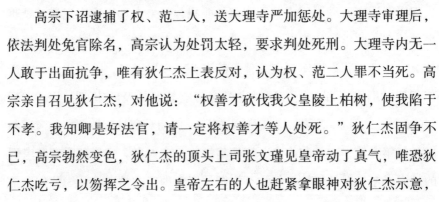

狄仁杰

让他不要再说下去了，皇上正在气头上，越说不是越找倒霉吗？可狄仁杰不管这些，他梗着脖子，直视唐高宗李治，"我听人说，倒摸龙的鳞甲，触犯皇帝的尊严，自古到今都被认为是一件大难事，可依我的见解，却不一定是这样。生在暴君桀、纣的时代，这的确是难事，但生在贤君尧、舜的时代，却是容易的事情。我今天有幸遇到像尧、舜一般的君主，用不着担心因为直谏遭到惩罚。"

狄仁杰说话也有艺术，先是把李治捧了一通，待李治的脸色转缓和了，狄仁杰接着说了两件前朝发生的故事给李治听。一件是汉文帝刘恒的时候，有人偷盗汉高祖刘邦庙前的玉环，廷尉张释之只按盗窃宗庙服御物的法律给罪犯定了死刑，可是文帝却认为这是侵犯了皇权，要把罪犯全族都处死，张释之问道："现在有人盗宗庙用器就处族刑，假如有人取高祖长陵的一把土，那将又做如何处理呢？"最终说服了文帝。另一件是魏文帝曹丕的时候，魏文帝决定把冀州的老百姓十万户迁移到河南，大臣们虽认为这样做不好，但皇帝主意很坚决，就都不敢出来说话了，只有辛毗向皇帝提出这件事。曹丕说："你认为我的决定不对吗？"辛毗说："我真心实意认为不对。"曹丕说："我不同你谈论这件事！"站起身来往宫里走，辛毗拉住他的衣带不让走，继续申述反对意见，曹丕终于采纳，改变了自己的决定。

狄仁杰引了前朝旧事之后，才说道："可见，贤明的君主可以用道理来说明，忠心的臣子不应当因畏惧权势而不向皇帝进言。现在陛下不采纳我的意见，我死后，在九泉之下见到张释之和辛毗，是会感到羞愧的。陛下制定了法律，大家都知道，法律上规定的徒刑、流刑和死刑，是有轻重差别的。哪有犯的罪不够死刑的程度，就下令把人处死的？要是法律没有一定的准则，千千万万的老百姓拿什么当行为的依据呢？陛下一定要以个人的好恶为准，改变原来的法律规定，那么就请您从今天开始生效。不然现在陛下因砍了昭陵的一棵柏树就杀一位将军，千秋万代以后，人们会把您看作是怎样的君主？您害怕蒙受不孝的恶名，我却害怕您蒙受不道的罪名！"

狄仁杰的一番话，把李治的心情说得稍稍平静下来。高宗当然清楚随意改变法律的影响，无奈之下只好放弃自己的主张，权善才、范怀义二人因而得以免死。

过了一会儿，高宗又对狄仁杰说："卿能守法，朕有法官。"并下诏命史官把此事编入国史，他还说："仁杰为善才正朕，岂不能为朕正天下耶！"通过这件事使高宗对狄仁杰的胆识和才干更加赏识，于是便授予狄仁杰侍御史之职。侍御史与大理寺丞虽然都是从六品上的官员，但前者却是所谓清要之官，"掌纠举百僚，推鞫狱讼"，职事更加重要。狄仁杰在侍御史任上忠于职守，多次向高宗进谏，高宗也言无不从。有一次，狄仁杰进谏完毕后，高宗笑着对他说："卿得权善才便也。"这虽然是一句玩笑话，却反映出高宗对狄仁杰心无嫌隙、完全信任和倚重的态度。

刚正不阿，弹劾佞臣

调露元年（679）正月，司农卿韦弘机在官场上正是春风得意之时，突然被侍御史狄仁杰弹劾而丢了官。这件事再次震动朝野，使人们对狄仁杰又一次刮目相看。

韦弘机，京兆万年（今陕西西安）人。太宗贞观时入仕，曾出使西突厥，撰写过一部名为《西征记》的书，记述所经过诸国风俗、物产，献给太宗，得到赏识，被提升为朝散大夫。高宗显庆（656—661）中，韦弘机任檀州（今北京密云）刺史，政绩颇为不凡。大将契苾何力征讨

明察秋毫

狄仁杰

高丽时，韦弘机由于能及时运送资粮，保证军需，得到高宗的赞赏，提拔为司农少卿，主管东都（今河南洛阳东）营田、园苑。太子李弘死后，高宗命蒲州（今山西永济西）刺史李冲寂主持营建陵墓，过期未成，遂又命韦弘机负责此项工程，结果如期完工，由此，高宗对韦弘机更加宠信。韦弘机虽然具有一定的才干，然性机警，好逢迎，为正直之士所不齿。像韦弘机这样一个高宗的宠臣，仅凭狄仁杰一纸劾状是拉不下台的。

早在上元二年（675），高宗在东都住了一段时间后将要返回长安，临行时对韦弘机说："长安、洛阳是我的东、西宅，洛阳现有的宫殿大都是隋代所建造，年代已久，逐渐陈旧颓坏，欲想整修又颇费资财，为之奈何？"韦弘机上奏说："按照司农寺旧式，差丁壮采伐木材，皆付给雇值。而今动用户奴采伐，所获材木足够十年之用，节省的雇值（即雇工之费）在库中积存的就有四十万贯之多。用来修造宫室，三年必成，不必劳动百姓。"高宗听后大悦，命韦弘机兼管东都将作、少府二监事，负责此项工程。

为了讨高宗的欢心，韦弘机不仅整修了隋朝留下的旧宫殿，还

狄仁杰墓

新建了宿羽、高山、上阳等宫，其中上阳宫位于皇城之外西南隅，南临洛水，三面环谷水。高宗曾游于洛水之北，"乘高临下，有登眺之美"。韦弘机遂在高宗登高处建造了一座高馆，以备皇帝再次游幸，又沿洛水北岸修建了一条长廊，连亘一里，在涧溪曲处建一新殿，与长廊相连接，雕梁画栋，壮丽华美。上阳宫内有丽春殿、麟趾殿、观风殿、甘露殿、仙居殿、芬芳殿等主要建筑，至于楼阁亭台更是星罗棋布，如七宝阁、浴日楼、本枝院、芙蓉亭、宜男亭、含莲亭、神和亭等，举不胜举。

调露元年（679），高宗再次驾临东都，就移住在新建成的上阳宫中。由于上阳宫环境宜人，壮丽豪华，此后武则天改东都为神都作为统治中心，就长期住在上阳宫中，这里遂成为当时的政治中枢。高宗对韦弘机的表现十分满意，为了表彰他的功绩，便将他提升为司农正卿。

然而，尚书左仆射刘仁轨对此事非常不满，却又不愿出面进谏，便对狄仁杰说："自古以来凡陂池台榭，都建在深宫重城之中，不使外人看见，恐伤百姓之心。今韦弘机所兴建的宫殿廊馆，沿洛水而建，全在宫城之外，万方朝谒天子，无不可以看见，这难道是致君尧舜之意吗？"此话传到韦弘机耳中，他不知悔过，反而理直气壮地说："天下有道，百司各奉其职。辅弼之臣则思献替之事，至于我们这些负责具体事务的臣子，只不过是奉行诏命，各守其本身的职责而已，不敢有越份的举动。"就是说韦弘机认为自己的行动是奉皇帝的命令而行，是忠于职守的表现，致君尧舜是辅弼之臣的事，与他们这些事务性官员没有关系。

其实，韦弘机根本就是自圆其说，强词夺理。洛阳宫殿的兴建从根子上说，固然是唐高宗追求奢侈生活的结果，但韦弘机从中也起了教唆导引的作用。从表面上看，此次兴建似乎没有加征赋税，劳役百姓，实际情况并非如此。韦弘机动用的所谓雇值，实际就是百姓上缴的丁庸，即租庸调制中的庸，属于国家正税，这一点韦弘机本人也不否认。韦弘机没有把这部分经费用于利国利民的工程中去，反而唆使皇帝建造豪华宫殿，追求个人享乐，是一种典型的佞臣表现。何况数十万缗钱根本不足以兴建如此规格的工程，肯定有挪用国家其他经费的现象。事情发生后他还不接受别人的指责，反以皇帝的诏令来堵塞舆论，使狄仁杰忍无可忍。但是狄仁杰也清楚地知道要扳倒韦弘机这样正在受皇帝宠信的佞臣，仅以唆使天子追求奢华的罪名是不行的，高宗肯定会予以庇护，于是他进行了深入的调查，终于发现了韦弘机家人盗取官府资财的线索。韦弘机主持营建，经手巨额资财，他的家人利用这种方便条件，盗取官物，韦弘机自然有不可推卸的责任。狄仁杰掌握了大量证据后，上奏高宗，二罪并劾，终于迫使高宗将其免官除名。

在这一时期，高宗还有一位宠臣，即左司郎中王本立，他恃宠弄权，朝廷上下莫不畏惧。狄仁杰对王本立的行为十分鄙视，决心予以铲除，遂愤然上表，指出王本立种种奸诈不法之事，请求高宗将他交给司法部门审理治罪。高宗此时对王本立的恩宠未衰，不愿将他治罪，遂下诏特意免于追究。狄仁杰坚决反对赦免王本立，他向高宗进谏说："国家虽然缺乏英才，难道少王本立这类人！陛下为何怜惜有罪之人而不顾国家法律？如果陛下一定要赦宥王本立，请先将我放逐到无人之境，为将来的忠贞之臣作一鉴诫。"高宗不得已只好将王本立治罪。这一事件对朝臣震动很大，使忠贞之臣扬眉吐气，奸佞之徒一时敛迹，"由是朝廷肃然"。狄仁杰本人由于明于执法，敢于弹劾权宠与奸佞之臣，因而声名远扬，成为朝野推崇备至的人物。

在这之后，狄仁杰的任官经历中，还多次出任过地方行政长官。他每到一地，都能始终坚持严于执法、公正平恕、力纠冤滥的原则，革除了不少弊政和害民的旧习俗，爱民如子，使千百人免于死在滥刑之下。正是由于狄仁杰正直果敢，知法守法，审理了大量的滞案、冤案，所以千百年来受到人们的赞颂，以他为题材创作了不少文学艺术作品来歌颂其不朽的业绩。

狄仁杰在大理寺和御史台任职期间，能得以施展才华，取得这样的成就，与他本人刚正果敢的性格、干练卓越的才能固然有很大的关系，但也要看到这一切与高宗对他的信任和支持是分不开的。如果高宗是一个固执己见听不进谏言的皇帝，尽管狄仁杰明于执法、疾恶如仇也无法纠正错案，惩治奸佞。欧阳修修撰的《新唐书》把高宗描写成一位昏庸的皇帝，从他能虚心接纳狄仁杰的进谏，知错能改，驱逐奸佞，信任狄仁杰这样的直臣等行为看，昏庸之说似乎难以成立。

随着狄仁杰名声愈来愈大，他也逐渐为唐高宗的皇后武则天所知，并留下了深刻的印象。狄仁杰政治生涯的最重要阶段是在后来的武则天统治时期度过的，武则天对他的了解，对以后委他以重任有十分重要的意义。武则天自麟德元年（664）起便直接参与朝廷政事，史载："自是上每视事，则后垂帘于后，政无大小，皆与闻之。"上元元年（674），唐高宗称天皇，武则天称天后。次年，高宗因为旧病复发，风眩不支，准备逊位于武则天，因为大臣反对而作罢，但武则天却取得了在高宗养病期间摄理国政的权力。仪凤三年（678），甚至允许百官与四夷酋长朝见武则天。由于武则天可以直接参与朝政，狄仁杰在这一时期的所作所为她不会不知道。武则天与狄仁杰在这一时期虽未发生直接的关系，但为后来对他的重用和与其建立良好的君臣关系奠定了一定的基础。

明察秋毫

狄仁杰

第 三 章

历官各地惠四方
爱民如子行德政

　　狄仁杰的一生，是宦海浮沉的一生。不管他出任什么官职，总是爱民如子，心里总是牵挂着黎民百姓，政绩非常突出。狄仁杰的宦海生涯，大部分时间还是在任地方官中度过的。有时是被贬于州县；有时是临危受命，镇守一方；有时则是奉命充使，安抚或巡察地方。但是，无论是哪种情况，即使是遭到残酷的迫害，他都能做到不计个人得失，依然尽心竭力，施行德政，努力为百姓营造一个安居乐业的社会环境。

心系百姓，行惠四方

在狄仁杰任御史期间，唐朝与吐蕃发生了一次大规模的战争。吐蕃是今天藏族的祖先，是一个以游牧生活为主的民族。唐以前吐蕃分为若干部落，散布于西藏高原之上。唐朝初年其赞普松赞干布统一了诸部，拥有精兵数十万，实力强大。唐太宗时曾将文成公主嫁给松赞干布，促进了唐朝与吐蕃关系的发展。松赞干布死后，其孙弃芒论芒赞继位，年幼不能理事，由大相禄东赞摄知国事，禄东赞死后，其子论钦陵专国，举兵灭吐谷浑，兼有青海，并不断骚扰唐朝边境，致使双方关系急剧恶化。为了防御吐蕃侵扰，仪凤二年（677），唐高宗任命重臣刘仁轨镇守洮河军（今青海乐都），全面负责对吐蕃的军事工作。刘仁轨到任后，积极备战，整训士卒，但是有关边境军情的奏请，却多为中书令李敬玄所阻挠，使刘仁轨的军事计划往往不能实施。刘仁轨大怒，他明明知道李敬玄非将帅之才，却故意上奏高宗，说对付吐蕃非李敬玄不可。高宗不察，竟然同意了刘仁轨的请求。唐朝君臣如此作为，对吐蕃军事的结局就可想而知了。高宗任命李敬玄为洮河道大总管以代替刘仁轨，李敬玄自知不能胜任，坚决推辞不去，高宗不许，并调动诸道军队开往洮河。仪凤三年，吐蕃与西突厥连兵进攻安西诸镇，高宗企图一举击败吐蕃，消除边患，又下诏招募天下猛士从军，关中一带兵役尤为繁重。这年九月，李敬玄率18万大军与吐蕃大将论钦陵战于青海（今青海湖一带）之上。由于李敬玄指挥无能，唐军大败，右卫大将军刘审礼被俘，幸赖左领军将军黑齿常之力战，李敬玄才得以率余众退回鄯州（今青海

明察秋毫

狄仁杰

乐都）。此战的失败震动了长安，关中西部诸州纷纷训练士卒，加紧了战争准备工作。由于兵役繁重，激化了社会矛盾，使这一带的局势极不稳定。

于是，唐高宗派狄仁杰巡察这一地区，设法稳定社会秩序。当时在关中西部诸州中以岐州（今陕西凤翔）局势最为不稳，兵士们不堪忍受繁重的兵役，纷纷逃亡，当地官员不知安抚，反而派军队四处搜捕逃兵。面对官府的高压政策，分散的逃卒便自发聚集起来，或数十人或数百人为一伙，以武力相抗拒，使官军轻易不敢追捕。他们白天潜伏于山谷之中，夜晚则窜出剽掠，当地百姓不胜骚扰，无法正常生产与生活。州县官员见状，惊恐万状，又担心上司追究责任，便加紧围捕，抓获了数十人，却使更多的逃卒潜匿愈深，使当地人心更加惶恐不安。狄仁杰抵达岐州后，详细地了解了情况，认为兵士逃亡，事出有因，如果一味追捕，严加惩处，只会促使他们铤而走险，后患无穷。于是，狄仁杰决定采用安抚的办法，以缓和矛盾，化盗为民。他下令将捕获的逃兵全部释放出狱，发给路费、口粮遣送回乡。又张榜于道，允许在逃的兵士自首，不咎既往。这种策略收效甚好，逃兵们看到被捕的同伴全都安然返乡，于是纷纷走出山谷自首，使岐州一带很快地恢复了安宁。高宗得知此事后，十分高兴，赞扬狄仁杰"识国家大体"，并将这一政策颁示诸州，"宥其同类"，很快地收到了"潜窜毕首矣"的良好效果。狄仁杰完成使命，返回长安后不久，高宗遂提升他为度支郎中。

度支郎中，为户部度支司之长官。度支司是国家的最高财会主管机构，掌管政府的预算开支，是一个非常重要的机关。在狄仁杰充任郎中期间，唐朝的政局发生翻天覆地的变化。弘道元年（683）十二月，唐高宗病故，太子李显即位，为唐中宗。尽管高宗遗诏中规定军国大事有不决者，"兼取天后进止"，武则天还是在一个多月以后借故废去中宗，另立李旦为皇帝，史称唐睿宗。睿宗虽被立为皇帝，却居于别殿，无权过问国事，大权握在其母武则天手中。一个有着传奇般经历的伟大女人所期待的最好时机终于到来了，从此，历史进入了武则天统治的新时期。

狄仁杰面对这巨大的变化，具体是什么态度，史无明载，不过随着唐高宗的驾崩，狄仁杰也离开了长安，被派到宁州（今甘肃宁县）充任刺史，却是实实在在的事实。刺史的品秩虽比度支郎中高，权任却轻，在唐人看来是被贬官了。宁州是民族杂居的地区，不同民族之间时有摩擦与纠纷发生。新任刺史狄仁杰到任后，针对当地社会特点，采取了"抚和戎夏"的政策，使当地社会安宁，"人得欢心"。同时他还革除积弊，约束官吏扰民，注重发展生产，减轻百姓赋役负担，当地人民立碑镌文，以颂其德。

垂拱二年（686）十二月，右台监察御史郭翰奉命巡察陇右，所到之处按劾了大批的州县官员。进入宁州境后，"耆老歌刺史德美者盈路"。郭翰进入馆驿后，十分感叹地对僚属说："入其境，其政可知，愿荐使君美于朝，毋久留。"当场就命人取笔纸，起草表章推荐狄仁杰入朝为官。很快，狄仁杰就被征召入朝，升任冬官侍郎。

垂拱三年，天下大饥，山东、河南一带尤为严重，饥民遍野，死人无数。武则天命狄仁杰与司属卿王及善、司府卿欧阳通为使，于垂拱四年二月，正值春荒不接灾情最重之时，前往山东、河南一带抚慰赈济。他们在这一带开仓放粮，救济饥民，使许多百姓免于饥饿而死，社会局势渐趋平稳。六月，狄仁杰又奉命充任江南道巡抚大使，前往江南巡视。返回洛阳后，升任文昌右丞，随即又出任豫州（今河南汝南）刺史。在豫州任上狄仁杰因得罪朝中权贵，被贬为复州（今湖北沔阳西南）刺史。后调任洛州（今河南洛阳东）司马，转地官侍郎、判尚书、同凤阁鸾台平章事（宰相）。狄仁杰担任宰相不久，就被酷吏来俊臣诬陷下狱，虽侥幸未死，却被贬为彭泽（今江西彭泽东北）县令，地位一落千丈。

狄仁杰是在长寿元年（692）被贬为彭泽县令的。经过牢狱的摧残、贬黜的打击，狄仁杰并未从此消沉，而是一如既往地关心民间疾苦。他是当年一月被贬职的，经汴州（今河南开封）南下到长江，然后溯江而上，水陆兼程，到达彭泽任上时已到秋月。这年彭泽一带自春至夏，未降雨水，发生了多年未见的大旱灾荒。这一带百姓主要种植水稻，水田干涸，根本无法插秧。秋季虽略有降雨，但已失去了改种的节气，百姓们靠食野菜草根度日，"全无米粒"，人们惶恐不支，求告无门。

狄仁杰看到这一切心急如焚，遂上疏朝廷，反映灾情。他如实地写道：彭泽地狭山峻而田少，百姓每户耕种之田不过十亩五亩，在正常年份纵然丰熟，缴纳赋税之后，所剩稻米只够食用半年。今年粒米未收，将何以活命？自春至夏，多饥饿而死者，检视簿籍，户口已少大半，乡里之间多有绝户者。要求免去彭泽等九县百姓全年的租税，使百姓有一个喘息的机会。

很快，狄仁杰的请求得到了朝廷的批准。于是，他一面开仓放粮，赈济灾民，一面督促百姓生产自救，使大批百姓免于饥饿而死。狄仁杰在彭泽充任县令数年，这期间他采取措施，大力发展生产，贮粮防灾，同时还革新吏治，勤政爱民，深为当地人民所拥戴。百姓们为感谢狄仁杰的大恩，自发地行动起来，为他建造了生祠。

魏州刺史，施行德政

武则天万岁通天元年（696）五月，契丹首领李尽忠、孙万荣举兵围攻营州（今辽宁朝阳），很快攻破城池，杀都督府都督赵文翙。接着又举兵南下，进攻河北。朝廷震动，急调狄仁杰任魏州（今河北大名东北）刺史，组织力量防御。狄仁杰就是在这样的形势下离开了他任职达四年之久的彭泽县，赶赴魏州上任。

契丹是我国一个古老的民族，属东胡种，是鲜卑的近属。汉代时依附于匈奴，大约在北魏才有了契丹的称呼，居住于潢水之南，黄龙以北，约当今内蒙古西喇木伦以南通辽市一带。在隋代臣服于东突厥，唐朝建立后曾遣使入长安进贡名马、方物。唐太宗征服东突厥，契丹摆脱了突厥人的压迫，向唐朝称臣。唐太宗征讨高丽时，契丹首领窟哥曾发兵跟随参战，太宗任其为右武卫将军。不久，又设置了松漠都督府，以窟哥为都督，赐姓李，统辖契丹诸部。松漠都督府属羁縻府，这是唐朝用来安置归附的少数民族的一种特殊行政制度，其长官通常都由诸族酋长充任，可以世袭，但必须接受当地正州府都督或刺史的监护。

契丹直到唐初，仍过着游牧的生活，逐寒暑，随水草畜牧。其风俗是子孙死，父母晨夕哭；父母死，子孙不哭。人死不建坟墓埋葬，以马车载入大山中，置于树上。全族共分八部，"猎则别部，战则同行"，实际上是一个部落联盟。契丹与奚接壤，所以互相之间经常发生战争。奚臣服于唐朝后，两族之间的战争便减少了。由于唐朝边将的压迫，两族常互为表里，骚扰唐朝的边境，唐人称之两蕃。当时契丹各部落多者有战士3000多人，少者有战士2000多人，总共战士计4万余人。八部的酋长和部落联盟的首领都称大人，他们都是通过部落会议推举出来的。八部大人又推举一人为部落联盟首领，主要负责军事，如果发生灾荒而影响到畜牧业，就要改选部落联盟首领。契丹这时尚无定居农业，但奴隶的使用已经很普遍，其来源主要是战俘，此外，部落内部的贫富分化也比较明显。

窟哥死后，松漠都督便由其孙李尽忠继承，李尽忠的妻兄孙万荣任归诚州刺史，这也是一个羁縻州。按照唐朝制度，松漠都督府归营州

都督府管辖。营州都督赵文翙刚愎自用，不知安抚契丹人民，即使对待其首领也如同对待奴仆，双方的矛盾本来就比较激化。这一年，契丹发生灾荒，人民缺少粮食无法度日。赵文翙不知赈济，引起契丹人的极大怨愤。孙万荣曾在朝廷做过人质，了解内地虚实，便鼓动李尽忠起兵反叛。李尽忠本来就对赵文翙不满，二人一拍即合，利用契丹各部的不满情绪，举兵围攻营州。赵文翙疏于防范，营州很快被攻破，杀赵文翙，李尽忠自称无上可汗，命孙万荣为前锋，向河北进军，一路所向披靡，很快就攻到檀州（今北京密云）。

武则天得知契丹造反，急遣左鹰扬卫将军曹仁师、右金吾卫大将军张玄遇、左威卫大将军李多祚、司农少卿麻仁节等28将，率大军前往征讨。八月，官军抵达平州（今河北卢龙）附近。李尽忠见官军势大，急忙收缩兵力，准备在这一带与官军决战。契丹人攻破营州时，曾俘获官军数百人，这时派人对这些战俘说："我辈因家属饥寒，无法存活，才被迫造反，现在虽攻下营州，但家属饥寒仍旧，故只等大军一到就前去投降。"随后又放出这些战俘，有意拿给糠麸让他们吃，并说："留下你们则无粮可供，杀死又心中不忍，不如放你们自去。"这些战俘回到官军营寨后，就把他们的所见所闻报告了官军将领。官军以为契丹真的无粮，人心涣散，士无斗志，遂争先直进，欲立首功。

平州以南为一望无际的大平原，地无险阻，官军势大，如在旷野平原上与官军决战，力量对比悬殊，对契丹极为不利。李尽忠再三权衡，决定在黄麞谷（位于今河北昌黎西北）与官军决战。黄麞谷地形险要，四周群峰林立，易守难攻，谷口狭窄，一旦误入谷内，截断谷口退路，很难突围而出。这里又是通向关外进击营州契丹老巢的交通要道，地理位置十分重要，扼守住这里可以牵制官军，使其不敢轻易出关，故欲彻底剿灭契丹必先攻占黄麞谷。官军逼近黄麞谷时，契丹有意派遣老弱者前来投降，并把老牛瘦马散布于道路两侧，示以饥馑疲惫之状。官军见此，误以为契丹军不堪一击，曹仁师等将为抢头功，竟不等步军赶到，急率骑军追击。官军全部进入谷内后，契丹兵遂截断谷口退路，埋伏在谷内的大军把官军团团围住。官军见此情况，军心大乱，无心接战。契丹四面出击，官军大败，曹仁师、张玄遇、麻仁节三将被俘，将士死者填满山谷，几乎全军覆灭。契丹获胜后，用缴获的军印伪造牒令，强迫张玄遇等署名，然后派人送交后军总管燕匪石、宗怀昌，称前军已破贼，命令他们率军急进，若误军期，定斩不赦。燕匪石等不辨真假，信以为真，率军昼夜兼程，甚至不及寝食，在官军赶得人困马乏之时，契丹于中途设伏截击，官军全军覆没。

官军大败的消息传到洛阳，朝廷震动，河北一带更是人心惶恐，不知作为。九月，武则天下诏征发天下罪人及士庶家奴充军以击契丹。右拾遗陈子昂上疏反对这一做法，认为"罪人全少，奴多怯弱，不惯征行，纵其募集，未足可用"，嘲笑此举"损国大体"，不足以威天下，可见武则天一时慌乱到不知所措的地步。鉴于这种情况，她又令河北沿边诸州置武骑团兵，命建安王武攸宜为右武威卫大将军、清边道行军大总管，以讨伐契丹。这时突厥首领默啜请求和亲，表示愿意率部为国讨伐契丹。武则天遂命使册封默啜为左卫大将军、迁善可汗，让其率突厥兵讨伐契丹。十月，李尽忠死，孙万荣代其为契丹大首领。突厥默啜乘机袭击契丹后方，契丹大败，默啜俘获了李尽忠、孙万荣的妻子。突厥兵退去后，孙万荣收集余众，军势复振，并派军攻破冀州（今河北冀州），杀刺史陆宝积，并屠戮吏民数千人。接着又进攻瀛州（今河北河间），河北又一次告急，人心惶恐。

狄仁杰就是在这样的形势下到魏州赴任的。魏州地理位置十分重要，西邻相（今河南安阳）、卫（今河南卫辉），北靠邢（今河北邢台）、贝（今河北清河西北），与冀州相接，南临黄河，为河南屏障。自古以来欲占河北，必须先据有魏州；北方势力欲入中原，也必须先攻

明察秋毫

狄仁杰

下魏州。后来出现的河北藩镇割据，其中就以魏州为中心的魏博镇最为重要。其对朝廷的忠顺与否，很大程度上决定着河北其他藩镇对朝廷的态度。契丹如继续南下，攻陷魏州，将使中原地区暴露在契丹的军事威胁之下，进而威胁到武则天的统治中心洛阳的安全。这样重要的州郡，必须有一个强有力的人物镇守，方可无虞。而前刺史独孤思庄怯懦无能，畏惧契丹，在契丹军队还远在冀州时，就将百姓驱赶入城，并强迫百姓上城防守，"缮修守备"。独孤思庄的这种举动，搞得人心不稳，生产荒废，在军事上有害无益。狄仁杰到任后，将百姓"悉放归农亩"，让他们继续安心从事生产，他对百姓宣布说："贼犹在远，何必如是。万一贼来，吾自当之，必不关百姓也。"这样就使魏州动荡不安的局势很快稳定下来。同时狄仁杰也没有放松军事准备，他整顿军备，加强军队训练，"外示无虞，内为之防"。后来契丹退兵，由于狄仁杰措施及时，没有放松农业生产，结果"岁获大穰"，避免了因战争荒废生产，从而导致农田失收、百姓饥饿的局面的发生，使魏州百姓得以安居乐业。

据旧史记载，契丹得知狄仁杰在魏州的作为后，不敢贸然进攻，遂引兵退去。这是一种夸大狄仁杰作用的记载，与实际情况并不相符，事实是朝廷的讨伐大军这时已经抵达前线，契丹兵力不足，不敢再向南深入，撤军到营州、平州一线，收缩兵力，准备与官军决战。神功元年三月，大将王孝杰、苏宏晖率大军17万逼近平州，平州地处平原，无险可守，契丹兵力有限，不愿与官军正面拼杀，遂把战场选在平州东面的石谷。这里地形险要，道路狭窄，山势陡峻，大兵团兵力不易展开。官军自恃兵力雄厚，未经侦察，就向这里推进。王孝杰率精兵为前锋猛攻，契丹军稍作抵抗，佯装不敌，向后退去。官军立功心切，遂纵兵猛追，一直追到谷内险要之处，这里谷深路窄，兵力不能展开，契丹军突然回兵反击，奋力冲杀，官军不意敌军会有这一行动，惊慌失措，苏宏晖见势不妙率先逃跑，后军不知情况仍向前推进，经溃军一冲，顿时乱作一团，混乱中被契丹杀伤杀死无数，王孝杰退至悬崖失足摔死，官军大败，纷纷向南逃跑。

武攸宜此时率军屯驻渔阳（今北京蓟县），得知王孝杰军大败，不仅不去接应，反而畏惧不进，致使契丹军攻到幽州（今北京西南），"攻陷城邑，剽掠吏民"。武则天得知官军失败的消息后，大为震惊，急命武懿宗为神兵道行军大总管，以娄师德为清边道副大总管，分率大军讨伐契丹。武懿宗率大军到达赵州（今河北赵县），听说契丹将骆务整率数千骑兵快要到冀州，心中畏惧，欲率军南逃。部下将领再三劝阻，武懿宗不听，仓皇退到相州（今河南安阳），匆忙之间抛弃军资器仗无数。由于赵州无兵防御，契丹遂屠城而去。孙万荣击杀王孝杰后，在柳城（今辽宁朝阳）西北200公里依险筑城，将老弱妇女及缴获的器仗资财全都留在城中，命其妹夫乙冤羽留守，自率精兵进攻幽州。他又担心突厥乘机袭击其后方，遂遣使到突厥劝其共同进攻幽州。不料契丹使者反倒把其后方空虚的情况转告突厥首领默啜，并作为向导引突厥兵袭击了契丹所筑新城，将资财与妇女抢掠一空。五月，孙万荣正在幽州与官军相持，得知这个消息后，契丹军心大乱，士无斗志。依附于契丹的奚族人乘机反戈，攻击其军之后，官军攻其前，前后夹击，契丹军溃散，孙万荣率轻骑数千逃走。沿途遭到官军的截击，部下损失殆尽，逃到潞水以东（今北京通州东）时自感势穷力竭，走投无路，遂让其奴斩其首献于朝廷。

孙万荣死后，虽然战争结束了，但战争的破坏使河北诸州大都残破不堪，百姓不是死于战乱，就是逃往他乡，流离失所，农田荒芜。只有少数州县未经破坏，其中魏州在狄仁杰的治理下，农业丰收，百姓安居，是当时河北最为平稳的地方。狄仁杰还在当地推行"缓赋宽役，勉农劝桑"的政策，使魏州在战争期间不仅没有加重百姓的赋税和徭役负

032

明察秋毫

狄仁杰

担，反而比以前有所减轻，这不能不说是一个奇迹，这种状况的产生与狄仁杰重视发展生产的措施有直接关系。魏州的农业获得丰收，不仅解决了百姓的衣食问题，同时也使官府的仓廪得到充实，战争期间从魏州调发了不少军资粮草，却没有加重百姓的负担。狄仁杰在魏州刺史任上仅仅一年，就深为当地百姓所敬重，一位地方官员在这样短暂的时间内能如此得民心，在历史上还是比较罕见的。

神功元年六月，武则天调狄仁杰为河北安抚使，魏州百姓不愿狄仁杰离去，奔走相告，"泣涕彷徨"，不少人甚至"援刀割肤，守阙上章，终然不克"，却没有获得武则天的同意。于是州人共同出资，为狄仁杰兴修了一座生祠，安放他的塑像，并立碑颂扬其恩惠。

后来，狄仁杰的儿子狄景晖任魏州司功参军，贪暴不法，给当地百姓造成了很大的祸患，人们遂摧毁了祠堂和碑石，这种历史的教训是非常深刻的。

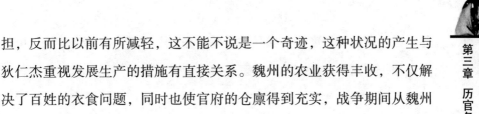

稳定河朔，政绩卓著

由于河北诸州经过此次战争大规模地破坏，致使百姓流离失所，农田荒芜，村落残破，一派萧条景象。为了安抚百姓，恢复社会生产，稳定社会秩序，武则天抽调得力官员分道安抚河北诸州，所以，这次与狄仁杰同时巡抚河北的还有武懿宗、娄师德二人。然而以上三人中除狄仁杰、娄师德外，武懿宗并不是合适的人选。此人为武则天的堂侄，无德无才，仅仅因为是武氏中人，靠血缘关系被封为河内王。他此前曾率军赴河北参战，闻风先逃，敌方退走才敢向前。战争结束，他回到洛阳，置酒欢宴时，遭到了郎中张元一的讥讽。张元一当着武则天的面嘲弄武懿宗说：“长弓短度箭，蜀马临阶骗。去贼七百里，隈墙独自战。甲仗纵抛却，骑猪正南蹿。”武懿宗长得形貌短丑，故张元一称他为“长弓短度箭”。当时武则天问道：“懿宗有马，你为何说他骑猪？”张元一说：“骑猪，夹豕走也。”猪也叫豕，“夹豕”即夹矢（屎），取其谐音，这里是讥刺武懿宗遇敌吓得屎尿直流，夹屎而逃，武则天听后也忍不住大笑起来。此时大概武则天认为他熟悉河北情况，所以也命其充使安抚百姓。然武懿宗不仅不安抚百姓，所到之处反而残酷地屠杀百姓，凡百姓有被掳掠或胁迫而去的，返回本乡后，均被武懿宗视为叛逆，全部诛杀。这位畏敌如虎、胆小怯懦的官军统帅，屠杀起百姓却毫不手软，而且残酷异常，往往把活人开膛破肚，挖取心胆。先前，契丹将领何阿小嗜好杀人，至此，河北人皆云：“唯此两何，杀人最多。”武懿宗封河内王，取其谐音，与何阿小并称“两何”。

034

明察秋毫

狄仁杰

　　然而，武懿宗在他负责巡视的地区残杀了大批百姓后，仍不罢手，回到洛阳后上奏武则天，请求将“河北百姓从贼者请尽族之”。将这些百姓全族诛戮，将会使整个河北成为一个大屠场，这是一个多么野蛮残酷的计划。左拾遗王求礼听后十分气愤，当庭指责武懿宗说：“此属素无武备，力不胜贼，苟从之以求生，岂有叛国之心！懿宗拥强兵数十万，望风退走，贼徒滋蔓，又欲委罪于草野诖误之人，为臣不忠，请先斩懿宗以谢河北！”武则天当然不愿处死自己的堂侄。司刑卿杜景卿也认为这些都是胁从之人，应该免于追究，武则天这才没有听从武懿宗的胡言乱语。

　　与武懿宗的残暴行为形成鲜明的对照的是，狄仁杰和娄师德分道安抚时，恪尽职守，召纳流亡，恢复生产，赈济贫苦百姓，打击不法官吏，努力恢复社会秩序，从不乱杀一人，顺利地完成了安抚任务。

　　可是，狄仁杰完成安抚任务后，没有再回到魏州去，奉命调任幽州都督。幽州是这次讨伐契丹战争的基地，同时也是契丹与官军争夺的焦点，多次战役就在幽州境内进行，因此战争对这里的破坏也很严重。在唐代幽州又是镇抚北方与东北诸族的重镇，具有重要的政治和军事意义。武则天调狄仁杰到这里任都督，就是希望他能尽快地恢复这里的生产和社会秩序，安抚混乱的人心，重新整顿和调整军事防御体系。狄仁杰没有辜负武则天的厚望，不仅很快地恢复了正常秩序，修缮了军事设施，而且调整了民族关系。武则天对狄仁杰的所作所为十分满意，赐给他紫袍、龟带，并亲自在袍上制了12个金字，周围以五色双鸾环绕。这12个金字是"敷政术，守清勤；升显位，励相臣"，以对狄仁杰的辛勤与才干进行嘉奖和勉励。狄仁杰过去一度充任过宰相，此次武则天又以"励相臣"三字来勉励他，预示着狄仁杰将很快又一次得到重用。果然，数月后，即同年闰十月，狄仁杰被抽调入朝，充任鸾台侍郎、同平章事，又一次登上了宰相宝座。

其实，狄仁杰此次被武则天重任为宰相，距上次罢相被贬彭泽县令共计7年时间。这期间他先后充任了三任地方官，每到一地，不论时间长短，都始终能勤政爱民，注意兴利除弊，发展或恢复生产，为当地百姓办了大量的好事，也充分展示了他卓越的政治才华。再次出任宰相，固然与武则天重才识才有关，也是他才华横溢的必然结果。

神秘使命，南巡江南

早在垂拱四年（688）六月，狄仁杰就干过一件惊天动地的大事。这一年，武则天任命冬官侍郎狄仁杰为江南巡抚大使。狄仁杰此次奉命南下巡察，一举焚毁了大批的江南淫祠。这一举动震惊了朝野上下，受到了有识之士的普遍赞扬，也获得了后世的高度评价，表现了狄仁杰不畏鬼神，反对迷信陋俗的精神风貌。

实际上，武则天派狄仁杰巡视江南的真实目的并不是移风易俗，而是另有政治目的。狄仁杰的举动完全出于他个人的远见卓识，唯其如此，才显得这一举动更加难能可贵。

武则天派他巡察江南与徐敬业举兵反叛有直接的关系。徐敬业是唐朝开国元勋李勣的孙子，李勣本姓徐，名世勣，唐太宗因其功大赐姓为李，太宗死后避其讳，遂称李勣。因徐敬业此次反叛之故，武则天剥夺了他家的赐姓，恢复了徐姓，所以史籍上记其为徐敬业，而不称李敬业。据说李勣临死时，指着徐敬业说破我家者一定是这个小儿。李勣的预言不幸真的让他说中了，这个家族果然因徐敬业之故遭到灭顶之灾。

徐敬业少从李勣征伐，以勇力闻名，高宗任以眉州（今四川眉山）刺史。当时群蛮相聚作乱，官军讨伐屡屡失利。徐敬业到任后，单骑入敌营中，好言抚慰，说："国家知君等为贪吏所苦，非有他恶，可悉归田里。后去者为贼。"蛮人纷纷四散而回，徐敬业唯召其渠帅，责以大义，各杖数十遣去，境内肃然。由于徐敬业胆略过人，敢作敢为，所以李勣认为他将会给这个家族带来祸患。

徐敬业在李勣死后，承袭了英国公的爵位。他虽然机智有胆略，但却贪财，光宅元年（684），因贪赃从刺史任上被贬为柳州（今广西柳州）司马。他从洛阳赴贬所途中，在扬州（今江苏扬州）与唐之奇、骆宾王、杜求仁、魏思温等被贬黜的官员相遇。这些人都因失去官职而心怀不满，与徐敬业一拍即合。时武则天已废中宗，虽又立睿宗，"实亦囚之。诸武擅命，唐子孙诛戮，天下愤之。敬业等乘人怨，谋起兵"。他们以匡复庐陵王（中宗）为号召，拥徐敬业为主，在扬州起兵造反，并传檄州县，声讨武则天。檄文出自文学家骆宾王之手，是一篇文采斐然、措辞犀利的优秀作品，其中有些名句至今仍为人们广泛吟诵，如："入门见嫉，蛾眉不肯让人；掩袖工谗，狐媚偏能惑主。""人神之所同嫉，天地之所不容。""喑呜则山岳崩颓，叱咤则风云变色。""一抔之土未干，六尺之孤何托？""请看今日之域中，竟是谁家之天下！"据说武则天读这篇檄文时，当读到"蛾眉不肯让人，狐媚偏能惑主"等句时，微笑而已。看到"一抔之土未干，六尺之孤何托"处时，面色不悦，问左右此檄何人所撰，又说："此人有如此之才，而使流落在外，这是宰相的过失。"这正是武则天过人之处的具体体现，由此来看，她能统治天下20多年绝不是偶然的。

徐敬业起兵后，势力发展很快，数日之内招得精兵10余万，并有一些州县起兵响应。徐敬业起兵的消息传到洛阳后，武则天不顾朝中有人反对，毅然派遣大将李孝逸率大军30万前往镇压。徐敬业表面上打的是匡复庐陵王的旗号，实际上却想攻取金陵（今江苏南京），凭借长江天险，割据于江南。这时天下承平日久，百姓安居乐业，徐敬业等少数人为了实现个人野心，发动战争，逆历史潮流而动，失败自然是不可避免的。

徐敬业起兵时，江淮一带响应者甚多，其中有不少地方官吏直接或间接地参与进来。这些人中有的是因政治上失意而对武则天不满，更多的人则是出于对武则天废除中宗，临朝称制不理解、不满意，在他们心目中李氏皇室才是天下之主，武氏临朝是大逆不道的行为。中国古代的这种正统观念的社会影响不容忽视，在很大程度上决定着人们的政治倾向。

"狄仁杰荐贤"雕花木板

徐敬业失败后，一些追随者就隐藏在当地民间，有些同行起兵的官吏依然在当地任职。对于这些人需要搜捕或进行甄别，对遭受战争骚扰的百姓也需要进行安抚。早在徐敬业起兵失败的

狄仁杰墓

次年，即垂拱元年（685），武则天就打算派使赴诸州巡察，"兼申黜陟"，遭到麟台正字陈子昂等一些官员的反对。陈子昂认为遣使巡察诸州是一件十分重要的事，草率不得，必须选择那些"雅合时望"，为众人所推重的人来充任。他还提出了四条具体条件，即慈爱足以抚恤孤贫，盛德足以举贤荐能，刚直足以不避强暴，明智足以照察奸邪。他指出当前一些充使者，还没有走出朝廷，连市井之人都认为任非其人，这样的使臣派出得越多，则天下弊端就会愈增，欲想使天下安宁反而事与愿违。主张如果一时找不到适当的人选，不如暂不出使为好。陈子昂之所以提出这种主张，主要是担心充使者任非其人，将使江南百姓受到不必要的骚扰，避免牵连更多的人无辜受屈。

从史籍记载看，这年武则天的确没有向江南派使，这倒不是她接受了陈子昂的主张，而是在她看来还有更迫切的事要做。在徐敬业举兵反叛期间，朝中以宰相裴炎为首的一些人乘机要挟武则天交权，并阻挠对徐敬业的进剿。武则天认为朝廷内部隐藏着的政敌比来自地方的隐患更加危险，所以她大开告密之门，集中精力清洗朝廷内部政敌，没有顾得上向江南派遣使者。从垂拱二年起，武则天利用酷吏大肆诛杀政敌，这样就不可避免地使不少无辜的人死于非命。于是，陈子昂又一次站出来反对这种清洗，认为这种旨在清洗徐敬业党羽的行动有扩大化的趋势，且严刑拷掠，罗织连坐，虽然抓了不少嫌疑人员，"及其穷竟，百无一实"。认为如果不加收敛，继续搞下去，人皆恐惧不安，"则祸乱之心怵然而生矣"。武则天不听。

到了垂拱四年，经过了一段内部大清洗后，武则天认为地方的甄别时机已经成熟，需要尽快安排部署。此外，这时的武则天已不满足于临朝称制，正在紧锣密鼓地筹备改朝换代的大事，也需要有一个稳定良好的外部环境。江淮曾是首乱之地，必须予以重点关注，派使巡察江南便成了当务之急。

武则天向江南派遣巡抚大使可能还有一个重要目的，就是继续搜寻徐敬业的下落。有一种传说，徐敬业起兵时曾找寻一位与己相貌相似的人养于军中，作为替身。徐敬业战败后，官军只抓获他的替身，斩首献于朝廷。而徐敬业本人与随从数十人隐藏于大孤山，削发为僧，与外界不相往来。天宝初，有一名为住括的老僧与弟子到南岳衡山，居于寺庙之中。月余，老僧忽然召集众僧，自言是徐敬业，兵败后隐居修炼至今，并忏悔往昔杀人的罪咎，老僧死后葬于衡山。还有一种说法与前述大同小异，说在南岳天柱寺之西岭丛林中，有僧徒数百隐居修道。李邕曾向他们询问过徐敬业之事，说李孝逸当年无法抓获徐敬业，只好杀了一位与其貌似的人向朝廷报功，不知和尚识此人否？当时有一位老僧出面赞扬李邕洞察事机，却未承认自己就是徐敬业。直到老僧临终时，才召集弟子承认自己就是徐敬业。该书还说，段拾遗曾为老僧撰写墓碑碑文，不敢直言是徐敬业，乃云是徐敬业的昆弟。

据此看来，关于徐敬业当年兵败时并未被杀的传闻，流传颇为广泛。李邕是后来之人，尚且知道此事，武则天耳目甚多，对这种传闻不会不知道。从政治角度考虑，武则天不会公然否认徐敬业已经死亡，但暗中派人查访也不是不可能的。

垂拱四年，狄仁杰早已从宁州刺史调入朝中任冬官侍郎，武则天以前早就对他的才干有所了解，大概认为狄仁杰才是最合适的人选，遂任命为江南巡抚大使，去完成这一复杂而又重要的使命。

至于狄仁杰对他肩负的主要神秘使命具体完成得如何，史无记载，但从他返回洛阳后就被武则天提升为文昌右丞这一情况来看，应该是比较圆满的。史籍中只记载了狄仁杰在江南焚毁淫祠这一件事，其他一概略去不记。

巡抚江南，移风易俗

自古以来，中国江南的神灵崇拜风气就非常浓厚，祠堂、庙宇之多远远超过北方地区，所造成的社会弊病也是比较严重的。这种普遍的神灵崇拜几乎渗透到社会生活的各个方面，士农工商各个社会阶层无不迷信于此而难以自拔。崇拜的对象也是繁多而复杂的，有山川、风雨、雷电、日月、星辰、土地、城池、门灶，乃至社会生活的各个方面都存在神灵崇拜，如树神、果神、瓜神、花神、茶神、酒神等。不少历史人物在江南也被敬为神灵，如周赧王、夫差、项羽、春申君、赵佗、伍子胥、马援等。至于宗教中的各种神佛，更是人们敬奉礼拜的对象。

那么，江南人民为什么对神灵如此崇拜呢？据《唐国史补》卷下记载："江南有驿吏，以于事自任。"刺史初到，他汇报说驿中一切都安排妥当，请检查。刺史走到一室前，询问后得知是酒库，见其外画一

明察秋毫 · 狄仁杰

神，就问是何神，答曰："杜康。"又见一室据说是茶库，仍画有一神，经询问乃是"陆鸿渐也"，即陆羽。后来又走到一室署曰菹（腌菜或肉酱）库，也有一神，说是"蔡伯喈"。刺史大笑，说这位神就不必设置了。官府中尚且如此，更何况民间了。这众多的神灵中有不少都建造有祠庙供奉，所谓"一乡一里，必有祠庙焉"。如此众多的祠庙，不仅需要花费大量的财力物力去建造，有些人还借此妄言祸福，或蛊惑民心，或骗取钱财，弊端甚多。

狄仁杰到江南后，看到这种情况深感如不扫除这些陋俗，既不利于民风的改变，也不利于吏治的整顿。他并不是简单地下令焚毁一切祠庙，而是有所选择，除夏禹、吴太伯、季札、伍子胥四种庙外，其余绝大部分祠庙全都予以焚毁，共毁去1700余所。狄仁杰保留以上四庙，是有他的道理的。大禹是治理水患、拯救万民的英雄，也是中华民族崇敬的祖先，百姓修庙祭祀，表现的是对其历史功绩的纪念和对祖先的尊崇。吴太伯是春秋时吴国的祖先和创建者，他的后代季札是吴国的贤人，颇通周礼，江南人设庙祭祀他们，是尊祖行为，当然无可非议。伍子胥是历史上吴国的忠臣，为国而死，是后人崇敬的楷模，江南人对他崇拜由来已久，非其他地区人可比。对于这些人物的庙宇狄仁杰当然要予以保留，不能干挫伤百姓感情的事情。

狄仁杰焚毁的淫祠中其他种种神灵不再详述，仅就一些历史人物的祠庙谈一点看法。据载，被焚毁的祠庙中有周赧王、项羽、春申君、赵佗、马援、吴桓王等人的祠庙。像这些祠庙实在没有必要存在，如周赧王是亡国之君，项羽为败军之将，马援不过是东汉一将，赵佗为南越之王……诸如此类，划入淫祠范围是非常正确的。据载，当时拆毁项羽庙时，当地人皆不敢前去，说是入内者必死。狄仁杰知道后十分愤怒，于是就撰写了一篇檄文，以正告西楚霸王项羽及其将校，然后命人拆毁项羽庙，竟然十分顺利，没有发生任何异常情况。这篇文章十分有意思，节录如下：

鸿名不可以谬假，神器不可以力争，应天者膺乐推之名，背时者非见机之主。自祖龙御宇，横噬诸侯，任赵高以当轴，弃蒙恬而齿剑。沙丘拼祸于前，望夷覆灭于后，七庙堕圮，万姓屠原，鸟思静于飞尘，鱼岂安于沸水。赫矣！皇汉受命，玄穹膺赤帝之镇符，当素灵之缺运。俯张地纽，彰凤举之符，仰缉天纲，郁龙兴之兆。而君潜游泽国，啸聚水乡，矜扛鼎之雄，逞拔山之力，莫测天符之所会，不知历数之有归。遂奋关中之翼，竞垂垓下之翅，盖尽由于人事，焉奄屑于天亡！虽驱百万之兵，终弃八千之子。以为殷鉴，岂不惜哉！固当匿魄东峰，收魂北极，岂合虚承庙食，广费牲牢。仁杰受命方隅，循革攸寄，今遣焚燎祠宇，削平台室，使蕙帏销烬，羽帐随烟，君宜速迁，勿为人患。檄到如律令。

这篇檄文的大意是说：项羽你有拔山之力，扛鼎之雄，但是不行王道，坑杀降卒，火烧阿房，骄傲自大，不会用人，以致连累八千子弟战死，百万大军覆没，临死之时还不悔悟，说什么"天亡我也"，其实是你自身的原因罢了，有什么资格还在这里享受香火呢？今天我将你的寺庙捣毁，你的魂魄收匿到北极去吧，切莫扰百姓……

从这篇气势磅礴、正气凛然的檄文来看，表现了狄仁杰不畏鬼神、变革陋俗的决心。项羽虽然在楚汉相争中失败了，但在江南人的心目中他仍然是一位英雄。在江南人信仰的诸神灵中他又是所谓大神，敬畏程度自然非一般小神可比，如果项羽庙不能毁去，势必直接影响对其他诸神庙宇的焚毁，甚至可能会导致狄仁杰这次行动的失败。狄仁杰知难而进，首先焚毁这些所谓大神的祠庙，就可以推动整个工作的顺利进行。在这篇檄文中狄仁杰斥责项羽不知谋略，不善用人，一味逞强，所谓"矜扛鼎之雄，逞拔山之力"，致使百万雄兵连同八千之子葬身于异

明察秋毫

狄仁杰

乡。他还认为项羽垓下之败，"盖尽由于人事，焉奄屑于天亡"，即完全是人为的结果，和天命并无关系。嘲笑了项羽至死都不醒悟，没有认识到自己失败的根本原因之所在，这是狄仁杰进步历史观的反映。最后，狄仁杰提出要项羽"匿魄东峰，收魂北极"，反思自己所犯的错误，没有资格再享受庙食，虚费牲牢。

狄仁杰的这篇檄文，结构紧凑、言辞犀利、正气凛然、说服力强，是流传至今为数不多的文章中的上乘之作，也是他反对迷信、反对淫祠滥祀祸害百姓的不屈宣言，在很大程度上鼓舞了江南百姓焚毁淫祠、移风易俗的勇气。

其实，淫祠泛滥的危害除了修建大量的庙宇祠堂浪费资财外，还表现在每年名目繁多的各种祭祀活动上，仅从保留下来的唐人与神灵祭祀有关的祭文来看，其内容五花八门，如祭百神、祭名山、祭大川、祭城隍等。还有所谓赛文，即举办酬报献功的祭神活动时所作的祭文，报赛的对象有大舜庙、越王庙、白石神、海神、古榄神、木瓜神、兰麻神等。此外，唐人的诗歌中也有许多描写祭神活动的内容。江南祭神活动往往场面很大，参加人数众多，仪式繁杂。从一些诗歌描绘的情景看，往往都有女巫击鼓迎神、洒酒焚香、抛撒纸钱、巫师唱诵、鬼神降临、送神离去等一系列森然古怪的仪式。参加者往往倾乡而出，不仅浪费许多财力、人力，有时甚至影响到正常的农业生产的进行。淫祠的泛滥也给巫师、方士提供了许多大显身手的机会，他们利用人们对神灵的崇拜与信仰，或骗取钱财，或妄言祸福，以巫术害人性命也不稀见。

狄仁杰正是认识到了淫祠泛滥的这些弊端与危害，以其特有的果敢作风，一举焚毁了大量的祠庙，使江南百姓受惠不少。针对狄仁杰的这次行动，后人给予了高度的评价，明清之际的著名学者王夫之，认为狄仁杰此举可以与日月同辉，可见评价相当之高。同时，也说明了狄仁杰就是唐代在这方面的开风气之先者，尽管他没有留下多少著述，但后人从他的这些行动上仍然看到了其思想火花的闪耀。

第四章

被诬入狱遭贬谪
酷吏当道躲厄运

武则天垂拱年间是一个充满腥风血雨的历史时期，在这个历史时期里，武则天越来越不满足手中的权力——临朝称制，她想进一步地扩大自己的权力，也就是改朝换代——登上皇帝的宝座。武则天为了登上皇帝的宝座，大肆诛杀李唐子孙，残酷无情地打击朝中对自己不满的重臣，她甚至利用酷吏血腥残酷的镇压手段来排除异己。当然，连狄仁杰也未能幸免——被诬入狱。但是，狄仁杰却凭着自己的机警与智慧逃过一死，只不过是被罢官而已。

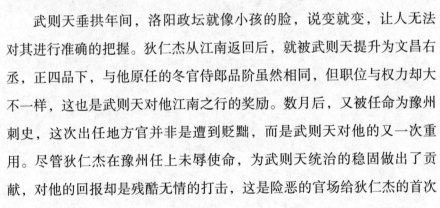

宗室操戈，冒死请命

　　垂拱四年（688）九月，狄仁杰被任命为豫州（今河南汝南）刺史，也就是在当年狄仁杰从江南巡察完毕，返回洛阳不久的时候，但是，狄仁杰上任仅月余就又被贬为复州（今河北沔阳西南）刺史。宦海浮沉之快，的确令人眼花缭乱，也是狄仁杰所始料不及的。但是，在这一年中，虽然狄仁杰个人受了很大的委屈，却换得了千百人的生还，为他的不凡历史又添了精彩的一笔。

　　武则天垂拱年间，洛阳政坛就像小孩的脸，说变就变，让人无法对其进行准确的把握。狄仁杰从江南返回后，就被武则天提升为文昌右丞，正四品下，与他原任的冬官侍郎品阶虽然相同，但职位与权力却大不一样，这也是武则天对他江南之行的奖励。数月后，又被任命为豫州刺史，这次出任地方官并非是遭到贬黜，而是武则天对他的又一次重用。尽管狄仁杰在豫州任上未辱使命，为武则天统治的稳固做出了贡献，对他的回报却是残酷无情的打击，这是险恶的官场给狄仁杰的首次沉重打击。

　　垂拱四年时，武则天的权欲进一步膨胀，她已不再满足于临朝称制，而是想改朝换代，直接称帝。要达到这个目的，唐宗室便成为她建立新朝的最大障碍，史籍记载说："太后潜谋革命，稍除宗室。"将她的意图表露得十分清楚。为此，武则天就把狠毒的目光投向了那些在唐朝宗室中非常有威望的人身上。

　　那么，在唐朝宗室中非常有威望的人都有谁呢？他们是：绛州（今

明察秋毫 狄仁杰

山西新绛）刺史韩王李元嘉、青州（今山东青州）刺史霍王李元轨，都是唐高祖的儿子，也就是唐高宗的叔父，威望很高。此外，邢州（今河北邢台）刺史鲁王李灵夔、豫州刺史越王李贞、通州（今四川达县）刺史李元嘉之子李谔、金州（今陕西安康）刺史李元轨之子江都王李绪、申州（今河南信阳）刺史东莞公李融、李灵夔之子范阳王李蔼、博州（今山东聊城东北）刺史李贞之子琅琊王李冲等，"在宗室中皆以才行有美名，太后尤忌之"。

当然，武则天对唐宗室的猜忌，也引起了这些人的极大不安，于是绛州刺史韩王李元嘉便与诸王秘密串联起来，谋图起兵推翻武则天的统治。垂拱四年七月，李谔写信给越王李贞说："内人病浸重，当速疗之，若至今冬，恐成痼疾。"暗示要他做好准备，尽早起兵，不要拖过今年冬天。如此急促起兵，是为什么呢？原来在这年五月，武则天下诏命诸州都督、刺史、宗室、外戚等，于十二月齐集洛阳，举行南郊大典，届时她要御明堂，接受百官朝贺。这样就引起了宗室诸王的极大疑惧，认为武则天将要利用这个机会，命人告密，把宗室诸王全部捕获，诛戮无遗，所以他们加快了起兵准备，打算赶在南郊大典之前起事。李谔伪造皇帝玺书派人密送给琅琊王李冲，称"朕遭幽絷，诸王宜各发兵救我"。李冲又诈称皇帝玺书："神皇欲移李氏社稷以授武氏。"用以昭示境内，动员吏民从军。同时他派人分告诸王，约定共同起兵，进攻洛阳。

垂拱四年八月，李冲命长史萧德琮等在境内招募兵卒。由于时机不密，很快被武则天知悉，遂命左金吾将军丘神勣为行军大总管，率军讨伐。李冲共招募到5000余人，打算在朝廷讨伐大军到达之前，抢先攻下济州（今山东东阿西北），壮大实力，然后再抵御丘神勣军。李冲军先攻武水（今山东聊城西南），县令郭务悌向魏州（今河北大名东北）求救，莘县（今山东莘县）县令马玄素率兵1700人入武水协助守城。李冲军进攻武水，一时不能攻克，军心混乱，部将董玄寂乘机煽动军士，说李冲此举是造反。李冲遂将董玄寂斩首示众，军士更加恐慌，纷纷四散而逃，李冲无法阻止，只好带领仅存的家僮数十人返回博州。博州守城官吏得知李冲进兵失利的消息后，知道他已无所作为，为了避免将来受到株连，遂在李冲到达博州城门时，派兵将其杀死，李冲起兵仅7日就彻底失败了。丘神勣大军抵达博州，守城官吏素服出迎，被全部斩杀；大军在城中大肆搜捕李冲余党，破千余家，杀人无数。

其实，在琅琊王李冲起兵的同时，越王李贞也在豫州举兵起事，并攻陷了上蔡（今河南上蔡）。李贞是唐太宗的第八子，唐高宗的兄长，贞观五年（631）封为汉王。七年，授徐州（今江苏徐州）刺史。十年，改封原王，不久徙封越王。他曾历任扬州（今江苏扬州）都督、相州（今河南安阳）刺史、安州（今湖北安陆）都督，武则天临朝称制后，改任豫州刺史。李贞"少善骑射，颇涉文史，兼有吏干"，在宗室中威望较高，号称"才王"。他在任豫州刺史期间多次奏免当地的租税以收买人心，养有家僮千余人，马数千匹，"外托以畋猎，内实习武备"，秘密准备起事。

由于往来各地联系不便，在尚未约定共同起兵日期的情况下，琅琊王李冲做事不密，首先暴露了意图，遭到了镇压。再加上越王李贞仓促起兵响应，其他诸王因准备不足，皆没有贸然行动，这样就使李贞陷于孤立无援的境地，失败是必然的了。本来李谟与宗室诸王约定共同起兵，这样就可以一举推翻武则天的统治，然而，却成了这样一个失败的闹剧。

垂拱四年九月，武则天命张光辅为诸军统帅，左豹韬大将军麹崇裕为中军总管，岑长倩为后军总管，调动10万大军讨伐越王李贞。这时李贞已经得知李冲起兵失败，"欲自锁诣阙谢罪"，恰好新蔡（今河南新蔡）县令傅延庆招募到2000勇士，开进到豫州，李贞这才改变主意，

明察秋毫

狄仁杰

着手部署防御安排。为了鼓舞士气，李贞对其部下宣称：琅琊王已攻破魏、相等州，有兵20余万，很快就会赶来增援。他又把所属各县军队集中于州城，共得兵7000余人，分为五营，命汝南（今河南汝南，州治所所在地）县丞裴守德等分别统率。为了收买人心，李贞大授官爵，九品以上官员就任命了500余人，除裴守德等少数人外，大部分官员皆心怀二志，没有以死相随的决心。尤其荒唐的是，李贞在大兵临城之际竟召集大批道士、僧侣诵经以求事成，并给左右及军士发辟兵符，随身携带。关键时刻李贞所为如此，其失败自然是旦夕之间的事了。九月中旬，官军进兵至豫州40里处，李贞命其少子李规和裴守德率军拒战，由于士无斗志，一战而溃，李规和裴守德狼狈地逃回城中。李贞闻败大惧，下令闭城自守，官军遂将豫州团团围住。裴守德见形势危急，冲入王府询问李贞何在，打算杀死李贞以求自免，由于李贞家僮防备甚严，才没有得手。面对如此局势，李贞左右对他说："事既如此，岂得受辱，当须自为计。"实际上是婉转地劝其自杀。李贞无计可施，只好饮药而死，其子李规、裴守德等也跟着自杀。家僮们见主子已死，遂一时散走。李贞从起兵到失败身死，前后仅20日时间。

宗室诸王分任诸州都督、刺史，是唐太宗生前确定的制度。他认为周室分封诸侯，延续了800余年，秦罢诸侯，结果二世而亡，汉代吕氏欲取代刘氏统治，"终赖宗室获安，鲕建亲贤，当是子孙长久之道"，于是在贞观十一年（637）大封宗室诸王为都督、刺史，同时还封了部分功臣为世袭刺史，以拱卫皇室。后来由于功臣们多不愿去地方任职，只好作罢，但宗室充任都督、刺史的制度却还是坚持下来了。经过垂拱四年的实践证明，唐太宗的这一设想并不可行。除了实行封建制不适合时宜的原因外，这次宗室反对武氏统治失败还有一些具体原因。

首要原因是宗室起兵不得人心，唐朝统治到了垂拱四年时，天下太平已久，百姓安居乐业，不愿意再过兵火连天、动荡不安的生活。李氏还是武氏当皇帝对普通百姓来说并不是他们关心的首要问题，只要不影响他们的平静日子，百姓们是不会介入政治斗争的。从李贞、李冲的先后起兵看，百姓应募者寡少，且无斗志，一触即溃，便是这种现状的直接反映。其次，宗室诸王出于种种考虑，人心并不一定整齐，有的甚至为了自身安全计，不惜出卖其他人，如范阳王李蔼"知越王必败，自发其谋"，索性将起兵的策划情况向武则天作了揭发。这样便不等宗室们做好准备，武则天已抢先一步，向李贞、李冲父子兴兵讨伐了。他们兵少将寡，且仓促应战，故轻而易举地就被武则天一一平定了。

　　武则天在李贞、李冲失败后，并没有因有些宗室未起兵响应而宽恕他们，事后她任用酷吏周兴审讯诸王。先下令迫使韩王李元嘉、鲁王李灵夔、黄公李㝎、常乐公主等到东都洛阳，然后下狱审讯，迫令自杀。常乐公主是唐高祖的女儿，越王李贞的姑母，在宗室中算是老一辈的女性了。她是寿州（今安徽寿县）刺史赵瓌的妻子，在李贞派人联络起兵时，她表现的态度极为鲜明，情绪激愤，由于李贞的迅速失败，所以没有来得及出兵响应。申州刺史东莞公李融，本来是李贞所深倚的主要外援，尽管申州距豫州不远，结果也没有出动一兵一卒。不久，也被武则天诛杀了。此外，驸马都尉薛绍与他的两位兄长薛顗、薛绪，也受到牵连而被处死。薛绍因为是武则天女儿太平公主的丈夫，没有立即被处死，杖一百后，押在狱中，不供饭食，最后被活活饿死。霍王李元轨被贬黜后，在流放途中死去。诸王密谋起兵时，唯独贝州（今河北清河西北）刺史纪王李慎没有参与，也同样被捕下狱。武则天改其姓为虺氏，流放巴州（今四川巴中），死于途中。他的7个儿子除幼子李证外，其余均相继被武则天诛杀，家属流放岭南，后来也大部被杀。江都王李绪积极参与起兵，武则天当然不能放过他，捕获后诛戮于市。

　　此次宗室起兵以唐宗室的彻底失败而告结束，从此，在武则天通往皇帝宝座的道路上便没有大的障碍了，剩下的只是时间问题了。

明察秋毫

狄仁杰

可是，狄仁杰对于这样一个重大事件，到底持什么态度呢？从当时他所处的地位看，即使有不同的意见，也发挥不了任何作用。当时狄仁杰任文昌右丞，虽然权任颇重，但还未进入中枢机构，在重大问题的决策上还无发言权。从当时政治形势看，即使能够参与决策，恐怕也得按武则天的意志行事。

　　然而，从越王李贞被镇压后，武则天马上就选派狄仁杰充任豫州刺史这件事看，她对狄仁杰还是比较信任的。豫州距武则天的统治中心洛阳不远，李贞在这里任刺史多年，收买人心，长期经营，党羽颇多。起兵失败后，他的党羽并没有得到甄别处理，不少人仍散布或隐藏于民间。如何处理这类人和维护好当地的社会秩序，是亟待解决的重要问题。大约由于狄仁杰以前的不凡表现，使武则天认为只有他才能胜任豫州刺史这一职务，遂将他从文昌右丞任上调到豫州。

　　狄仁杰是在李贞被镇压的当月就抵达豫州的，这时当地官员奉命搜捕李贞党羽，已经捕获了5000余人，牵连欲治罪的达六七百家。为了监督办案，武则天还派来了司刑使督促此事。狄仁杰到任后，司刑使就催促他尽快行刑。狄仁杰认为李贞及其党羽中的骨干分子已经伏法，捕获的这些人大都是被胁迫无奈而参与起兵的，如果全部处死，不免失之于宽滥，请求司刑使暂缓行刑，然后狄仁杰向武则天上了一道密表，陈述了自己的意见，他在表章中说道："臣本来打算公开上奏此事，又怕被指责为反逆之人开脱罪行；如知而不言，恐又违背陛下宽仁存恤之旨。表章修成后又毁掉，几次反复，心情不能平定。然而此辈参与起兵，的确不是出自本心，伏望陛下怜惜其一时之误，宽恕其罪行。"可见在如何处理这批人的问题上，狄仁杰的思想斗争十分激烈；因为此事非常敏感，弄得不好将使狄仁杰蒙受为叛逆者开脱的罪名。他几次毁去修成的表章，这一行为本身就是他犹豫矛盾心理的真实反映。经过激烈的思想斗争，狄仁杰最终还是痛下决心，置个人安危于不顾，呈上了这道密表。至于武则天如何看待狄仁杰的上表，史书中没有明确的记载，但从她批准狄仁杰的奏请看，她的头脑还是相当清醒的，也不相信会有如此之多的人都是李贞的骨干党羽，于是将这批人的死罪减为流刑，统统流放到丰州（今内蒙古五原西南黄河北岸）。

针对狄仁杰冒死请命的举动，这些流放者是如何表现的呢？当他们前往丰州时，途中经过宁州（今甘肃宁县），当地父老对他们说："我狄使君活汝辈耶！"狄仁杰以前在宁州任过刺史，为当地百姓做了大量的好事，深得人民爱戴，为他立碑纪念。从"我狄使君"的称呼看，这里的百姓已将狄仁杰看成是宁州之人。这是一个很不容易得到的称呼，在专制时期的古代社会中尤其难能可贵。流放者与当地父老相携痛哭于碑下，设斋三日而去。他们后来到达流放之地——丰州，仍念念不忘狄仁杰活命之恩，遂又在当地立碑以颂扬其德。

被诬遭贬，善恶有报

可是，狄仁杰在豫州不久，就遇到了麻烦事，也就是在狄仁杰忙于处理捕获的所谓李贞党羽之事时，张光辅统率的讨伐大军仍驻扎在豫州，没有撤走。将士们自以为征战有功，横行霸道，桀骜不驯，向当地官府要钱要物，稍不如意，就恶语相加。张光辅非但不予以制止，反而纵容部下的这种行为，使驻军与当地官府的矛盾愈来愈激化。豫州刚刚经过战争的破坏，府库空虚，狄仁杰爱民心切，不愿向百姓伸手，加征赋税，拒绝了这些无理要求。张光辅大怒，认为这是地方官员对他这位元帅的轻视，对狄仁杰痛加训斥。狄仁杰对他说："乱汝南者只是一个李贞，像你这样搞下去，一个李贞死去，千万个李贞将要起来！"张光辅责问这是什么意思，狄仁杰继续说："明公统兵30万，所诛杀的应是李贞一人。官军攻到城下时，城中军民得知官军到来，争先恐后，纷纷出城归降，明公纵容将士抢掠百姓，杀死归降者，以充作自己的战功，流血染红了土地，如此暴虐当不是要导致千万个李贞产生出来！"说到这里，狄仁杰愈加激愤，激动地说："（我）恨不得尚方斩马剑，加于明公之颈，虽死如归耳！"张光辅是以宰相身份充任诸军统帅的，位高而权重，狄仁杰当然清楚得罪了这样的人物将意味着什么，但为了豫州百姓他也就将自己的一切置之度外了。在狄仁杰义正词严的驳斥下，张光辅哑口无言，但"心甚衔之"，恨透了狄仁杰。他返回洛阳后，向武则天诬告狄仁杰"不逊"。武则天一时分辨不清是非，听信了张光辅一面之词，将狄仁杰贬为复州刺史。

而后，张光辅又纵容部下，屠杀豫州归降的军民，以表示对武则天的忠诚，但不到一年时间，他就被武则天处死，其中罪名之一就是征伐越王李贞时心怀两端。历史在这里和张光辅开了一个很大的玩笑，草菅人命的人，其性命终于也被人草菅。

为什么会造成这样的结局呢？早在徐敬业起兵失败后，他的弟弟徐敬真被流放边远州郡，后来，他设法脱逃，路经洛阳时得到旧友洛州司马弓嗣业和洛阳县令张嗣明的资助，并设法将他送出洛阳。永昌元年（689）七月，徐敬真逃到定州（今河北定州）时，被当地官吏抓获。弓嗣业因此被处死，徐敬真、张嗣明二人怕死，见武则天大开告密之门，告密者都可升官受赏，遂产生了通过此法，以图免死的念头。他们把凡是与自己认识的人都牵连进来，诬陷这些人心怀不轨、谋图造反，使一批朝野之士遭到逮捕和屠杀。当然武则天也没有赦免他们的死罪，在其没有利用价值后，仍把他们处以死刑。在这两人诬陷的众多人中，就有张光辅，说他"征豫州日，私论图谶、天文，阴怀两端"。武则天也没有深究，遂于八月将张光辅诛戮，并抄没其家。就实际情况而论，张光辅这次的确是无辜被杀，但从他在豫州屠杀大批百姓，又诬陷狄仁杰这样的贤臣的行径看，他的死也是罪有应得，也正应了"善有善报，恶有恶报"。

朝无贤臣，起用为相

明察秋毫

狄仁杰

永昌元年七月，也就是狄仁杰在复州任刺史一年后，洛州（今河南洛阳东）司马弓嗣业被杀，此职遂空缺。八月，张光辅被杀，大约于此时狄仁杰又被调任为洛州司马。此后，朝中连续兴起大狱，一批重臣相继被杀。宰相中除了内史张光辅外，被杀的还有地官尚书、检校纳言、同平章事魏玄同。魏玄同与已故宰相裴炎关系亲密，当时人因两人友善始终不渝，"谓之耐久朋"。酷吏周兴遂诬陷魏玄同，说他讲过"太后老矣，不若奉嗣君为耐久"。武则天大怒，将魏玄同处死。周兴之所以诬陷魏玄同，是其早年积下的宿怨。周兴任河阳（今河南孟州）县令时，曾协助狄仁杰从太原（今山西太原西南）督运粮食到洛阳，结果损失了万余斛粮，本来要处以死刑，经魏玄同解救而获免。在此之前高宗曾下诏召见周兴，欲加重用，此事发生后当然不再有升迁的可能。周兴不知内情，仍然频频到朝堂听命，魏玄同遂对周兴说："明府可去矣，毋久留。"这本来是句关照的话，但周兴却认为魏玄同在压制他，使其不能升迁，心中怨恨，至此借机报复，使魏玄同冤屈而死。

天授元年（690）一月，地官尚书、同凤阁鸾台三品韦方质被武承嗣、武三思、周兴等诬陷，抄没其家，流放儋州（今海南儋州西北）。三月，特进、同凤阁鸾台三品苏良嗣死。四月，春官尚书、同平章事范履冰因荐举人不当，下狱而死。八月，纳言裴居道被杀。十月，检校内史宗秦客被贬，内史邢文伟受牵连也被贬官，遂自杀。天授二年一月，纳言史务滋被来俊臣诬告，史务滋恐惧自杀。九月初，鸾台侍郎、同平章事傅游艺为人所告，下狱后自杀。如此之多的宰相接连被杀被贬，实在骇人听闻。虽然武则天也任命了武承嗣、武攸宁等亲属及数位亲信为宰相，然而这些人多是善于献媚的小人，并无实际政治才干。为了充实中枢决策机构的力量，遂将狄仁杰提升为地官侍郎、判尚书、同平章事，同时充任宰相的还有冬官侍郎裴行本。

武则天拜狄仁杰为相之后，大概觉得以前将他无辜贬黜，有些过意不去，便对狄仁杰说："卿在汝南，甚有善政，卿欲知谮卿者名乎？"是指狄仁杰从豫州刺史任上被贬为复州刺史之事。狄仁杰回答说："陛下以臣为过，臣请改之；知臣无过，臣之幸也，不愿知谮者名。"对于狄仁杰的气量，武则天深加叹赏。其实这也正是狄仁杰的聪明之处，他如果表示希望知道诬陷他的人名，就说明其对被贬之事仍耿耿于怀，不利于取得武则天的信任。他越显得对往事满不在乎，就显得气量愈大，反倒能收到意想不到的效果。他在豫州顶撞张光辅后不久，就遭到贬黜，诬陷者是谁狄仁杰心里是十分清楚的，这时张光辅已被诛戮，再提此事已没有多大的意义，所以狄仁杰也就不愿再加深究了。

酷吏当道，无辜下狱

天授二年（691）九月，狄仁杰入相。那么，登上了为士大夫们所企慕的宰相宝座之后的狄仁杰，前途从此是不是就一片光明了呢？这一年，酷吏横行，罗织之风甚盛，使他大有木秀于林之感，不知何日祸之将至，狄仁杰的内心不禁惶惶不可终日。

酷吏政治是武则天统治时期的一个显著特点。在她取代李唐建立武周政权之时，酷吏是铲除政敌、夺取皇位的得力工具；武周政权建立后，酷吏又是她对付异己力量、巩固统治地位的重要法宝。武则天任用酷吏杀人之多，在唐朝诸帝中是空前绝后的。史载："太后自垂拱以来，任用酷吏，先诛唐宗室贵戚数百人，次及大臣数百家，其刺史、郎将以下，不可胜数。"在这些被杀的人中，属于武则天政敌的只是一小部分，绝大部分人都是被罗织诬陷而死的。在这场浩劫中，尽管狄仁杰机警过人，仍不能逃脱酷吏的罗织网，险些成为刀下冤魂。

从天授二年九月到天授三年一月，其间不过半年时间，狄仁杰的宰相宝座还没有焐热，就被捕下狱。那么，狄仁杰是如何由人上人变为阶下囚的？官场风云固然险恶，也不至于如此之快，究其原因，还得从武则天的心理与酷吏政治的特点说起。

文明元年（684），武则天开始鼓励告密。原因是当时她刚废去中宗不久，有飞骑10余人因对赏赐太少不满，在坊间聚会饮酒时，有人说早知别无赏赐，还不如奉庐陵王（中宗）再登帝位。此事被他们中的一人告发，结果使在场的人全部都被处死，而告密者却获得了五品官的奖励。不过这时还没有有组织有目的的大搞罗织告密活动，仅是偶尔为之。

垂拱二年（686），才是武则天真正推行酷吏政治的开始。据载："太后自徐敬业之反，疑天下人多图己，又自以久专国事，且内行不正，知宗室大臣怨望，心不服，欲大诛杀以威之。乃盛开告密之门，有告密者，臣下不得问。"这种猜忌、怀疑的心理，使她对一切人都不信任，尤其是唐朝宗室和重要大臣。为了能够挖出那些潜藏的政敌，最有效的办法莫过于利用酷吏，奖励告密。此外，武则天推行酷吏政治还有一个目的，就是通过"大诛杀"以树威，使人不敢轻易反对她的统治，她要创造一种适当的气氛，使大臣百姓对她慑服，这就需要有一群阴鸷

明察秋毫

狄仁杰

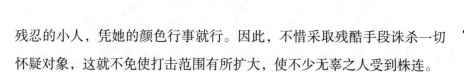

残忍的小人，凭她的颜色行事就行。因此，不惜采取残酷手段诛杀一切怀疑对象，这就不免使打击范围有所扩大，使不少无辜之人受到株连。

武则天为了鼓励告密者，规定凡外地赴洛阳者都由馆驿提供驿马，供给五品官员的食宿，所言称旨的，授以官职，如果所言不实也不追究诬告责任。她还亲自接见告密者，不管是政府官员或是农夫、樵人，都要亲自召见，由客馆负责食宿供给。在这种体制鼓励下，四方告密者蜂起，搞得朝中官员人人提心吊胆，不知何时大祸临头。由于告密者甚多，武则天一人应接不暇。这时，一个叫鱼保家的人，给武则天上了一道表策，请铸铜匦，说是铸了铜匦，好奖励告密，这样所有反对朝廷的人将时时心怀恐惧，无处藏身。这正中武则天下怀，于是她命人铸造铜匦，四面各开一小口，凡告密者可将密奏直接投入匦中。又命谏议大夫、补阙、拾遗各一人，专掌此事，称之为理匦使。

铜匦，是个铜匣，方形，四面各开投书口，可进不可出，它是专为告密而设的。武则天为安装铜匦颁发圣旨诏告天下，说得冠冕堂皇："设立铜匦，在于民意能够通畅地到达朝廷，正义能够张扬天下。"铜匦四面四种颜色，对着东西南北，东方绿色，象征仁；西方白色，象征公；南方红色，象征诚；北方黑色，象征智——武则天真是想尽了办法，恩威并用。

唐太宗时制定法律，禁止奴告主人。武则天为了彻底清除政敌，采取了鼓励奴告主人的政策，使得不少官员的家奴稍对主人不满，便出面诬告主人谋反，往往遭到破家诛戮。有人出面说句公道话，也容易遭到猜忌，轻者丢官，重者丧命。太子通事舍人郝象贤被家奴诬告，酷吏周兴判为族灭之罪，郝象贤家人遂赴御史台诉冤，监察御史任玄殖受理此事，经他认真调查后认为没有证据证明郝象贤谋反，结果连任玄殖也被罢免了官职。这样搞的结果，就使负责监察或审讯的官员不敢再坚持秉公办案，冤滥大大增加。甚至出现了一种反常现象，朝中的官员往往极力讨好家奴，不敢稍有得罪，唯恐他们一不如意便去诬告家主谋反。

正是在这种情况下，许多怪异荒唐的事都接连出现了。如醴泉（今陕西礼泉）人侯思止，为人诡谲无赖，在游击将军高元礼家为奴仆。恒州（今河北正定）刺史裴贞处罚了一位判司，判司遂唆使侯思止告发裴贞与舒王李元名谋反，致使裴贞与李元名之子豫章王李亶被杀，李元名被流放。侯思止告密有功，授游击将军之职，但他仍不满足，要求授予御史之职。武则天说："卿不识字，如何能够胜任御史之职？"回答说："獬豸何尝识字，但能触邪耳。"武则天认为他忠直，遂授予侍御史之职。武则天又赐给他籍没的官员房宅一处，侯思止不接受，理由是他十分憎恶反逆之人，不愿住这样人的宅第。由此，武则天对他更加赏识。

衡水（今河北衡水西）人王弘义，素无德行，其邻居种有一片瓜园，他去索要瓜，邻居未给，心中怀恨。当时武则天喜好祥瑞，不少官员因献祥瑞之物而得以升迁，王弘义遂向县官密告，称瓜园有白兔出没，县官派人前去搜寻，将这片瓜园践踏殆尽。王弘义见别人因告密而得任官职，十分羡慕，但他又和官府之人素无瓜葛，不好虚妄诬告，便把目光转向民间。见到乡里耆老聚集举行社日之祭，这本是农村民众聚宴娱乐的一种活动，在唐代非常普遍，在春日或秋日都要举行，王弘义却密告说聚众谋反，结果遭到了残酷的镇压，被杀者达200余人，王弘义因此得到了游击将军的官职，后又升为殿中侍御史，成为执法之官。他在这个任上，胡作非为，草菅人命，经常无故杀人。如有一次他外出办案，路过汾州（今山西汾阳），司马毛公不敢怠慢，设宴盛情款待，两人相对而食，一会儿不知毛公哪句话不称弘义之意，遂命人将毛公拉出斩首。为了炫耀自己的威风，他命人将毛公首级挑在枪头，大摇大摆地回到洛阳，"见者无不震栗"。

以上这些人都是通过告密而得到官职，并受到宠信的，虽生性残忍，由于素无学识，所以还算不上大酷吏。这一时期的周兴、索元礼、

明察秋毫

狄仁杰

来俊臣、万国俊、丘神勣、郭霸等人，才是著名的大酷吏。他们大都心狠手辣，残酷异常，又深深地了解武则天的心理，投其所好，杀人无数，使朝野上下笼罩在一片恐怖气氛之中。这些著名酷吏由于具有一定文化素质，所以善于总结办案的反面经验，使人防不胜防。

概括地说，这一时期的酷吏政治有一个突出之点，就是罗织之风甚盛，为此来俊臣与万国俊、朱南山等编造《告密罗织经》1卷，罗列了各种诬告经验和陷人理由，欲害某人，就从几个方面同时诬告，并编造伪证，使被陷害人有口难辩。往往是一人入狱，牵连数十百人，使监狱人满为患。武则天还专门设置"制狱"于洛阳丽景门内，任用一些酷吏主持其事，主要是用于审理、关押重要案犯。凡是入此狱者，非死不能出，王弘义遂戏称丽景门为"例竟门"，意思是说入此门者，照例都不能活命。由于罗织之风愈来愈盛，搞得官员们人人自危，相见不敢交谈，"道路以目"。有不少人上朝以后从此就再也不能回家，因此，每逢上朝日，朝官都要与家人诀别，不知能否再相见。此外，武则天每每以酷吏杀人多少为忠心与否的标志，如来俊臣每次遇到有赦令颁布，就命令狱卒先把所谓重犯杀死，然后才宣布赦令，"太后以为忠，益宠任之"。在这种政策的鼓励下，酷吏们自然绞尽脑汁，努力扩大罗织范围，以残酷逼供、多多杀人为能事。武则天大兴酷吏政治的目的，重点在于打击宗室、大臣。关于这一点，在武承嗣向她所提出的"尽诛皇室诸王及公卿中不附己者"的建议中，表述得十分清楚。既然重要大臣也是其怀疑打击的对象，狄仁杰身为宰相，又不与诸武同流合污，虽然他与诬陷者来俊臣个人之间并无恩怨，但来俊臣为了讨取武则天的欢心，捞取更大的政治利益，也不惜将他诬陷下狱，从这个意义来看，狄仁杰的这次下狱实际上是做了一次酷吏政治的牺牲品。与狄仁杰同时被捕下狱的魏元忠释放以后，武则天问他为何屡次下狱，魏元忠回答说："臣好比一头鹿，罗织之徒好比狩猎者，他们需要用臣之肉作羹，臣又如何能够幸免！这些人杀臣的目的在于升官和追求显达，臣又有什么过失呢？"魏元忠的这些话就是当时情况的真实写照。

从史籍记载的一些现象分析，武则天的心理似乎已经达到了某种病态程度，即怀疑一切，甚至包括自己的亲人和最信任的大臣。先太子李贤被害死后，武则天在天授元年又下令将他的两个儿子活活鞭死。李贤的儿子，即武则天的亲孙子，年纪尚幼，也不可能参与什么政治活动，当然也不会构成对武氏统治的威胁。她能对亲骨肉下此毒手，不是心理失常又是什么？武则天对直系骨肉尚且如此，何况他人？

更让人觉得不可思议的是，宰相傅游艺梦见自己登上了湛露殿，醒来后便把此事说给与自己关系亲密的人听，这个人也想靠告密升官，当然不愿放弃这样的机会，便将此事告发了，结果傅游艺被杀。其实傅游艺也是一个善于逢迎献媚之徒，他就是靠这一套本领获武则天的欢心而登上宰相宝座的。天授元年九月，当时还是侍御史的傅游艺，率领关中百姓900余人赴洛阳上表，请求改国号为"周"，赐睿宗李旦姓武。武则天虽然没有同意这个请求，但却将傅游艺提升为给事中。自从他带了这个头后，于是百官、贵戚、四夷酋长、僧道等各类人，纷纷学他的样子上表请求改换国号，武则天就是在这样的形势下登上了皇帝之位。由于傅游艺功劳甚大，武则天登基之后，马上提升他为鸾台侍郎、同平章事，当上了宰相。由此傅游艺也创造了一个官场上的新纪录，即在一年之内他的官服历青、绿、绯、紫，换了四次。"时人谓之四时仕宦"。由此可见，傅游艺本来是武则天最为宠信的官员之一。尽管傅游艺人品低劣，死不足惜，但梦中之事，不足以为定罪的依据，竟也使这样的宠臣死于非命，可见武则天的心理已脆弱到何种程度！

在这种极不正常的政治状态下，狄仁杰虽然也一度得到武则天的信任，但其受宠信程度无法和傅游艺相比，当有人诬陷他谋反时，武则天必然毫不犹豫地将他投入监狱。

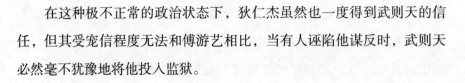

长寿元年（692）一月，左台中丞来俊臣告发宰相任知古、狄仁杰、裴行本，司礼卿崔宣礼、前文昌左丞卢献、中丞魏元忠、潞州刺史李嗣真等7人谋反，于是这7人统统被捕下狱。

在这7人中，除魏元忠、李嗣真因曾得罪过酷吏而被诬陷外，其余5人可以说都是无故遭受诬陷而被捕的。魏元忠早年因生性耿直，不与谄媚之徒为伍，在朝中声望颇高。酷吏郭霸本为一县丞，因为善于献媚，得到武则天的赏识，提拔为监察御史。当时魏元忠为御史中丞，是郭霸的顶头上司，郭霸为讨好上司，有一次魏元忠患病，郭霸专程前往探视，曾尝过他的粪便，对他说："大夫粪便如果味带甘甜，则可忧虑；今味苦涩，说明病情不重，不必担心。"郭霸称魏元忠为大夫，已经有讨好之嫌，又亲尝其粪便，使魏元忠更加鄙视他的为人，于是魏元忠病好后逢人便讲说此事，使得郭霸大丢面子。这样一来，就引起郭霸对他的极大愤恨，串通来俊臣、侯思止对他进行诬陷也就不难理解了。

李嗣真在永昌初年曾担任过右台中丞、知大夫事。他虽为执法之官，却不与酷吏同流合污，并对来俊臣大搞罗织、残酷杀人大为不满。他曾上疏武则天，劝她不要再搞酷吏政治，武则天不听，反将他赶出朝廷，出任潞州（今山西长治）刺史。由于他得罪了来俊臣，所以这次将他与狄仁杰等人一并诬陷为谋反，下狱治罪。

其实，在此之前，来俊臣曾奏请武则天降敕，规定只要审讯时主动承认谋反的可以免死。狄仁杰等人被捕后，来俊臣就以此引诱他们招认谋反，狄仁杰说："大周革命，万物唯新，唐室旧臣，甘从诛戮。反是实！"狄仁杰之所以如此痛快地承认谋反，并不是真的相信可以免死的诱惑，而是为了避免来俊臣的酷刑逼供，无谓地遭受皮肉之苦。魏元忠在侯思止审讯他时，坚决不承认谋反，受到严刑拷掠。侯思止命人将魏元忠倒拽而行，拖得皮开肉绽。魏元忠不屈，大骂道："我命薄，好比骑驴时坠下，足挂于镫，被驴所拽。"又招来了更为残酷的虐待。魏元忠说："侯思止，你如要魏元忠的头就请截去，何必一定要我承认谋反！"魏元忠在备受折磨摧残之后，最后在无可奈何的情况下，还是承认了谋反。与其这样，倒不如狄仁杰来得爽快。狄魏二人不同的表现，从表面上看，似乎是禀性问题，实质上却是二人智力高下的反映。

来俊臣，京兆万年（今陕西西安）人。他的父亲来操是一位赌徒，与人赌博赢钱数十万，对方无力还钱，便把妻子送去抵债，此人到来家时已身怀有孕，生下的这个孩子就是来俊臣。来俊臣早年就不务正业，为人凶残，因告密而得以任官。来俊臣当官后更加肆无忌惮，以手段残忍、杀人无数而为武则天所赏识。他审讯罪人时，不问案件轻重，常用醋灌犯人之鼻；或者将人扣入瓮中，周围用火烧烤；或者断绝犯人饭食，致使一些犯人抽取衣中棉絮充饥。他还与索元礼等人制作了10种刑具，称之为定百脉、喘不得、突地吼、着即承、失魂胆、实同反、反是实、死猪愁、求即死、求破家，"或以椽关手足而转之，谓之'凤凰晒翅'；或以物绊其腰，引枷向前，谓之'驴驹拔撅'；或使跪捧枷，累甓其上，谓之'仙人献果'；或使立高木，引枷尾向后，谓之'玉女登梯'；或倒悬石缒其首……或以铁圈毂其首而加楔，至有脑裂髓出者"。每次审讯新犯人，来俊臣就把这些刑具搬出来当众出示，犯人看见无不战栗流汗，"望风自诬"。有人在审讯时喊冤，来俊臣就命人割去其舌，"士庶破胆，无敢言者"。在这种情况下，喊冤既无济于事，反倒要受到更残酷的迫害，所以狄仁杰决定先承认谋反，然后再设法脱身，这无疑是一种聪明的决断。

狄仁杰在狱中期间，判官王德寿见他未经拷掠就承认谋反，以为狄仁杰是软骨头，遂对他说："尚书（指狄仁杰）一定可以减死。德寿既已受皇帝驱使，也想使官职有所升迁，希望尚书能够承认杨执柔也参与了谋反之事，这样对我将有较大好处，不知是否愿意这样做？"狄仁

明察秋毫

狄仁杰

杰故意问道:"怎样才能把杨执柔牵连进来?"王德寿说:"尚书在春官任职时,杨执柔当时也在该司任员外郎,只要说在那时你们二人就相识,并拉杨执柔参与谋反之事即可。"狄仁杰一听此话,心中对这些无耻之徒更加愤恨,遂以头触柱,血流满面,大声呼喊道:"皇天后土,遣仁杰行此事!"王德寿见狄仁杰如此状况,怕事情搞大了对自己不利,急忙向狄仁杰谢罪,狼狈退去。

虽然狄仁杰已经承认谋反,来俊臣并没有因此而减刑,仍要置他们于死地。由于武则天只同意逮捕狄仁杰等人下狱审讯,要处以死刑还要经她批准,在有关司法部门上报待批期间,来俊臣认为狄仁杰等人已无所作为,只等武则天批准便可行刑,"不复严备"。这正是狄仁杰所期待的时机,他拆下被头,向狱卒要来笔砚,书写了冤状,置于棉衣中,向王德寿说:"天气已渐热,请将此衣交给我的家人,取掉其棉,以便狱中之用。"王德寿不察其中密藏有帛书,遂将此衣交给狄仁杰的家人。这时狄仁杰的长子狄光嗣在外任官,不在家中,其次子狄光远收到棉衣后,知道其中定有夹带之物,仔细检寻,发现了其父的冤状,急忙入宫告变,得到了武则天的召见。狄光远献上冤状,武则天阅后,召见来俊臣询问狄仁杰的案情,来俊臣回答说:"仁杰等人入狱,臣并未剥夺他们的冠带,饮食寝宿一切如常,如果没有谋反的事实,他们如何会承认谋反?"武则天遂命通事舍人周綝前往狱中探望狄仁杰的食宿情况,来俊臣将收去的衣物冠带又命人取来,让狄仁杰等人穿戴齐整,排列一行,让周綝巡视。周綝是一个胆小怕事之人,畏惧来俊臣,唯唯诺诺,不敢详察,甚至连正视探视对象的勇气都没有,就匆匆回去复命了,狄仁杰等人洗雪冤情的希望又暗淡下去了。

来俊臣是一个极其残忍的人,既然已认定狄仁杰等人为谋反罪,当然不会轻易让他们翻案。为了促使武则天尽快批准对他们执行死刑,他又命人假冒狄仁杰等人的名义伪造了谢死表,自己代为署名,又指示周綝将此表呈送武则天，一定要置狄仁杰等7人于死地。

机警保身，侥幸逃死

狄仁杰等人谋反的案件对朝野上下震动很大，狄仁杰、任知古、裴行本等人都是现任宰相，三位宰相同时下狱，无疑是一件大事，不能不引起朝野的关注。魏元忠虽仅为御史中丞，但他为人正直，声望颇高，又立有大功。这是指在镇压徐敬业的战争中，当时武则天命他为监军，与李孝逸共同负责征讨事宜。在讨论进军方略时，魏元忠力排众议，主张先打徐敬业之弟徐敬猷所率之军，这支叛军实力较弱，歼灭这支军队可以鼓舞官军士气，削弱叛军力量，然后集中军力进攻徐敬业所率精锐军队，事后证明魏元忠的方略完全正确。在两军主力决战时，官军前锋受挫，统帅李孝逸畏惧欲退。魏元忠坚决制止了这种企图，又献火攻之计，终于取得了决战的胜利。李嗣真为官清正，声誉也甚好。这样一批人同时被捕，又都是谋反大罪，朝士们非但不信，反而纷纷上疏，认为这是奸佞横行，残害忠良。当时上疏的主要有麟台正字陈子昂、万年县主簿徐坚、凤阁舍人韦嗣立、监察御史魏靖、给事中李峤、大理寺少卿张德裕、侍御史刘宪等，归纳起来，他们的呼声大体反映了如下几个方面的意见。

第一，反对酷吏政治，认为有害无益。他们大都认为尧舜之时、文景（汉文帝、景帝）时代，几致刑措，千古以来，传为美谈，"今四海乡衔冤之人，九泉有抱痛之鬼"，都是徐敬业、李贞起兵以来，酷吏横行、连坐相牵、用法残酷的结果。指出目前这种"小乃身诛，大则族灭"局面的形成，完全是那些"皆图苟成功效，自求官赏"者，任意罗

狄仁杰

织，草菅人命，并非真有如此之多的反逆者。

第二，大开告密之门，罗织严密，目的虽然是"将息奸源，穷其党与"，但实际上却使大批无辜之人冤屈而死。他们指出数年以来，四方告密，牵累千万，"大抵所告，皆以扬州为名，及其穷竟，百无一实"，遂使奸恶之党快意相庆，忠直清正之人痛心疾首。一人被捕，百人入狱，"或谓陛下爱一人而害百人，天下喁喁，莫知所宁"，批评的矛头直指武则天本人。

第三，认为酷吏政治不尽早结束，将使朝士人人不能自保，离心离德，不利于国家稳定和统治的巩固。有人甚至指出目前正直之士纷纷入狱，被杀被贬者不计其数，照此下去将使陛下无可用之臣，焉知不是有人借追究逆党而行反间之计，先除去陛下辅弼之臣，后谋取国家社稷。

第四，认为酷吏政治破坏了国家法制，"夫酷吏者，资矫佞以事君，行刻薄以临下"。他们大都"侮宪害公，弄权挠法"，"罪遂情加，刑随意改"，致使国家规定的死刑三复奏的制度形同虚设。要求废除委派专使推按，便可决杀人命的做法。"人命至重，死不可生"，应依法复奏，减少冤滥。生杀大权应该掌握在皇帝手中，权不下移，移则冤滥易生，冤滥生则法制乱，法制乱则天下纷纭，祸乱必起。

实际上，这些人的上疏并不仅局限于狄仁杰、魏元忠等人的这次冤案，更多的还是从国家安稳、维护法制、反对酷吏政治的角度出发的，把酷吏政治的危害和影响论述得非常透彻，以促使武则天对这个问题的严重性能有一个清醒的认识。由于众人反映强烈，迫使武则天不得不认真地对待此事，她派给事中李峤、大理寺少卿张德裕与侍御史刘宪三人，再次复审此案。经过详细地调查与审理，证实这果然是一桩冤案。但是，张德裕惧怕来俊臣，不敢据实上奏，打算仍以来俊臣原所定之罪上奏。此议遭到李峤的反对，认为"岂有知其枉滥而不为申明哉"！他还以孔子的"见义不为，无勇也"的话，鼓励张德裕、刘宪二人，共同为雪洗冤案而尽力。在李峤的极力主张下，三人于是条列狄仁杰等人冤状上奏武则天，"由是忤旨"，皆被贬黜远州。从武则天贬黜李峤等人的举动看，她并不打算在这个时期结束酷吏政治，仍然信任来俊臣等人。

说来也巧，这时前鸾台侍郎乐思晦年仅八九岁的幼子赴阙上辩，从而为此案的洗雪带来了一线曙光。乐思晦于天授二年（691）六月被任为宰相，十二月被杀，前后仅半年时间。同时被杀的还有右卫将军李安静，罪名是谋反，实际上则是因为没有上表劝进，对武则天改朝换代支持不够。乐思晦大概也是因此事而被杀的，他的全家除幼子被送到司农寺为奴外，其余人全部惨遭杀戮。一个八九岁的孩子能够入宫请求皇帝召见，肯定有人支持并提供方便，否则被籍没为奴的犯罪官员子弟，尤其是一个孩子是不可能随意行动的，更不用说入宫去见皇帝了。

于是，武则天召见了这个孩子，问他因何事要求召见，回答说："我的父亲已死，我家已破，对于我家之事已没有什么可说的了，只是为陛下之法被来俊臣等人所玩弄而感到惋惜。陛下如不信臣言，请选择朝中忠直大臣、为陛下平素最信任者，再撰写一份反状连同此人交给来俊臣审讯，没有不承认谋反的。"

武则天

武则天听了这个孩子的话后，觉得有理，由此"太后意稍寤"。从这个孩子对武则天的这一番话看，似乎不像儿童所能说、所能想到的，很可能有人事先教给他，通过孩子之口反映给武则天。

这时，武则天认识到了问题的严重性，她决定亲自过问此案，她召见狄仁杰等人，问道："既然你们都称

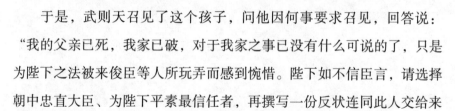

明察秋毫

狄仁杰

冤屈，为什么又承认谋反呢？"回答说："如果不承认，则早就死于酷刑拷打之下了。"武则天又问："既如此，为何又要写谢死表？"众人皆矢口否认。武则天命人拿出表来，出示给他们看，才搞清是来俊臣伪造的假表，于是下令释放了7人。

虽然狄仁杰等人被无罪释放，但是武则天此时仍宠信来俊臣，所以她不仅没有追究他诬陷大臣之罪，反而把狄仁杰贬为彭泽（今江西彭泽东北）县令，任知古为江夏（今湖北武昌）县令，崔宣礼为夷陵（今湖北宜昌）县令，魏元忠为涪陵（今重庆涪陵）县令，卢献为西乡（今陕西西乡）县令，将裴行本、李嗣真流放于岭南。来俊臣与武承嗣深恨狄仁杰，屡次请求处死他，武则天以释放的诏书已颁下，不可反复为由，拒绝了他们的请求。御史霍献可当廷叩首苦争，要求一定要处死狄仁杰，仍没有得逞。霍献可早年任开封（今河南开封）县令时，狄仁杰被贬外地，途经汴州（今河南开封）时，欲留半日为民治病，霍献可不许，当日就将他驱逐出境。从此，两人结怨。后霍献可投靠武承嗣，遂得调为京官，专与朝中正直大臣作对，干了许多坏事。此次他苦争欲杀狄仁杰，一是借机以泄私愤，另外也是为了讨好武承嗣。霍献可不仅要求处死狄仁杰，连他的舅父崔宣礼同样也不放过，要求处死，他对武则天说："陛下不杀崔宣礼，臣请殒命于前。"以头碰殿阶，血流沾地，以表示为臣不私于其亲。此后，霍献可常以绿巾裹头伤，微微露出冠下，希望武则天能看见，好得到升赏，可见此人德行之卑劣。

狄仁杰等人被贬约半年后，形势逐渐发生变化，酷吏政治开始衰落。出现这种变化的原因是：其一，经过多年的残酷杀戮，唐朝宗室大多杀戮殆尽，年纪幼弱者皆流放岭南，朝中公开的政敌也屠戮已尽，这样就使武则天的安全感大大地增强了。另外，有人认为："今既革命，众心已定，宜省刑尚宽。"即武周取代李唐已经完成，天下之人皆已承认现实，政权的稳固性空前提高，"任威刑以禁异议"已没有必要。武则天也同意这个见解，遂逐渐地放宽刑狱。

第二，经过此次事件后，反对酷吏政治的人有所增加，呼声日渐高涨，如李昭德、朱敬则、严善恩、周矩等人，都加入到这个行列中来。他们接二连三地上疏，说古喻今，苦苦相劝，要求武则天放弃酷吏政治。这些言论都不同程度地影响着武则天，潜移默化地改变着她的政策。

长寿元年（692）七月，当时告密者仍然很多，按照武则天自己的规定，凡告密者不许大臣过问，均由她亲自召见。由于人数太多，加之武则天年事已高，精力必然有限，使她觉得不胜其烦，于是就交给监察御史严善思处理。严善思仔细询问后，将其中850余人以虚构诬上之罪严厉处罚，使"罗织之党为之不振"，这是酷吏政治改变的一个显著信号。接着，侍御史周矩上疏提出"缓刑用仁"的施政方针，得到武则天的采纳，由是"制狱稍衰"。此后虽仍有酷吏杀人之事发生，但残酷程度已大大地不如以前了，人数也相对较少，来俊臣死后，酷吏政治可以说基本结束，国家法制恢复到正常状态之下。

明察秋毫

狄仁杰

第 五 章

德抚四夷安天下
辅佐女皇济苍生

武则天经过大肆诛杀李唐子孙及反对自己的人，为自己逐步改朝换代的路上基本上扫清了障碍。针对武则天的"大周革命"，狄仁杰作为这一时期的一个重要人物，应该有所表示才对。然而，史籍对狄仁杰当时的态度只字未提，很可能是史籍为他避讳而已。众所周知，狄仁杰是一个聪明机智之人，他当时大概是因为看到大势所趋，自己已经无力回天，于是就选择明哲保身，随大流参加了劝进活动——支持武则天称帝。但是，狄仁杰辅佐登上皇帝宝座的武则天时，尽心尽职地为国效力，早已掩盖了他当时灰色的一面。

大唐易主，无力回天

虽然在武则天之前或之后的历朝历代中，有不少太后专权或临朝称制的现象出现，但是像她这样改朝换代、黄袍加身的却仅此一例。唯其如此，武则天在中国历史上才更加引人注目，对她赞颂者有之，非议者有之，千年以来争论不休，似乎中国历史上还没有一个历史人物能引起人们如此相悖的评价。

其实，在当时就有不少人反对武则天临朝称制。早在她废去中宗临朝称制之初，就已引起了朝中许多大臣的不满。当时武则天居住于东都洛阳，命大臣刘仁轨留住西京长安，她在给刘仁轨的书中说："昔汉以关中事委萧何，今托公亦犹是矣。"对刘仁轨寄予厚望。刘仁轨却不买武则天的账，上疏以身体衰老为由推辞不干，并以汉朝吕后擅权最终导致吕氏家族败亡的历史教训，对武则天进行规劝。接着尚书左丞冯元常、凤阁侍郎胡元范、刘景先等人，因不满武则天专权而相继被贬。在这一段时间内最重要的事件，莫过于宰相裴炎的被杀。

本来宰相裴炎对武则天废去中宗的皇帝之位是有功的，是他们两个合谋的。废去中宗之后，另立了睿宗。但是裴炎这样做的目的在于废昏立明，仍然是为了唐朝统治的稳固与长久，谁知却导致了武则天的临朝称制，这是他所不愿看到的。当武则天立武氏七庙时，他出面反对；武则天打算除掉韩王李元嘉、鲁王李灵夔，其他宰相都不敢表示异议，唯独裴炎站出来坚决反对；徐敬业扬州起兵，裴炎不积极讨伐，认为"皇帝年长，不亲政事，故竖子得以为辞。若太后返政，则不讨自平矣"，

明察秋毫

狄仁杰

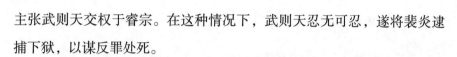

主张武则天交权于睿宗。在这种情况下，武则天忍无可忍，遂将裴炎逮捕下狱，以谋反罪处死。

宰相裴炎死后，武则天镇压了徐敬业的起兵，又相继平定了琅琊王李冲、越王李贞的起兵，将唐朝宗室几乎屠杀殆尽。她还大兴酷吏政治，奖励告密，诛戮了无数的唐朝旧臣。在铲除她称帝道路上的障碍的同时，又大造改朝换代的舆论，为自己称帝创造条件。

武承嗣在垂拱四年（688）四月，命人在一块白石上凿了"圣母临人，永昌帝业"8个字，把紫石末和药物混杂填入，搞成古朴陈旧的样子，又把碑石扔在洛水里，然后再由一个农夫"无意"中打捞上来，让雍州（今陕西西安）人唐同泰献给武则天，假称得之于洛水。武则天大喜，将这块白石称为"宝图"。本来打算很快就举行拜洛受图活动，由于宗室诸王的起兵，遂于这年十二月才得以举行。为了证明她称帝是符合天意的，她决定要将这次活动搞得规模宏大而隆重。武则天亲自编了《大亨拜洛乐》14章，又在洛水岸边建筑了拜洛坛，还命有关部门制定了拜洛受图的仪式，更命"宝图"为"天授圣图"，洛水为永昌洛水，封洛神为显圣侯，并禁止百姓在洛水渔钓，在发现白石之处专门设置了一个永昌县。十二月二十五日，精心筹备的拜洛受图活动在这一天举行了，以武则天为首，睿宗、太子、文武百官相从，浩浩荡荡开往拜洛坛。坛前陈列着珍禽、奇兽、珠宝、文物，四面挤满了前来看热闹的百姓，场面之大，仪仗之盛，据说为唐朝建立以来所从未有过。

武则天等人拜洛受图活动后的第三天，由内宠薛怀义主持经过长期营建的明堂终于建成了。根据文献记载，这座明堂"高二百九十四尺，方三百尺。凡三层：下层法四时，各随方色；中层法十二辰，上为圆盖，九龙捧之。上施铁凤，高一丈，饰以黄金"。气势宏伟，雕梁画栋。武则天将其命名为"万象神宫"，并于永昌元年（689）正月初一举办盛大的"大亨明堂"仪式。武则天耗费了巨额资财，建造这座明堂的目的就在于效法上古帝王以明堂为"宗祀布政"之所，为自己登基当皇帝做铺垫。

天授元年（690）七月，僧人法明等献上《大云经》4卷，"言太后乃弥勒下生，当代唐为阎浮提主"。佛教称人世为阎浮提，阎浮提主即谓皇帝，并组织了一批僧人为《大云经》作疏，盛言武氏受命当为皇帝之事——这是武则天借助于佛经为她当皇帝大造舆论。十月，武则天下令要两京及天下诸州都要建造一所大云寺，收藏一部《大云经》，并命高僧升座讲解。

武则天经过这一系列的活动后，仍不满足，于是她的支持者又发动了声势浩大的请愿活动，督促她早日登基。天授元年九月初三，侍御史傅游艺率关中百姓900人到洛阳上表，请求改国号为周，改皇帝（睿宗）姓武。武则天大概嫌请愿的人数太少，没有同意，却将傅游艺提升为给事中。于是，九月初四，朝中文武百官及唐朝宗亲、远近百姓、四夷酋长、和尚道士等，共计6万余人，组成了浩浩荡荡的请愿队伍，上表请改国号，唐睿宗也违心地上表请求赐姓武氏。至此，武则天认为登上皇帝宝座的时机完全成熟，还是没有接受，但说可以考虑考虑。九月初五，有人传言说数万只赤雀在万象神宫的殿顶鸣噪，更奇异的是有人又看见皇宫西面的御花园中出现了凤凰，眼看着向西南飞去……先是有若干百姓看见过，后来有百十人看见过，再后来传说更加厉害了，说全国人都亲眼看见过。其实，只有傻子才敢说没看见呢！九月初七，武则天觉得时机可以了，在劝进表上批了一个"可"字。于九月初九，重阳节这天，御则天楼，接受百官朝拜，大赦天下，正式改国号为周。九月十二日，按照预定日期，武则天正式登上帝位，称为"神圣皇帝"，她不再是皇后，而是女皇了！67岁的武则天终于成为中国历史上唯一的女皇帝了。

武则天的这次改朝换代是蓄谋已久的行动，绝不是随着她的权势增

明察秋毫

狄仁杰

强而逐渐产生的念头，虽然史书中没有明确记载她何时产生黄袍加身的想法，但她的行动却将这种意图表露得十分清楚。根据史书记载的史实分析，武则天至少在唐高宗死后就已有了这种打算。

弘道元年（683）十二月，唐高宗死。弘道二年二月，她就将中宗李显废去，贬为庐陵王。事情的起因是这样的：中宗打算授皇后韦氏之父韦玄贞以侍中之职，宰相裴炎不同意，中宗负气地说："我以天下与韦玄贞何不可，而惜侍中邪！"于是裴炎与武则天密谋，派兵入宫，把中宗从皇帝宝座上赶了下去，改立李旦为帝，这实际是一次宫廷政变。当时中宗质问武则天："我何罪？"武则天说："汝欲以天下与韦玄贞，何得无罪！"中宗昏庸，那是以后的表现。此时刚刚即位，并无大错，他所说的让天下给韦玄贞的话，只不过是一句赌气的话，并非真有其事，因此，以此为罪名废去皇帝显然是不能成立的。武则天在高宗死后不到两月，尸骨未寒，就急于废去他儿子的皇位，可见她不甘寂寞、急于掌权的心情是多么的迫切。

睿宗李旦即位时，已经23岁，本应亲理朝政。然而，武则天却毫无理由地把他移居别殿，由自己亲执大政。为了防止意外，同月，她还命左金吾将军丘神勣赴巴州（今四川巴中），将囚禁于这里的废太子李贤逼迫自杀。

武则天做了这些，仍感觉不够彻底，又于文明元年（684）八月，她刚刚将高宗葬于乾陵后，九月就改元为光宅，改东都为神都，改旗帜为金色。众所周知，唐朝以长安为都城，洛阳为东都，实际是陪都。武则天改东都为神都，虽是一字之变，意义却大不相同，标志着洛阳已不再是陪都，虽然没有公然降低长安的都城地位，然而一国不可能有并列的两个都城，实际上是想以洛阳取代长安的都城地位，将它作为新朝的统治中心，以表示将要创建的新朝并非唐朝的继续。唐朝以土德为尚，旗帜为黄色。武则天改为金色，"饰以紫，画以杂文"，这就非常清楚地表明了她改朝换代的意图。无论古今中外，一个国家的旗帜都是不能轻易改变的，除非政权易手，改朝换代。此外，武则天同时还把某些官员的服色予以改变，将所有国家机构的名称及官名都统统地改变了。当月，武承嗣请求"立武氏七庙"，"太后从之"。按照古代礼制，天子建七庙，诸侯五庙。武则天同意立武氏七庙，是她谋图称帝的野心的又一次大暴露。只是由于宰相裴炎的反对，武则天大概也觉得时机尚未成熟，不宜将称帝的企图暴露得过早，才改为建立五庙。以上这些情况都是在唐高宗死后不到10个月内发生的，这就充分地说明了武则天改朝换代是早有打算的。

可见，武则天是一个权力欲极强的不平凡的女人。历朝历代争夺帝位的斗争，无一不是血淋淋的，这本来不足以大惊小怪，但是像武则天这样无辜株连、怀疑一切、毫无节制地诛杀却是比较罕见的，这一点也是最不可取的。另外，过分地杀戮表面上看似巩固了统治地位，其实却将更多的人推到了对立面，构成了潜在的危险。

令人感到奇怪的是，在这场改朝换代的剧烈变动中，无数的人头落地，多少衣冠之族倾败，然而在史籍中却无一字提到狄仁杰在这场巨变中的态度到底如何，以至于后世学者认为记史者故意为狄仁杰避讳，没有真实地记载他"同尘合污，与世委蛇"的处世情况。换句话说，即认为狄仁杰为了避免身遭屠戮，不得不采取更为圆滑更为谨慎的处世态度，坐视故君身遭囚禁。这种看法实际上是没有根据的，对于狄仁杰来说，是不能为而非不愿为也。

狄仁杰在唐高宗统治时期，仕途上一帆风顺，自从调入长安任大理寺丞以来，历侍御史、度支郎中等职，都充分地施展了才华，受到了高宗的赏识。武则天临朝称制以后，他历任宁州（今甘肃宁县）刺史、冬官侍郎、文昌右丞、豫州（今河南汝南）刺史，因得罪宰相张光辅，被贬为复州（今湖北沔阳西南）刺史。从这个任官经历看，狄仁杰多不

明察秋毫

狄仁杰

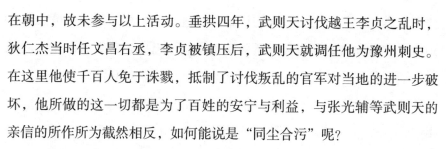

在朝中，故未参与以上活动。垂拱四年，武则天讨伐越王李贞之乱时，狄仁杰当时任文昌右丞，李贞被镇压后，武则天就调任他为豫州刺史。在这里他使千百人免于诛戮，抵制了讨伐叛乱的官军对当地的进一步破坏，他所做的这一切都是为了百姓的安宁与利益，与张光辅等武则天的亲信的所作所为截然相反，如何能说是"同尘合污"呢？

天授元年九月，武则天称帝，建立大周政权，这时狄仁杰正在洛州（今河南洛阳东）司马任上。狄仁杰此时的态度如何，史籍中没有记载。当时洛阳有文武官员、百姓6万余人劝进，狄仁杰很可能随大流也参与了此类活动。假如狄仁杰拒不参加劝进，很可能要遭杀戮或贬黜，事实上狄仁杰并未遭此厄运，这就说明他也参加劝进了，至少没有表示反对的态度。如将此事看成是不忠于唐朝的行为，是很不公正的，试想当时连睿宗李旦都上表劝进，并甘愿改姓武氏，狄仁杰这时不过是一个从四品下的州司马，既无一兵一卒，又无权势，如何能与武则天相抗衡呢？因此，即使狄仁杰有匡复李氏之心，但却无回天之力。直到天授二年九月，即武则天称帝一年后，狄仁杰才被提升为地官侍郎、同凤阁鸾

武则天乾陵

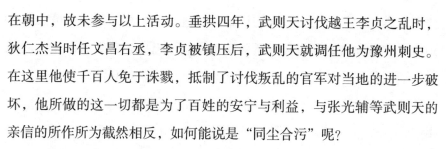

台平章事。这是狄仁杰首次担任宰相，进入中枢决策机构。虽然狄仁杰这时有了与武则天直接对话的条件，然木已成舟，事情已无法挽回了。话又说回来，即使狄仁杰在武则天称帝前就担任宰相，恐怕也无法阻止她称帝的决心，在强大的皇权面前任何个人的力量都是无法抗衡的。其实，在武则天称帝前后的那些狂热的日子里，狄仁杰和绝大多数官员一样，只不过是被人摆弄的一个棋子，连自己的命运都无法掌握，更不用说其他了。那么，狄仁杰此时的举动，也算是在情理之中的事情了。

身在武周，心在李唐

在武则天统治时期，狄仁杰虽然遭遇几起几落，宦海浮沉，但总的来看，武则天对狄仁杰还是比较器重的，尤其晚年更是优礼有加。当时，武则天为了改朝换代，不惜官爵，滥授于人，以收买人心，确属事实，但是考课颇严，一旦发现不称职者，迅速黜退。唐人陆贽评论说："往者则天太后践祚临朝，欲收人心，尤务拔擢，弘委任之意，开汲引之门，进用不疑，求访无倦，非但人得荐士，亦许自举其才。……而课责既严，进退皆速，不肖者旋黜，才能者骤升，是以当代谓知人之明，累朝赖多士之用。"宋人司马光也说："太后虽滥以禄位收天下人心，然不称职者，寻亦黜之，或加刑诛。挟刑赏之柄以驾御天下，政由己出，明察善断，故当时英贤亦竞为之用。"这些评价都是比较客观、中肯的。武则天对于狄仁杰的任用也是体现了任人唯贤的原则，晚唐诗人皮日休说："呜呼！天后革大命垂二十年，天下晏如不让贞观之世，是遵何道哉？非以敬任公乎！不然者，来俊臣之酷不能诬，诸武之猜不能害，房龄之谏不能逆。"皮日休认为武则天所以取得了较大的治理成就，关键就在于任用了像狄仁杰之类的贤臣，使他们得以施展才干，才取得"天下晏如不让贞观之世"的业绩。皮日休的这种看法虽然是主要针对狄仁杰与武则天之间的关系而言的，推而言之，与陆贽、司马光等的评价又何尝不是殊途同归呢？

其实，武则天能重用狄仁杰此类贤臣，被重用者也尽心竭力、忠于职守，辅佐武则天治理好国家。以狄仁杰为例，他无论在地方任官还是到朝廷任职，都颇有建树，取得了相当突出的政绩。但是忠于职守，勤于国事，并不等于狄仁杰赞成大周革命，辅佐武则天，也不等于拥戴她称帝。在狄仁杰心目中始终都把自己看成是唐朝旧臣，把武则天视为李唐的皇后，这一点在狄仁杰的言行中有明确的反映。他被来俊臣诬陷下狱后，在供词中公然宣称："大周革命，万物为新，唐室旧臣，甘从诛戮。"可见他一贯以唐室旧臣自居，尽管此时他已是大周的宰相。圣历元年（698），武则天与狄仁杰商议皇位继承者人选时，狄仁杰当面对武则天说："陛下身是大帝皇后，大帝寝疾，权使陛下监国；大帝崩后，合归冢嫡。陛下遂奄有神器，十有余年。今议缵承，岂可更异！"在当时持狄仁杰这种观点的人不在少数，如王方庆、苏安恒、王及善、吉顼等一大批人，均是如此。苏安恒在上疏中明确指出："陛下虽居正统，实因唐氏旧基。故《诗》曰：'惟鹊有巢，惟鸠居之。'此言虽小，可以喻大。"公然认为武则天建立的大周政权是鸠占鹊巢，来路不正，这些都是武则天所熟知的公开的言论，至于私下的议论尚不知有多少。这就说明在武则天的大周朝廷中有一大批朝士是心系唐室的，他们尽管不反对武则天对天下的统治，但是却把武则天的统治时期视为唐朝统治的继续，把忠于职守与忠于武氏家族截然分开。正因为如此，当武则天对朝政的控制稍有松弛时，便爆发了推翻其统治地位的政变。

以上这种看法在民间也普遍存在着。如圣历元年，突厥侵扰河北，武则天命刚刚恢复太子地位的李显为河北道元帅，以讨伐突厥。在此之前，朝廷招募兵员一月有余，只有不满千人应募，听说太子亲任元帅的消息后，应募者云集，很快就招募到5万多人。可见人心之向背，这种状况和镇压宗室起兵时已经有了很大的变化。

有一则故事说，狄仁杰任宰相时，他的堂姨卢氏就居住在洛阳郊外午桥南别墅，尽管与狄仁杰所居的尚贤坊相距不远，但她从未入城，与狄仁杰不相往来。倒是狄仁杰颇为殷勤，每逢节日都要前去探望，不废以下事上之礼。有一年冬天，大雪过后，洛阳郊外银装素裹，适逢狄仁杰休假，他便踏雪前往探视姨母。进门之时，正好碰见表弟身背弓矢手提雉兔，也从外面归来，"顾揖仁杰，意甚轻傲"。狄仁杰没有计较表弟的态度，对其姨母说："我现在朝中为相，表弟有什么要求，愿意竭力去办，一定遂其心愿。"卢氏回答说："吾兄有一子，不欲令事女主。"狄仁杰听后感到十分惭愧，唯唯诺诺而退。卢氏与其子对武则天的这种态度，在百姓中是有一定代表性的。狄仁杰在这种场面中的心情也是真实的，正因为他不赞同武则天改朝换代，但又无力扭转局面，所以才感到惭愧。如果认为这一切都是理所应当的，自然也就不会感到愧疚了。

后来，狄仁杰力主迎归庐陵王李显，挫败了武承嗣、武三思谋图获得皇位继承权的企图，目的就是恢复李唐的统治地位。不仅如此，在李显恢复太子地位后，狄仁杰曾进行过一次恢复李氏统治的尝试。根据《旧唐书·魏元忠传》的记载："武则天在三阳宫不豫，内史狄仁杰奏请陛下监国，元忠密进状云不可。"这是中宗即位后，御史袁守一劾奏魏元忠时所说的一段话。这里提到狄仁杰的官职是内史，他得到这一官职是在久视元年（700）正月，同年九月狄仁杰就死去了，故狄仁杰提出这个动议当是在这年正月至九月之间。另据记载，武则天这年四月曾驾幸三阳宫。五月，武则天服用了僧人胡超进献的长生药，"疾小瘳"，

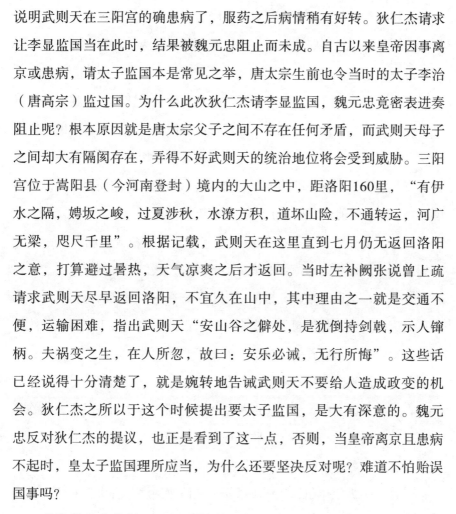

说明武则天在三阳宫的确患病了，服药之后病情稍有好转。狄仁杰请求让李显监国当在此时，结果被魏元忠阻止而未成。自古以来皇帝因事离京或患病，请太子监国本是常见之举，唐太宗生前也令当时的太子李治（唐高宗）监过国。为什么此次狄仁杰请李显监国，魏元忠竟密表进奏阻止呢？根本原因就是唐太宗父子之间不存在任何矛盾，而武则天母子之间却大有隔阂存在，弄得不好武则天的统治地位将会受到威胁。三阳宫位于嵩阳县（今河南登封）境内的大山之中，距洛阳160里，"有伊水之隔，娉坂之峻，过夏涉秋，水潦方积，道坏山险，不通转运，河广无梁，咫尺千里"。根据记载，武则天在这里直到七月仍无返回洛阳之意，打算避过暑热，天气凉爽之后才返回。当时左补阙张说曾上疏请求武则天尽早返回洛阳，不宜久在山中，其中理由之一就是交通不便，运输困难，指出武则天"安山谷之僻处，是犹倒持剑戟，示人镡柄。夫祸变之生，在人所忽，故曰：安乐必诫，无行所悔"。这些话已经说得十分清楚了，就是婉转地告诫武则天不要给人造成政变的机会。狄仁杰之所以于这个时候提出要太子监国，是大有深意的。魏元忠反对狄仁杰的提议，也正是看到了这一点，否则，当皇帝离京且患病不起时，皇太子监国理所应当，为什么还要坚决反对呢？难道不怕贻误国事吗？

　　明代学者李贽说："梁公始者几危，后得免于虎口，遂有悟于黄帝、老子之旨，同尘合污，与世委蛇。"也就是说狄仁杰在吃了苦头之后，遂采取黄老之学，无所作为以避免再遭不幸。这种观点为清代学者王夫之所坚决反对，他根据狄仁杰一生的所作所为，认为他在武则天统治时期，"无不正之言，无不正之行，无不正之志而已矣"。还有一种观点认为狄仁杰既然持身以正，为何不洁身自好，避而不仕？对此王夫之认为在这个时期唐朝不会灭亡，武周也没有一直延续下去的可能，理由是武氏家族中如武三思、武承嗣之流都不过是市井小人，醉生梦死，

"逐声狂吠"，没有什么治国安邦的能力和智慧，并不难对付。如果狄仁杰这些贤臣洁身自好而不仕，任这些人胡作非为，等到武则天百年之后，再如汉末那样起兵于南阳，枭王莽于渐台，就会使中原陷于战乱流血之中。"何为弃可为之时"，任其妖乱？他认为狄仁杰在朝中坦然行事，抑挫诸武，请复庐陵，安排忠直之士于津要，才是忠君爱民的直臣行为，值得千古颂扬。王夫之的这种观点是比较切合实际情况的，考察狄仁杰一生所做之事，的确不存在偷生苟活的现象，相反却是始终留心朝政，直到临终前还上疏谏止武则天佞佛。

其实，狄仁杰在武则天统治的那些日子里，白天上朝办事，晚上回到家里，便提起笔来练习书法。小的时候，狄仁杰就刻苦练字，写得一手好书法，虽说后来事务繁忙，他也不忘在闲中写字消遣，可是每次都写到深夜，实在是他想借练字来平静自己的心绪。对于武则天公然篡唐，他感到郁愤不平，但也深知，武则天现在大权在握，不可一世，他为唐室旧臣，要想恢复大唐，时机还未到来，只有暂时忍耐。

在一笔一画之中，狄仁杰的神情仿佛全部贯注在书法里了，他临摹书圣王羲之的《兰亭集序》，临摹前朝名臣褚遂良的书法，时有所得，就抬头沉思，有时写到得意之处，还忘形地手舞足蹈起来。

"这么一大把年纪，还像小孩子一样跳来跳去！钟大人和傅大人看你来了。"这天狄仁杰正写得高兴，他妻子推开门说道。

原来是司农录事钟绍京和鸾台侍郎傅游艺两人拜见。傅游艺因奏请武则天登帝位有功，刚刚被封为鸾台侍郎，和狄仁杰做了同事。他知道狄仁杰大名鼎鼎，想和狄仁杰拉拉关系，便由钟绍京领着来拜见，钟绍京更写得一手好字，朝廷宫殿门额大多数是他所题，共同的爱好，使他和狄仁杰很熟。

"狄大人审案如神，没想到书法也是神来之笔！"傅游艺善于阿谀奉承，一见狄仁杰的字，马上便恭维起来。

明察秋毫

狄仁杰

狄仁杰对傅游艺的为人十分厌恶，但他只是在心头耻笑，口头上却说道："不敢当，和书圣比起来，我的字还是幼稚得很，真是不敢献丑。"

　　傅游艺继续恭维："我听说人正则字正，狄大人堂皇处世，写得这样好字，也是自然。"

　　仆人沏好了茶待客，狄仁杰抿口茶，缓缓说道："傅大人说我堂皇处世，过奖了，其实，我倒是很羡慕傅大人的处世高招，今后还望傅大人相帮！"

　　狄仁杰话里含着讥刺，傅游艺新近得宠，正是春风得意，哪里听得出来，忙不迭地点头，"哪里，互相提携，互相提携！今天来见狄大人，虽是空手而来，却是情义备至。"

　　钟绍京见两人互相客气，插嘴道："二位大人这般说话，不是见外了吗？一个是元老，一个是新秀，彼此彼此，鸾台有了二位，皇上也是极为放心的了。狄大人，先前我借给你的……"

　　话正说着，被狄仁杰立即打断："哦，是这把书圣的折扇吧，璧还大人。书圣的字排列有当，笔画似断非断，写在扇面上更有这种意味，难怪太宗皇帝称赞说是若断还连呢！"

　　狄仁杰边说边朝钟绍京暗暗使了下眼色，将折扇递过去，钟绍京起先一愣，但立刻会意，极自然地接过了折扇。

　　其实这把写有王羲之真迹的折扇是狄仁杰自己的，前天狄仁杰从钟绍京那儿借来一幅褚遂良帖子临摹，说过不日即还，刚才钟绍京一提借还的事，狄仁杰便知道说的是那幅褚遂良帖子，忙用折扇遮掩了过去。这是怎么回事呢？原来褚遂良是太宗传位给高宗时的顾命大臣，后来反对立武则天为皇后，武则天要高宗将他流放边疆。褚遂良是武则天痛恨的人，若在傅游艺面前提到褚遂良，还说有他的墨迹，难免会有什么预测不到的事情发生。狄仁杰一向谨慎处事，稍一用智，便巧妙地将事情应付了过去。

那傅游艺当然不知道这里面的曲折，又拿起折扇看起来，钟绍京也是个灵巧之人，赶快领着傅游艺告辞，狄仁杰也不多留。待二人走后，狄仁杰叹了一口长气，他不知道这样的时日要挨过多久。

大唐的江山如何恢复，狄仁杰眼下还没有底，他心中的忧虑，除了少数几个至交外，在其他人面前从未吐露过，而且不露一丝一毫痕迹，他知道对付武则天，需要的是冷静而不是莽撞。

可见，狄仁杰身为武周宰相，却心系唐室，千古以来非但没有受到指责，反而受到历代士人的赞扬，被视为匡复唐室的名臣。之所以如此，原因就在于人们对武则天取代李唐，建立武周政权持有不同的看法。由于人们对这一举动的否定，必定就会对否定这一政权的人的行动予以肯定，道理其实是很简单的。

安抚河北，狄公出征

早在唐初扫灭群雄、统一全国时，河北地区就是一个重要的战场，是一个多灾多难的区域，武则天统治时期又先后遭受契丹起兵、突厥内侵的破坏。狄仁杰一生中与河北也颇有缘分，先后数次到这里任职，不管是充任地方官，或是充使巡察，每次都为当地百姓做了大量的好事，深为百姓敬重与拥戴。圣历元年（698），由于突厥对河北的大肆骚扰和破坏，加之官府徭役繁多，赋税苛重，百姓流离，盗贼蜂起，河北局势极不稳定。于是，武则天又一次命已经是再次担任宰相的狄仁杰为安抚大使，前往河北赈济百姓，整顿社会秩序。年近古稀的狄仁杰不辞辛劳，往来奔波。经过努力，使河北的社会生产得以恢复，百姓得以安置，动荡的社会秩序得以重新稳定。

突厥是我国北方一个古老的民族，在隋唐时期一度非常强大，与内地的经济、文化往来比较频繁。其中东突厥对隋唐两朝威胁最大，当时东自契丹、室韦，西至吐谷浑、高昌等国，皆臣属于东突厥，"控弦百余万，北狄之盛，未之有也"。

突厥，匈奴之别部，相传其祖先是由狼喂养长大的，故突厥之人皆自视为狼种。风俗与匈奴大体相同，父兄死，子弟则以后母或嫂为妻。这样做有利于家族劳动力的繁衍，对于贵族来说可以维持血统的纯洁。人死则停尸于帐，子孙及亲属各杀羊马陈于帐前，用刀劂面而哭，绕尸7圈而止。突厥实行土葬，埋葬时"男女咸盛服饰，会于葬所"。据研究，绕行仪式的含义是祛邪禳厌，劂面是表示哀痛之意，至于盛服聚于墓地，大约有欢送死者到另一个世界之意。突厥人尚武风气很浓，《北史·突厥传》云："重兵死，耻病终。"即以战死为荣，以病死为耻，和汉族社会重文轻武的风气大不相同。突厥在唐代已进入封建社会，其法律规定："杀人、反叛者死；淫人者阉割或腰斩；斗伤人目者以女赔偿，无女则以妻赔偿，损伤人肢体者以马赔偿；偷盗者赔偿赃物价值的十倍。"

唐太宗贞观年间，东突厥被唐朝击败，其部落四分五裂，一部降于薛延陀，大部分降附于唐朝。唐太宗把降附的突厥部落安在东至幽州（今北京西南）西到灵州（今宁夏灵武西南）一线广大区域内，直接置于唐朝的监护下。分给他们土地，教以农耕，突厥贵族则迁到长安居住，大约有3万余户，仅在朝廷任五品以上官者达百余人。贞观十三年（639），发生了一件震惊全国的大事，导致了唐朝政府对突厥政策的改变。东突厥突利可汗弟结社降唐后被授予中郎将之职，长期没有升迁，心生怨恨，遂率领旧部40余人，乘太宗离开长安驾幸九成宫之机，夜冲犯行宫，杀卫士数十人，企图杀害太宗，失败后，在逃亡途中被捕

获斩杀。这件事震动朝野，一部分大臣力主把迁入塞内的突厥人重新迁往塞外，以防止他们再发生叛乱。太宗听从这种主张，下诏把内迁的突厥人重新迁到漠南，以降附的突厥贵族李思摩为可汗，统率这部分突厥部落。其实唐政府这次行动还有另一个目的，即东突厥灭亡后，部落四分五裂，漠南空虚，薛延陀乘机向南发展势力，为了防御薛延陀，把这部分突厥人迁回，以达到牵制薛延陀的目的。由于李思摩不善于抚慰，加之突厥畏惧薛延陀，北迁的部落又纷纷渡过黄河南迁，回到了原安置地。李思摩无奈，只好也回到长安，这样就使唐朝以突厥人对抗薛延陀的目的落空。后来唐太宗灭亡了薛延陀，依附于薛延陀的各部族乘机自立，并向唐朝称臣。依附于薛延陀的突厥车鼻部也称臣纳贡，但其首领却不愿入朝谒见太宗，太宗大怒，派军讨伐，生擒了车鼻首领。

高宗统治初期，由于北方诸族皆已降附于唐朝，于是在大漠南北分设单于、瀚海两个都护府。单于都护府（今内蒙古和林格尔西北）下辖狼山、云中、桑乾3个都督府，瀚海都护府（今蒙古哈尔和林）下辖瀚海、金微、新黎等7个都督府，它们共同管辖着这一广大区域内的诸族、诸部。

此后，近30年间唐朝的北部边境没有大的战事发生。武则天时期侵扰河北的突厥可汗默啜，本是突厥小贵族。他的祖父只是云中都督管辖下的一个小首领，世袭吐屯（突厥官名）。到他的兄长骨咄禄时，因追随大首领伏念反叛，被唐军追捕，遂逃入山中沦为群盗，逐渐聚集了数千人，抢掠诸族羊马，所获甚多，一些突厥人也相继投到其麾下，慢慢地强盛起来。骨咄禄强盛以后，便不断地侵扰唐朝边境，由于武则天没有重视这股力量，致使他屡屡得手，掳掠了大量的人口、财物，并数次击败官军。天授（690—692）中，骨咄禄病死，默啜继其位，自立为可汗，并进攻灵州，杀掠吏民。武则天于长寿三年派内宠薛怀义为大总管，率18位将军讨伐默啜，由于薛怀义根本不懂军事，结果无功而返。

084

明察秋毫

狄仁杰

契丹李尽忠、孙万荣反叛时，默啜曾出兵袭击位于营州（今辽宁朝阳）西北的契丹巢穴，尽获其资财、妇女，客观上起到帮助官军镇压契丹的作用。武则天遂册封默啜为迁善可汗，后又封为颉跌利施大单于、立功报国可汗。默啜也上表请求武则天收认他为义子，并希望和亲。唐朝把内迁的突厥部落皆安置于丰（今内蒙古五原西南）、胜（今内蒙古托克托西南）、灵（今宁夏灵武西南）、夏（今陕西靖边白城子）、朔（今山西朔州）、代（今山西代县）等六州境内，统称为六州降户。默啜为了壮大力量，又自以为有功于朝廷，要求将六州降户及单于都护府所辖之地全部交给他管辖。默啜的野心很大，与此同时，还要求朝廷提供谷种、绢帛、农具等物资。武则天开始不同意，默啜大怒，"言辞悖慢"，扣留了朝廷派往突厥的使者。武则天召集大臣商议对策，纳言姚璹、鸾台侍郎杨再思畏惧突厥兵势甚强，主张答应其要求。麟台少监李峤认为突厥贪而无信，如果答应其请求，只会增强其实力，不如整顿兵力，加强边防，做好防御突厥侵扰的准备。姚璹、杨再思力主答应突厥请求，武则天遂下令将六州降户数千帐全部交给默啜，并送给谷种4万斛、杂彩5万段、农器3000件、铁4万斤，还答应默啜的和亲请求。这样就进一步地增强了突厥实力，"默啜由是益强"。

早在狄仁杰任幽州（今北京西南）都督时，他曾仔细地考察过突厥的情况。神功元年（697）十月，他奉调回朝任宰相时，就根据自己的观察，向武则天上了一道奏章，提出了加强边防的建议。狄仁杰认为应该加强边境守备，积聚军粮、物资，坚壁清野，加强敌情侦察，以逸待劳。虏骑一旦骚扰边境则无所可得，如果深入境内前有坚壁、后有官军袭扰，将不难击破。坚持数年，百姓得一喘息之机，社会生产得以恢复发展，突厥无掳掠之获，可不击，使其自服。狄仁杰这一建议没有引起武则天的重视，边防空虚的状况依然如故。

圣历元年（698）六月，武则天命淮阳王武延秀入突厥，迎娶默啜之女为妃，并命豹韬卫大将军阎知微、右武卫郎将杨齐庄携带大批金帛随同前往。八月，武延秀等到达黑城（今内蒙古武川东南），见到了突厥可汗默啜。默啜自恃实力强大，加之以前多次侵扰内地，击败官军，所以对朝廷有轻蔑之心。

而此时默啜一看到来迎亲的是武则天的侄孙武延秀，勃然大怒，对阎知微说："我女拟嫁与李家天子儿，你今将武家儿来，此是天子儿否？我突厥积代以来，降附李家。今闻李家天子种未总尽，唯有两儿在，我今将兵助立。"于是将武延秀囚禁起来，命阎知微为南面可汗，随同武延秀入突厥的人等，都赐予五品、三品之服。与此同时，默啜还发兵袭击河北沿边诸城，静难军使慕容玄率5000人投降突厥。在投降官军导引下，突厥军队深入境内，进攻妫（今河北怀来东南）、檀（今北京密云）等州。默啜还上疏朝廷，以5条罪状声讨武则天：（一）给我谷种全都是蒸过的，播种不生苗。（二）所给的金银器皆是伪滥之品，并非真品。（三）我赐给使者的五品、三品章服，全都被朝廷剥夺。（四）所给的缯帛疏密不匀，质量低劣。（五）我女乃可汗之女，应嫁天子之儿，武氏小姓，门户不等，罔冒为婚，孰不可忍！公然宣布要出兵夺取河北，威胁洛阳。

当时，河北诸州得知突厥入寇，官员惊慌失措，纷纷把正在秋收的百姓征发修城，致使秋稼委地无人收取。唯有卫州（今河南卫辉）刺史敬晖，仿效狄仁杰当年在魏州（今河北大名东北）的做法，罢去修城之役，让百姓安心秋收。敬晖说："吾闻金汤非粟不守，奈何舍收获而事城郭乎？"即认为粮食充实是守城的前提条件，放弃秋收单纯加固城池是无法长期固守的。遗憾的是只有卫州一地采取了正确的措施，其他诸州都驱民修城，使得这年收成大受影响，致使百姓无粮可食，为战后河北局面的恢复埋下了隐患。加之武则天没有听取狄仁杰的建议，整顿军备，突厥攻来时诸州才手忙脚乱地整修城池，制战具，由于边防守御松

明察秋毫

狄仁杰

弛，使突厥轻易地深入河北腹地。

突厥入寇，当武则天得知后，立即大怒，命司属卿武重规为天兵道大总管，右武卫将军沙吒忠义为天兵西道总管，幽州都督张仁愿为天兵东道总管，三路军队共计30万。又以左羽林卫大将军阎敬容为天兵西道后军总管，率大军15万为后援。武则天一次动员45万大军，想一举消灭突厥默啜的力量，实际是做不到的。当时，突厥与唐朝边境相接之处甚多，除了今河北之外，今山西、陕西、宁夏等地均与其接壤，官军数十万齐集于河北，势必造成其他地方兵力薄弱，防御空虚，将给突厥以乘虚而入之机。此外，兵力过多，必然造成军需物资的巨额需求，不仅耗费资财，而且转运也十分困难，百姓将不堪重负。突厥军队以骑兵为主，行动迅速，机动性强；官军虽然人数较多，但骑兵较少，以步兵为主，机动性较差，不善于长途奔袭。当突厥军发现官军兵力雄厚不易取胜而主动撤退，或采用机动作战的战法时，官军往往陷于被动地位。这就是每次突厥内侵官军只能迫使其退兵，而不能歼灭其有生力量的根本原因。贞观时期，唐太宗之所以能够征服四夷，一个重要的原因就是组建了强大的骑兵部队，采取了歼灭有生力量，长途奔袭、直捣巢穴的战法，而不是单纯地扩充军队人数。这次武则天之所以不惜出动倾国兵力，说明她对默啜已深恶痛绝，企图一举击败突厥。她痛恨默啜的根本原因，就是他蔑视了武氏家族，不愿与武氏通婚，极大地伤害了武则天的自尊心，因而恼羞成怒。这样意气用事的结果，就给河北百姓造成沉重的负担，带来了许多苦难。

后来，默啜见官军人数众多，兵力雄厚，转而进攻蔚州（今山西灵丘），攻陷飞狐（今河北涞源），越过太行山进攻定州（今河北定州），很快攻破定州，杀刺史孙彦高，"焚烧百姓庐舍，掳掠男女，无少长皆杀之"。武则天闻知定州陷落，更加愤恨，下诏改默啜名为斩啜，有能斩默啜者封王。九月，突厥军围攻赵州（今河北赵县），由于

长史唐般若与突厥勾结为内应，致使赵州也很快陷落，刺史高睿与妻子被俘，默啜以高官相诱，高睿不屈，被杀死。武则天得知赵州失陷，大为震惊，诏沙吒忠义为前军总管，李多祚为后军总管，率兵急攻默啜。但沙吒忠义等手握重兵，畏惧突厥，迟缓不敢进兵，在诏令的再三催促下，勉强进至赵州境内，与突厥军相望而不敢进攻。官军的怯战，更加助长了默啜的气焰，纵兵四出掳掠人口、财物，如入无人之境。各州县见此情况，纷纷向洛阳告急，武则天无奈只好再次增兵，为了鼓舞士气，顺应民心，又任命刚刚恢复太子地位不久的庐陵王李显为河北道行军大元帅，作为河北诸军的统帅。李显的复出极大地振奋了人心，使募兵速度加快，人数日增。

　　武则天虽任命李显为河北道大元帅，只不过是权宜之计，并不真的将兵权交给他，实际上仍对李显存有戒心。与此同时，又任命狄仁杰为河北道行军元帅，想借助狄仁杰的威望与才干，解除河北危难。同时任命尚书右丞宋元爽为行军长史，右肃政台中丞崔献可为司马，左肃政台中丞吉顼为监军使，与狄仁杰一同前往河北。大军临开拔时，武则天亲自到郊外为狄仁杰送行。这是武则天执政以来从未有过的举动，可见她对河北局势之关切程度，同时也对狄仁杰寄予了无限的希望，太子李显仍留洛阳不行。

　　狄仁杰等率大军渡黄河北上，急击突厥。默啜得知李显已重新成为皇太子，知道自己以匡复唐室为口号侵扰河北的行动已失去政治意义。在此以前默啜每陷一地，虽也杀人，但多为官吏、军兵，抢掠的财物也多为官吏之家或官仓之物，对于百姓"秋毫不犯"，务为招携。至此遂改变了以往做法，大肆杀掠抢夺。当狄仁杰大军过河之后，尚未抵达前线，默啜决定退兵，临行时把定州、赵州等地男女八九万人掳掠而去，经五回道（从今河北易县向西越过太行山经涞源）北撤。沿途烧杀抢掠，破坏很大。官军诸将拥兵不敢追，只有狄仁杰亲率10万大军不顾疲

狄仁杰

劳，随后猛追，由于突厥撤退较早，已经无法追上了。十月，武则天命狄仁杰为河北道安抚大使，负责整顿社会秩序，安抚百姓，以尽快稳定河北局势。

默啜撤回漠北后，"拥兵40万，据地万里，西北诸夷皆附之，甚有轻中国之心"。从此连年入寇，不断地骚扰唐朝边境，成为北方地区最大的隐患。由于默啜连年侵扰，武则天只好任命魏元忠

狄仁杰雕像

为并州（今山西太原西南）大都督府长史、天兵道大总管，娄师德为副总管，长期屯守边境，"戍兵不得休"。默啜遂转而进攻陇右，掠去牧马万匹。朝廷派相王李旦为大元帅，率武攸宜、薛讷、魏元忠等前往抵御。兵未出，默啜退去。不久，又进攻盐（今陕西定边）、夏（今陕西靖边白城子）等州，掠去羊马10万头，并进围并州，大掠代（今山西代县）、忻（今山西忻州）一带而去。朝廷调兵遣将，防不胜防，往往大军尚未抵达前线，突厥已大掠而去，始终无法削弱其有生力量。长安三年（703），默啜遣使到洛阳，再次请求和亲。这一次武则天吸取了教训，不敢再以武氏子弟与其通婚，命皇太子李显之子平恩郡王李重俊、义兴郡王李重明盛服立于朝堂之上，与突厥使者相见，实际上是让使者从中选一人为默啜之婿。默啜对此当然十分满意，遣使献马千匹，以谢武则天许婚，武则天也对突厥使者优礼有加，厚赠遣归。自此双方边境安宁了数年，中宗即位后，默啜又开始骚扰唐朝边境。

安抚大使，赈济百姓

武则天把狄仁杰由河北道行军元帅改任为安抚大使后，狄仁杰的责任不是减轻了，而是更加繁重。因为狄仁杰所面临的是一个十分复杂、十分混乱的局面，要想迅速恢复正常局势，困难重重。

首先，突厥攻入河北后，曾大批地驱赶威逼河北百姓为其服役，突厥撤退后，这些百姓惧怕官府追究斩杀，往往逃匿。默啜初入河北时，为了收买人心，曾大量地授予官爵，突厥撤走后，这批人心感不安，携家带口，逃亡山中。其次，为了抵御突厥进攻，官府在河北一带大量地抽调人力、物力，由于徭役与赋税十分繁重，官吏催逼急迫，不少百姓"拆屋卖田，人不为售，内顾生计，四壁皆空"。尽管不少百姓已被逼得完全破产，但官府仍不体恤，"修筑城池，缮造兵甲，州县役使，十倍军机"。百姓稍有不满，就遭到官吏的逮捕拷打，所谓"枷杖之下，痛切肌肤"。百姓们实在无路可走，只好离乡背井，以逃亡的方式来躲避官府的迫害。此外，被突厥攻陷地区的百姓深受掳掠烧杀之苦，期待着官军能早日收复救民于水火，可是突厥撤退后，官军来到，"以经与贼同，是为恶地，至于污辱妻子，劫掠货财，兵士信知不仁，簪笏未能以免"。连士大夫家也未能幸免，故狄仁杰认为，"乃是贼平之后，为恶更深。"在这种情况下，河北百姓无法正常生活，或逃窜山泽，或揭竿而起，组成了小股武装来反抗官军的暴行。狄仁杰对引起河北局势混乱的根本原因，看得非常清楚，他一针见血地指出："河东群盗，因缘聚结。"为了能迅速恢复河北的正常秩序，使百姓早日返乡从事生产，安居乐业，狄仁杰先向朝廷上了一道奏章，请求赦免河北诸州之人，一切不问。

在奏章中，狄仁杰认为，河北诸州尤其是曾被突厥占据地区的百姓，一旦重新归顺于朝廷，都应善加安抚，绝不能穷加追究，残酷虐待，他说："夫人犹水也，壅之则为泉，疏之则为川，通塞随流，岂有常性！今负罪之伍，必不在家，露宿草行，潜窜山泽，赦之则出，不赦则狂。""罪之则众情恐惧，恕之则反侧自安。"这是狄仁杰一贯的思想，在他以前任地方官时曾不止一次实施过这一主张，都取得了很好的效果。狄仁杰还认为大国统治者不可以"小道"治理国家，办大事者不可过分苛细，"人主恢弘，不拘常法"。就是说皇帝要有宏大的气量，不可拘泥常规，一切都要从实际情况出发，制定相应的对策。他认为边患不足为忧，"中土不安，此为大事"。希望武则天以稳定大局为重，妥善处理河北局势问题。狄仁杰的建议得到了武则天的赞同，使他在处理河北问题时无后顾之忧。

得到武则天的支持后，狄仁杰制定了几项具体措施，并大刀阔斧地予以推行。他首先宣布了皇帝的赦免诏书，动员逃亡百姓回归本乡，对于曾被突厥驱掠过的百姓，命令官吏和军队护送回乡，并再三强调，不许官吏骚扰与追究。同时下令减轻赋税，废除修城池、缮兵甲等徭役。由于河北诸州百姓多被动员服劳役，秋收大受影响，缺粮者甚多，狄仁杰从外地加紧调运粮食，赈济贫乏缺粮百姓。他还整顿军纪，严禁兵士抢掠骚扰百姓，犯者必斩。当时河北一带大军云集，尚未班师撤出，狄仁杰为了减少军队供给给当地带来的沉重负担，"修邮驿以济旋师"，加快了撤退军队的速度。他"恐诸将及使者妄求供顿"，自己带头食用粗粝饭菜，并约束自己的部下不许惊扰百姓，不许向地方官府无端索取。与此同时，狄仁杰对将士所报功绩进行了严格的审查，对那些畏惧不前、突厥撤退后却谎称击退敌军的将士所报功绩，一一进行甄别，既防止了滥赏的发生，又鼓励了真正勇敢的将士。这种赏罚分明的做法，有利于激励士气，提高军队的战斗力。经过狄仁杰的精心整顿，河北一带紧张的社会局势渐趋平稳，百姓纷纷回归故里，社会生产得以恢复。不久，武则天遂将狄仁杰调回洛阳，重任宰相。

突厥这次侵扰河北，一些死心塌地投靠默啜的官吏，事后都没有得到好下场。如赵州长史唐般若，主动为突厥做内应，致使赵州陷落，刺史被杀。突厥撤退时并没有允许他随同北上，结果被官军抓获，狄仁杰奏请武则天批准后，将其斩首。阎知微身为朝廷使者，却甘心投靠突厥，接受南面可汗的封号，默啜撤离赵州时，遂将他纵还。阎知微回到洛阳后，武则天下令把他押往洛阳城内天津桥，命百官乱箭将其射死，阎知微身中箭如蝟毛，然后又剐其肉到其骨，诛其九族。有些远亲与阎知微素无往来，这次也受其牵连，一并被杀，甚至连数岁的儿童也不放过。阎知微固然死有余辜，然牵连如此之多无辜之人，也是不可取的。

唐初功臣段志玄的儿子段瓒与右武卫郎将杨齐庄均被突厥扣留，突厥在赵州时，段瓒约杨齐庄一同逃亡，杨齐庄不敢行动，段瓒遂单独逃回，受到武则天的赏赐。不久，杨齐庄也逃回，武则天却认为他心怀犹豫，下令与阎知微一同处死。

092

明察秋毫

狄仁杰

🖋 辅佐女皇，投桃报李

狄仁杰一生中最为平稳的三年，是神功元年（697）至久视元年（700），犹如一只大船，经过长期的风浪颠簸，终于靠上了风平浪静的港湾。然而狄仁杰却并没有放纵自己，虽然政治上比较平稳，繁忙的国事却使他不得片刻安宁，强烈的责任心促使他时时操心军国大事，思考着安邦定国的方略，在许多重大的问题上提出了自己独特的见解。

其实，狄仁杰在这一时期的平稳生活与整个政治形势的平稳有直接关系。因为晚年的武则天变化很大，怀疑一切的心理渐趋平稳，她的注意力不再放在防止宗室和朝臣谋反问题上，因而她结束了酷吏政治，使得朝臣们的安全感大大地增强了。这一时期突厥、吐蕃频繁地侵扰边境，使她不得不关注如何对付外来的威胁。还有一个重要问题也时常困扰着这位女皇帝，这就是选择继承人的问题。以武承嗣、武三思为代表的武氏子弟与李显、李旦以及拥戴他们的一批朝臣围绕帝位继承问题斗争得十分激烈，使武则天大伤脑筋。在狄仁杰等一些朝臣的极力主张下，迎回了庐陵王李显并立为太子，使这场斗争暂时平息了下来，但却又产生了一个新问题，即如何调和李氏家族与武氏家族的矛盾和关系。

武则天为了妥善解决这一问题，想了许多办法，如她曾命太子李显、相王李旦、太平公主与武氏子弟盟誓，要互相和好、融洽，并在明堂告之于天地，将誓文铸于铁券，"藏于史馆"，希望用这种办法来约束双方的行动，达到和平相处的目的。她甚至赐太子李显姓武氏，并为此大赦天下。因为李旦早就赐姓为武了，迎回李显后，将他也赐姓武氏，这样两个家族就成为一个家族了，她以为这样就可以消弭双方的矛盾，从此相安无事了。此外，她还做了一些改善李、武关系的工作，如圣历二年（699）十月，命令"太子、相王诸子复出阁"。以前这些李氏子弟都被幽禁起来，这道命令的颁布，意味着恢复了他们的自由。改善李氏子弟待遇，也是为了调和双方的关系。武则天所做的这些努力必定是有限度的，不能从根本上调和双方的关系，如圣历二年时，凤阁舍人韦嗣立上疏要求，"自垂拱以来，罪无轻重，一皆昭洗，死者追复官爵，生者听还乡里"，其中当然也包括被诛杀、被流放的唐朝宗室。接受这个建议，就意味着彻底否定武则天过去所做的一切，这当然是她所不愿意的。她不能做到这一点，也就无法彻底改善与李氏家族的对立关系。从当时的实际情况看，即使武则天接受了韦嗣立的建议，也无法弥合双方关系长期形成的裂痕。

晚年的武则天，身体状况很差，经常生病，几度病危。如圣历二年二月，武则天病情危重，遣给事中阎朝隐祷告于少室山。久视元年四月，武则天前往三阳宫避暑，次月病情再次加重，服用胡僧配制的药后，稍有好转。年老多病的武则天，当然也希望自己身体康健，长生不老。于是她命胡僧炼制长生药，花费了3年时间，耗费资财巨万，终于合制成功，服用以后，武则天自感效果神妙。这样就更加刺激了她追求长生的信心，于是便在圣历三年五月改元久视，希望能长久地君临天下。人到老年最怕寂寞，这时的武则天便频频地举办内宴，召武氏子弟及内宠张易之、张昌宗等相聚，"饮博嘲谑"。有时她还命张昌宗身着羽衣，乘木鹤，吹笙，扮作仙人模样，在宫中嬉笑玩乐，并命御用文士赋诗助兴。为了满足她娱乐的需要，改控鹤府为奉宸府，多选美少年为奉宸内供奉，以供驱使。这件事甚至引起了维护所谓礼教的守道朝臣的反对，但武则天也充耳不闻。总之，武则天想尽一切办法来满足自己生活的需求，打发她晚年的日子。

武则天是一个权力欲极重的人，即使她年老体衰，也仍然想把权力牢牢地掌握在自己的手中。在这种情况下，她便需要一位德高望重、才智过人的重臣辅佐她处理朝政，狄仁杰在她看来就是一位最好的人选。神功元年闰十月，狄仁杰任鸾台侍郎、同平章事；圣历元年八月，任检校纳言；久视元年正月，任内史，几乎一年一迁。在这一时期的宰相中，狄仁杰是升迁最快的一位。史书记载说，武则天信任并倚重狄仁杰，群臣莫及，常称呼其为国老，从不直呼其名。按照当时制度，宰相要轮流在政事堂值班，武则天考虑到狄仁杰年事已高，特令免除宿直。

明察秋毫

狄仁杰

她还告诫其他宰相，如果不是军国大事，不许打扰狄国老。狄仁杰入宫见武则天，她常常制止狄仁杰，不许他行叩拜礼，说："每见公拜，朕亦身痛。"有一次，狄仁杰陪同武则天出游，一阵大风吹落了狄仁杰的头巾，马惊不止。武则天见状，唯恐狄仁杰有闪失，命令太子追上前去保护，太子抓住马鞍（马笼头），制服了惊马。久视元年，武则天幸三阳宫，百官公卿侍从者甚多，唯独给狄仁杰赐予宅一区。晚年的狄仁杰身体状况也不太好，患有疾病，他曾以年老多病为理由，向武则天提出辞职，武则天都没有批准。

　　当然了，武则天信任狄仁杰不是出于一时的好感，而是长期任用和观察的结果，正像在《授狄仁杰内史制》中所说的那样："出移节传，播良守之风；入践台阁，得名臣之体。"在这篇制书中，武则天把狄仁杰比喻为当代的管仲、乐毅，称赞他有致君尧舜的愿望，对朝政能"深陈可否"，对君主则敢于"显言得失"。这些话绝非虚美之词，和当时的其他数位宰相相比，狄仁杰的这些优点显得更为突出。从神功元年以来的3年中，武则天先后任用了21位宰相，大部分随任随罢，不能久用，除了武氏子弟和一些趋炎附势之徒外，较有名望的有娄师德、魏元忠、陆元方、姚崇、王及善等人，此外，苏味道、李峤在任也较久。娄师德死于圣历二年，魏元忠空有其名不敢谏诤，姚崇此时资望尚浅，陆元方为人清正谨慎，因得罪武则天很快被罢相。王及善虽清正有气节，但缺乏学术，不是宰相的很好人选，与娄师德同年死去。苏味道此人不仅遇事模棱，而且善于献媚，试举一例，即可见其一斑。长安元年（701）三月，天降大雪，苏味道率百官入宫进贺天降瑞雪，以讨取武则天的欢心。殿中侍御史王求礼曾出面劝阻，不听，于是进言说："现今已是阳春时分，草木发芽，天降大雪，势必形成灾害，岂可称瑞！凡进贺者皆是谄谀之徒。"武则天听后为之罢朝。李峤为相不识大体，他主持天官铨选时，曾增置员外官数千人，形成严重的冗官现象，造成了很坏的历史影响，又依附张易之兄弟，为正直朝士所不齿。苏味道、李峤的优点是擅长文辞章句，有人认为观其文章表疏，也不是没有精辟见解；验其辅弼之道，则全无忠贞之事。所以狄仁杰认为苏、李二人作为文吏足矣，作为辅相则缺乏卓见奇才。当时人评价李峤时认为，李公有三大缺点，即性好升迁，却见不得别人升官；性好文章，却憎恶他人有文采；性好贪浊，却不愿他人受贿。这些评论可谓一针见血。正因为这样，所以武则天才格外信任与器重狄仁杰。狄仁杰在当时实际上已处于首辅的地位，具有举足轻重的影响。

武则天与狄仁杰的君臣关系非常好，武则天对狄仁杰信任不疑，狄仁杰对武则天也是投桃报李。尽管武则天规定非军国大事不许再烦狄国老，然狄仁杰并未就此放纵自己，仍日夜操劳朝政。他经常为一些重大国事与武则天发生争议，史载："仁杰好面引廷争，太后每屈意从之。"可见，在重大问题上狄仁杰还是能坚持己见，并不无原则地屈从武则天，同时也说明武则天十分尊重狄仁杰的意见。根据记载，狄仁杰在这数年中，前后奏对，"凡数万言"。可惜的是这些史料已大都遗失不传了，现能知道的主要有谏造大像和如何处理民族问题两事。另有一事是天授二年（691）他第一次任宰相时对武则天的进谏，这次进谏是由一位太学生上表向武则天请假而引起的。狄仁杰认为天子只有生杀之权不应下移，其余各种权力都应由朝廷诸司掌握，比如文昌左右丞，徒刑以下的犯罪不过问；左右相，流刑以上的犯罪才审查，原因就在于事情比较重要。学生告假之类的事，本是丞、主簿等官员所应管的事务，结果天子都要亲自过问，并为此专门下一敕令，上行下效，天下事不论大小都由天子处理，不知将要发多少敕才能满足需求，且虑事不一定周全，难免产生积怨。狄仁杰要求审明办事规程，规范行为，避免再发生此类事情。此事得到武则天的赞同。狄仁杰进谏往往能抓住问题的实质，小处见大，不就事论事，他的这个特点在重大国事的决策上体现

明察秋毫

狄仁杰

得最为明显，所谓善能断大事。因此，当狄仁杰去世后，武则天十分悲痛，说："朝堂空矣。"自此以后朝廷每有大事，诸位宰相议论纷纭，不能决断时，武则天便叹息地说："天夺吾国老何太早邪！"

虽然狄仁杰敢于进谏，甚至与武则天当庭争论，但他始终把握着一定的度，即只谈国事，不及其他，尤其是一些敏感问题和武则天的私生活。在有关唐代史籍中，不少朝士都或多或少地涉及此类问题，但还未见到一条狄仁杰谈论这类问题的记载。这种现象的出现，一方面也许是狄仁杰吸取了自己或他人的教训，另一方面大概是他认为有些事为生活小节，没有必要为此大惊小怪，有些事解决的时机尚不成熟，不宜过早地提出。在对待武则天的继承人问题上，狄仁杰表现得非常积极，因为这个问题不是皇室内部的所谓家事，而是关系到国家未来的大事，所以他力主以李氏子弟为继承人，反对以武氏子弟为嗣君。

通观狄仁杰一生的言论与行动，他并不反对武则天个人，也拥戴和承认武则天执政的合法性。他之所以匡复唐室，是出于只有李氏子孙才是合法皇帝继承人，匡复唐室是作为唐臣应尽的责任，即所谓为臣大义的认识，从而否定武氏政权继续下去的必要性和合法性。他始终认为武则天是唐室的皇后，她的执政本应是唐朝统治的继续，尽管武则天已经称帝十几年，但最终还应当把政权还给李氏子孙，只有这样才合理。事实也是当武则天把庐陵王迎回并立为太子时，她最终还要回到李氏媳妇地位的命运就已经决定了。

由于狄仁杰这样的认识，他把自己所做的一切事都视为为国家（唐朝）效力，并非为某个个人做事。比如契丹李尽忠、孙万荣举兵反叛时，他们部下有两员战将十分骁勇，即李楷固、骆务整，能骑射，善用槊。李楷固曾生擒过朝廷大将张玄遇、麻仁节，骆务整也屡次击败过官军。孙万荣死后，二人皆来归降。有人主张将他们全族诛杀，狄仁杰坚决反对，认为将才难得，他们既然能为李尽忠、孙万荣出力，如果善加抚慰，必能为朝廷所用，奏请予以赦免。他的亲属都出面阻止，担心由此引来大祸，狄仁杰说："苟利于国，岂为身谋！"武则天最后还是采纳了狄仁杰的意见，赦免了他们的罪行。狄仁杰请求授予官职，武则天遂任命李楷固为左玉钤卫将军，骆务整为右武威卫将军。久视元年六月，命二人率军征讨契丹残余力量，获得大胜。七月，李楷固、骆务整凯旋，武则天在洛阳含枢殿举行了盛大的献俘仪式，升任李楷固为左玉钤卫大将军，封燕国公，赐姓武氏。武则天十分兴奋，又召集公卿，举办了庆功宴会。在宴会上，武则天举酒对狄仁杰说："这都是国老的功劳。"并重赏狄仁杰。狄仁杰回答说："此乃陛下威灵，将帅尽力，臣何功之有！"坚决推辞不接受。武则天由此更加敬重狄仁杰。狄仁杰不居功、不受重赏的行为，说明他对名与利十分淡泊。

反对佛教，巧妙进谏

　　武则天与狄仁杰之间有很大分歧的地方就是：武则天尊崇佛教，狄仁杰则反对佛教，但由于狄仁杰在这个问题上措置得当，信仰上的分歧并没有破坏他们之间政治上的合作关系。

　　武则天尊崇佛教是受家庭的影响，因为她的母亲杨氏就是一个虔诚的佛教徒。武则天当上皇后以后，她利用这种特殊的关系，重建了汉代的太平寺，又在嵩山少林寺中建塔。在杨氏的影响下，武则天从小就受到佛教思想的熏陶，又有过在感业寺当尼姑的生活经历，使她与佛教结下了不解之缘。显庆元年（656），太子李弘病重，武则天和唐高宗曾祈求如来大发慈悲，予以保佑。李弘病愈后，遂于长安延康坊西南隅建寺。这年十一月，中宗李显降生时难产，武则天与唐高宗向高僧玄奘许

明察秋毫

狄仁杰

愿，如佛能保佑平安，所生是男，可以随玄奘出家，后来李显便成了玄奘的弟子，玄奘给他起名"佛光王"。睿宗李旦降生时，武则天也曾在蓬莱宫的含凉殿内大搞佛事。咸亨元年（670），武则天的母亲杨氏死，她便把长安休祥坊旧宅改建为佛寺，以追荐冥福。今洛阳龙门石窟中的大卢舍那佛像，也是她辅政期间雕造的。至于缮写佛经，广度僧尼，更是寻常之事。垂拱四年（688），明堂修成后，她也不忘在明堂北面修建一座五级天堂以安放大佛像。这些情况表明武则天与佛教的关系，不仅仅是利用佛教为政治服务，同时也是一位虔诚的信仰者。

唐代是佛教的大发展时期，也是佛教中国化趋势发展最快的时期。唐朝的大多数皇帝都崇佛，连唐太宗也不例外。因为李唐皇室自称是老子李耳的后裔，所以也尊崇道教。贞观十一年（637）正月，唐太宗下诏规定：道士、女冠的地位在僧尼之上。这引起了佛教徒的极大不满。尽管如此，并不表示唐太宗排斥佛教，他之所以如此，完全是出于政治上的需要。武则天要改朝换代，争当皇帝，总得要找一些理由出来，从儒家、道家的经典中无法找到女人称帝的根据，势必从佛教经典中找根据，结果从《大云经》中找到女子可以称王的说法。利用佛教大造改朝换代的舆论，也就是顺理成章的事了。武则天不仅利用佛教争当皇帝，她还利用人们普遍信仰佛教的现象，把自己装扮成佛王形象，以教化其民。她当了皇帝以后，于证圣元年（695）正月称"慈氏越古金轮圣神皇帝"，这是弥勒的佛王号，显然武则天是以弥勒的佛王形象面世。武则天利用《大云经疏》为当皇帝造舆论时，曾有太后乃弥勒下生，当为"阎浮提主"（即人世之主）的说法，故其以弥勒的佛王形象面世也就不奇怪了。但是武则天对弥勒形象并不喜欢，所以此后又选择以密宗千手千眼观音的佛王形象面世。实际上早在证圣元年以前，武则天就已使用了带有浓厚佛教色彩的尊号，如长寿二年（693）称"金轮圣神皇帝"，次年称"越古金轮圣神皇帝"。证圣元年二月下诏去"慈氏越古"之号，表明她放弃弥勒的佛王形象。九月，又称"天册金轮大圣皇帝"。武则天的这四个尊号皆有"金轮"二字，说明武则天又以金轮王自居。佛经上说世界到一定时期，有金、银、铜、铁四轮王出现，统称轮转王，其中以金轮王最尊，统治四大部洲，有七宝导从，是人间的圣王。武则天初称"金轮圣神皇帝"时，即"作金轮等七宝，每朝会，陈之殿庭"。这些情况说明武则天既以佛王形象又以佛经中的人间圣王的佛俗双重身份面世，以巩固自己的统治地位。佛教对武则天来说既然有如此重要的政治作用，提高佛教地位势所必然。于是她称帝后不久，即天授二年（691）四月，颁布规定佛教地位应在道教之上，僧尼地位在道士之前。宗教地位的高低完全由政治来决定，于是宗教也就沦为人们所玩弄的政治工具了。

然而，狄仁杰不信鬼神，对佛教也不信仰。当武则天利用佛教大造舆论时，狄仁杰地位还不高，无法和武则天直接对话。他重任宰相后，尊贵的政治地位使他具备了和武则天直接对话的条件，于是便针对武则天佞佛频频进谏，十分鲜明地表达了自己的反佛态度。

狄仁杰不是思想家，所以他反佛时和古代许多反对佛教的政治家一样，很少从理论的角度批判佛教教义，更多的还是从华夷之别、劳民伤财、伦理观念、社会危害等角度，对佛教提出批判。久视元年四月，有胡僧奏请武则天前往山奇观看舍利，武则天欲率众离开洛阳前往观看。狄仁杰坚决反对此类活动，拦住车驾奏请不要前往，他认为"佛者夷狄之神，不足以屈天下之主"。这种在宗教上区分华夷之别的观点，并非新鲜观点，远的不说，唐初的思想家傅奕就持这种观点，狄仁杰实际是这种观点的继承者和宣传者。狄仁杰有一个很突出的特点，就是进谏时非常注意方式、方法，往往站在关心被谏者的角度去阻止其行为。他告诉武则天胡僧不过是在利用天子驾临的宣传效应，迷惑百姓，捞取经济上的好处。且山路险狭，不便侍卫，安全无法保证，这样就迫使武则天

明察秋毫

狄仁杰

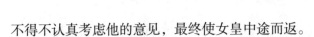

不得不认真考虑他的意见，最终使女皇中途而返。

武则天在天授元年下敕规定，两京、诸州各建大云寺一区，以后又陆续建造了长寿寺、崇先寺、崇福寺、荐福寺，修缮了慈恩寺、敬爱寺、福先寺等。加上以前诸帝及王公、贵戚和各地自发兴建的佛寺，致使全国各地"殿堂佛宇，处处皆有"。武则天对佛寺保护有加，规定"盗佛殿内物，同乘御物"。到了武则天晚年，不仅佛寺越建越多，而且规模宏大，雕饰华美，佛像往往用黄金、宝珠缀饰，耗费了大量的资财。狄仁杰对此痛心疾首，上疏极力反对，他尖锐地指出："今之伽蓝，制过宫阙，穷奢极壮，画绩尽工，宝珠殚于缀饰，瑰材竭于轮奂。"狄仁杰认为如此巨额的资财，绝不可能全靠僧尼化缘、人们施舍而来，必然要动用国家资财。他还认为不论建造佛寺的经费从何而来，总是社会财富，所谓"物不天来，终须地出"；建造寺塔总要役使人力，所谓"工不使鬼，止在役人"。所有这一切，"不损百姓，将何以求？"狄仁杰还有一个重要的观点，认为社会生产的财富是有限的，如果毫不节制地使用，必然造成财力紧张、用度不足的状况，这样就免不了要增加租赋，致使编户痛切肌肤，难免不受官吏的"箠楚"。

在这一时期，一些僧侣由于种种原因，得到了武则天的信任，使他们得以出入宫廷，获取钱财。如婆罗门僧惠范，"奸矫狐魅"，"左道弄权"，却被武则天视为圣僧，宠信异常。武则天的女儿太平公主对此人更是崇礼有加，"以为梵王"。惠范甚至可以骑乘官马，出入宫掖，被赏赐的绫罗及金银器物不计其数。给武则天合制长生药的胡僧也获得了大量的赏赐。尤其是内宠薛怀义剃度为僧后，出入内宫，如履平地，依仗武则天的权势胡作非为。朝中献媚之士对他敬若神明，号为薛师。宰相宗楚客为讨好薛怀义，为他作传记2卷，称其为释迦重生，观音再生，因而得以升任宰相。薛怀义在明堂北面所造的大佛像，高900尺。又造大金刚像，仅头部就高达200尺，用牛血涂染面部，诳称是刺薛怀义膝部血染成。这些大像造成后，在洛阳城中召开无遮大会，观者如潮，士女云集，又以内库钱抛撒于道，人们争相拾取，互相践踏，致使不少老人、少儿死于非命。当夜天堂火起，延烧到明堂，飞焰冲天，火光照得洛阳城如同白日。大火还烧毁了内库，无数资财化为灰烬。社会上的游僧到处妄陈祸福，骗人钱财。有的僧人私自纳妾，有的诱骗百姓子女，有的佛寺擅自度僧，据狄仁杰估计，这类私度僧尼全国有数万之众，仅洛阳一地检查出的多达数千。所有这些现象引起不少有识之士的忧虑和愤慨，纷纷上疏要求设法改变，狄仁杰就是其中反对最为坚决的一个。狄仁杰主要是从佛寺和僧尼的增多对百姓盘剥和对国家租赋收入的影响角度，提出了激烈的批评。他指出广建寺院精舍，名曰化缘，实际为强征摊派，催促之急超过了官吏督课租税。甚至僧尼做法事，也要百姓出钱。寺院经济对国家财政收入的影响也很大，所谓"膏腴美业，倍取其多；水碾庄园，数亦非少"，加上为数众多的不纳租税的僧尼，使国家税收大受影响。他说："一夫不耕，犹受其弊，如此众多的僧尼，坐费衣食，又劫人钱财。臣每思至此，实为悲痛。"忧国忧民的忠臣形象跃然纸上。

久视元年（700）闰七月，武则天又要建造一尊大佛像，为了避免群臣反对，她下令要全国僧尼每人每日出一钱，"以助其功"。狄仁杰这时已老病交加，快要走到生命的尽头，得知此事后，不顾体弱病痛，毅然上疏动谏。他在表章中列举了佛寺、僧尼的种种危害，并以南朝梁武帝、简文帝迷信佛法，施舍无度，最终身败名裂的历史教训，希望武则天能引以为戒。他还认为国家近年以来，水旱灾害频频发生，百姓困苦，征役繁重，如果此时再兴大役，建造佛像，国力、民力将不堪重负。他针对让僧尼捐钱造像之事，批驳说："虽然名为僧尼捐钱，所得之数，百未及一。且造大像，必然不能置于露天之下，这样又要建造高大的殿堂，有了殿堂，还要修建相应的廊庑。如此巨大的工程，却说不损国财，不劳百姓，岂非自欺欺人？"狄仁杰还巧妙地利用佛教教义向武则天进谏，他说："如来创立佛教，以慈悲为主，普济众生，其本心如此，岂能劳役百姓，以图虚饰？"最后狄仁杰建议在目前国内有灾、边境不宁的情况下，"宜宽征镇之徭，省不急之费"，不要再干劳民伤财之事。

由于狄仁杰的强烈反对，武则天只好下诏罢去这次建造活动。然而，尽管狄仁杰苦口婆心地进行劝谏，武则天并没有真正听进去，狄仁杰死后仅数月，她又于大足元年（701）正月提出要建造大像，并筹集了17万贯钱。这件事再次引起一些朝臣的反对，李峤上疏甚至提出，不如把造像的17万贯用于救济贫民，每户给钱1000文，可以救助17万户，这才是无穷的功德，可以收到万民拥戴的效果。武则天是否用这笔钱救济了百姓，尚无资料记载，但这次造像活动的夭折却是明文记载了的。长安四年（704），她又欲造大像，再次遭到朝臣反对，其中监察御史张廷珪反对最为激烈，最后还是没有搞成。长安五年，武则天就被迫下台，所以她至死也没有在洛阳造成大像。

安边定国，不切实际

在武则天统治时期，周边地区正值多事之秋。在西北吐蕃不断地向外扩张，与唐朝争夺西域地区；在北方突厥再度强盛，频繁地侵扰唐朝边疆；在东北自从唐高宗征服高丽、百济以后，唐朝的驻军也不断地与当地人民发生冲突，加之契丹的反叛，使局势更为错综复杂。而狄仁杰作为一位政治家，又是执掌朝政的宰相，当然不会对边疆的局势漠然置之，他时刻关注着局势的发展，反复思考应采取的对策。

神功元年（697）闰十月，狄仁杰重任宰相之始，就针对西北局势向武则天上了一道经过长期思考的表章，提出了自己对吐蕃、突厥问题的见解。在评述狄仁杰提出的边疆政策之前，有必要先回顾一下这一时期西域局势变化。唐朝在天山以南设置有所谓"安西四镇"，指龟兹（今新疆库车）、于阗（今新疆和田西南）、疏勒（今新疆喀什）、碎叶（今吉尔吉斯斯坦托克马克北）这四个军事重镇，统辖着天山以南广大地区。高宗以后，由于吐蕃的不断进攻，咸亨元年（670），安西四镇一度被攻占。武则天临朝之初，曾数次派大军征讨吐蕃，都遭到失败，损失很大。后来武则天任用王孝杰为总管，率大军再次讨伐吐蕃，经过激烈的战斗，终于击败吐蕃军队，于长寿元年（692）十月重新收复了安西四镇。需要说明的是，吐蕃攻陷的诸镇中不包括碎叶镇，其势力当时还达不到那里，但包括焉耆（今新疆焉耆）在内，碎叶镇代替焉耆为四镇之一，是调露元年（679）以后的事。吐蕃当然不甘心丢失安西四镇，在万岁通天元年（696），攻破了凉州（今甘肃武威），杀都督许钦明。然后向唐朝提出了议和条件：（一）要求唐朝撤出驻扎在安西四镇的重兵；（二）两国分割西突厥十姓部落之地，以伊犁河及天山以北之地属唐朝，以热海、楚河、怛罗斯河之地归于吐蕃。这个条件的核心内容就是要唐朝放弃天山以南广大地区，当然不能为唐朝所接受。但是唐朝屯兵于万里之外，往返番替困难，军资转输所费甚大，给百姓造成了很大的负担，国家财政也不堪重负。

104

明察秋毫

狄仁杰

狄仁杰的上疏正是针对这种问题，他认为国家竭府库之实用兵于绝域，争夺不毛之地，"得其人不足增赋，获其土不可耕织"，是很划不来的事。这都是秦始皇、汉武帝所做过的事，历史已经证明是错误的，所以汉武帝晚年才罢兵息战，休养生息。神功元年，关东一带发生灾荒，饥民甚多。狄仁杰认为在这种情况下，国家仍然东守安东，西戍四镇，调发频繁，百姓不得喘息，蜀、汉一带逃亡现象严重，江淮以南也

发生了百姓 "相率为盗"的情况。如果不尽快改变政策，减轻百姓负担，"本根一摇，忧患不浅"。鉴于以上情况，狄仁杰提出封西突厥贵族阿史那斛瑟罗为可汗，让他率突厥部众戍守安西四镇。国家军队内撤后，只须严守备，聚资粮，远警戒，吐蕃来攻则出击，可以以逸待劳，以主御客，将会战无不胜，如此数年边境自然安宁，百姓也无远戍转输之苦。

狄仁杰在上疏中所说的这个阿史那斛瑟罗是西突厥可汗阿史那步真的儿子，在垂拱初年（685）被授为右玉钤卫将军、兼濛池都护、继往绝可汗，统辖西突厥十姓部落中的五弩失毕部落。天授元年 （690），改授左卫大将军，改封竭忠事主可汗。他的势力最大时，部下共有20员都督，每位都督统兵7000人，牙帐设在碎叶，远近诸族部落皆归附于他的统辖之下。后来由于不断遭到东突厥默啜的侵掠，部众离散，阿史那斛瑟罗遂率残部六七万人，迁入内地，不敢再回故地。

阿史那斛瑟罗在安西四镇尚有官军屯戍的情况下，都没有能守住故地，在官军内撤后由他单独守御四镇恐怕更难担此重任。事实已经证明行不通的事，狄仁杰却提出要阿史那斛瑟罗再回去重任可汗，显然不切实际。狄仁杰提出这个建议的历史根据是唐太宗曾任李思摩为可汗，统率东突厥部落返回故地守御。但是，唐太宗的这个做法后来证明也是失败的，李思摩在薛延陀的压力下，无法统驭部众，单骑返回长安，狄仁杰的这个根据也是不成立的。唐朝设立安西四镇不仅在于控制天山以南广大地区，对于维护丝绸之路的畅通，保证中西经济、文化的交流，都有十分重要的意义，在经济上巨大的商业利益也是相当惊人的。狄仁杰虽然是杰出的政治家，但是和中国古代的许多杰出人物一样，都存在着一定的历史局限性。比如唐初名相魏徵也持和狄仁杰相同的观点，与狄仁杰同时代的人持有这种观点的也并非他一人。这种观点滋生于自给自足的农业经济比较发达的土壤上，与古代中国这种相对封闭的地理环境有直接的关系。狄仁杰的主张遭到右史崔融的反对，他上疏指出：如果一旦放弃四镇，将会导致吐蕃乘虚进占西域。吐蕃占有西域，实力增强，必然向东进攻高昌（今新疆吐鲁番一带），进而威胁敦煌（今甘肃敦煌西南），西部边境将永无宁日。崔融指出这个问题非常重要，自从吐蕃强盛以来，成为唐朝的劲敌，安西四镇在军事上的意义就在于此，牵制了吐蕃的力量，使其不敢全力向东进攻。安史之乱时，唐朝为平定叛乱，从西北大量地抽调精锐军队到内地，致使安西及河陇地区陷于吐蕃。从此以后，吐蕃便没有后顾之忧地直接威胁关中，甚至一度攻入长安，迫使唐朝每年都从关东抽调军队到关内防秋，即防御吐蕃侵扰，造成非常严重的后果。很明显，在这个问题上崔融比狄仁杰看得更远一些，他的建议不被朝廷接受自然也就不难理解了。不过狄仁杰主张的出发点在于减轻百姓的赋役负担，减少国家的财政压力，稳定国内局势，这些都是可取的，只是没有找到更好的解决办法而已。

唐武宗会昌三年（843），黠戛斯进攻北庭都护府，当时朝廷中有人主张出兵援救，宰相李德裕就曾以狄仁杰的这个主张为依据，断然否决了出兵的建议，可见具有与狄仁杰相同观点的还大有人在，而且还不止李德裕一人。在唐朝以来的历朝中也都有类似观点出现，这就说明植根于这块土壤的传统观念是多么的根深蒂固，绝非一时一事所引发的现象。

狄仁杰对高丽问题也是高度关注的。唐朝初年，今朝鲜半岛上共有3个国家，即高丽、百济、新罗。由于高丽占据着辽东地区，而这一地区汉魏以来一直是中国领土，这就引起了唐太宗收复故土的欲望。他曾亲率大军征伐过高丽，结果铩羽而归。唐高宗即位后，利用高丽内部矛盾激化、实力有所削弱之机，派李勣为大总管，统率大军于总章元年（668）灭亡了高丽。设置安东都护府于平壤（今朝鲜平壤），下辖9个都督府、42个州，以右武卫将军薛仁贵为检校安东都护，都督、刺史、

县令由唐朝人与高丽人参杂充任。由于当地人不满唐朝的统治，不断举兵反叛，虽遭到唐军的镇压，但矛盾始终未能缓和。上元三年（676），唐朝移安东都护府于辽东故城（今辽宁辽阳），并将唐朝人任都督、刺史的统统撤出。仪凤二年（677），安东都护府又移至新城（今辽宁沈阳东北）。圣历元年（698），改安东都护府为安东都督府。唐朝不断迁移安东都护府的行为，表明已无意再在朝鲜半岛插足，实际控制区已完全移到今朝鲜大同江以北。唐军撤出后，朝鲜逐渐为新罗所统一。

圣历二年，狄仁杰又一次上表，请求废去安东都督府，以高丽王族高氏后人为君长，恢复高丽政权。主要理由与以前请求放弃安西四镇大同小异，认为辽东屯兵的资粮大部依赖于海上运输，而海上风涛无常，船只沉没，损失颇大，屯兵计口给粮，犹且不足。长此以往对唐朝不利，只能导致弱干强枝、肥四夷而瘠唐朝的不良后果，而恢复高丽政权，还可以获得存亡继绝的美名。

其实，狄仁杰的这个主张早在神功元年就已经提出过，此次只不过是旧话重提。实际上唐朝政府早在仪凤（676—679）中就曾封高丽国王高藏为辽东都督、朝鲜王，居于辽东城，管辖旧部。由于高藏到辽东后，密谋联合靺鞨反叛唐朝，事泄后被高宗召回长安，流放到邛州（今四川邛崃）。其旧部分散到河南、陇右诸州，只有贫弱者仍留辽东。垂拱二年（686），武则天又封高藏孙高宝元为朝鲜郡王。圣历元年，封其为忠诚国王，打算让他统辖在辽东的高丽部众，因故未成。次年，狄仁杰重提此事，遂又任命高藏的儿子高德武为右武卫大将军、安东都督，让他统管辽东旧户。但是，由于辽东的高丽旧户多已分散投奔突厥、靺鞨，所剩人户极少，以高氏为君长已失去实际意义。

实际上，狄仁杰主张废去安东都督府，撤回军队的建议，并不可行。他主张恢复高丽高氏统治地位的建议，是建立在"三韩君长，高氏为其主"的基础之上，即想凭借高氏在当地的影响力稳定局势。由于高丽旧户已分散到各地，辽东地区并无多少高丽人，即使恢复其统治已无任何实际作用，而且一旦撤回军队，罢去安东都督府，辽东无人管理，将会给突厥或靺鞨以可乘之机，他们一定会乘虚而入，占据这一地区。这样营州（今辽宁朝阳）、幽州（今北京西南）等唐朝固有领土，将永无宁日了。因此，他的这种主张不被接受也就在情理之中了。

狄仁杰的以上主张之所以多不切实际，不为朝廷所采纳，除了受传统思想的影响外，他作为一位文臣，对军事问题的生疏，也是他的主张流于空泛的一个重要原因。与他的政治观点相比较，狄仁杰对边疆军事的主张明显地表现出自守性、封闭性的特点。

明察秋毫

狄仁杰

第 六 章

知人善任识贤才
桃李天下美名传

自古以来，中国就有敬贤重才的优良传统，狄仁杰作为唐代的杰出政治家，自然也非常重视荐举贤才。他先后向朝廷推荐的贤才都为大唐的江山社稷做出了不可磨灭的贡献，这不能不说是狄仁杰的功劳。并且，狄仁杰举贤不避亲，这一点也颇有古贤之风。然而，"智者千虑，必有一失"，狄仁杰所荐举的贤才当中，却看错了一个人——窦怀贞，此人一生投机钻营，寡廉少耻，丧失了一位士人所应具备的基本人格，最后不得善终，并留下了千古笑柄。狄仁杰一生荐贤数十，可谓能识人者，但也误荐了窦怀贞这类人，可见识人知人之难。

不遗余力，荐举東之

狄仁杰荐人从不以个人喜恶为标准，而是根据自己的长期观察，本着"薄才华，重才实"的原则，荐举贤才。所谓"重才实"主要是指政治倾向和政治才干，他始终按这个标准识别人才，选拔人才，受到了当时舆论的好评。其中，他所荐举的张東之就为大唐作出了杰出的贡献。

张東之，是这一时期颇具传奇色彩的人物。他早年为太学生时，由于颇好经史，尤精《三礼》，得到了国子祭酒令狐德棻的赏识。进士及第后，长期沉沦，不得重用，直到63岁时才不过做到青城（今四川郫县西）丞。永昌元年（689），应贤良方正科制举，在千余名应试者中，名列第一，被授予监察御史之职，这时他已年逾七十了。但是，张東之并非从此时来运转，不久又被贬为地方官。直到年逾八十时，才得以充任宰相。在宰相任上他干了一件惊天动地的大事，将武则天从皇帝宝座上拉了下来，推翻了武周统治，恢复了中宗帝位，从而也使他一举成为唐朝历史上一位著名人物，被后人誉为"忠冠千古，功格皇天"。张東之一举成名，为唐室的重建立下了不世之功，主要得益于他抓住了充任宰相的机遇，有意思的是这个机遇并非张東之自己努力的结果，而是狄仁杰努力为他创造的。

狄仁杰晚年在尽心辅佐朝政的同时，十分注意为国荐举贤才。武则天曾问狄仁杰："朕要一好汉任使，有乎？"狄仁杰说："陛下作何任使？"武则天说："朕欲待以将相。"于是狄仁杰就向她推荐了张東之，并说荆州（今湖北沙市荆州区）长史张東之，虽然年纪已老，却有

明察秋毫

狄仁杰

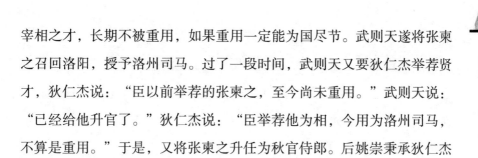

宰相之才，长期不被重用，如果重用一定能为国尽节。武则天遂将张柬之召回洛阳，授予洛州司马。过了一段时间，武则天又要狄仁杰举荐贤才，狄仁杰说："臣以前举荐的张柬之，至今尚未重用。"武则天说："已经给他升官了。"狄仁杰说："臣举荐他为相，今用为洛州司马，不算是重用。"于是，又将张柬之升任为秋官侍郎。后姚崇秉承狄仁杰的遗愿，再次出面推荐张柬之，遂使他终于得以升迁宰相高位。

狄仁杰为什么要不遗余力地荐举张柬之呢？清代著名学者王夫之说："狄公之与张柬之，皆有古大臣之贞焉，故志相输，信相孚也。"也就是说他们两人具有共同的志向，因而能够互相信任。其实狄仁杰也是经过长期的观察，才对张柬之逐渐了解，进而深信不疑的。

早在仪凤元年（676）时，张柬之当时任郇王府仓曹参军，郇王李素节时任岐州（今陕西凤翔）刺史，张柬之却好心做了一件错事。李素节是唐高宗第四子，为萧淑妃所生，警敏好学，深为高宗所喜爱。武则天早年与萧淑妃争宠，互为仇敌，她当了皇后后，便把萧淑妃幽禁起来，不久萧淑妃被杀。由于这个缘故，李素节被任命为岐州刺史后，以其有旧疾而不许入朝，其实李素节并无疾病。李素节因生母已死，生父又不能觐见，心中忧郁，遂著《忠孝论》以述心迹。张柬之劝他潜封以进，想以此感动高宗之心，或许能得以觐见。不料此事为武则天所知，更加愤恨，指使人诬告李素节贪赃受贿，于这年九月，将其降为鄱阳郡王，袁州（今江西宜春）安置。张柬之此举虽然使李素节遭到了更大的打击，但是当时人并不责怪他，反认为他正直忠贞，人格高尚。

突厥默啜请求和亲，武则天应允。圣历元年（698）六月，命淮阳王武延秀入突厥，迎娶默啜女为妃。当时张柬之任凤阁舍人，认为自古以来未有中国亲王娶夷狄之女的先例，上疏谏阻，武则天大怒，将他贬为合州（今重庆合川）刺史。张柬之的主张未必合于时势，但是这种看法却代表了一大批朝士的观点，被视为识大体的行为，因而得到了许多人的赞同。

过了没多久，张柬之调任蜀州（今四川崇庆）刺史。此期间张柬之又上疏朝廷，提出罢去姚州（今云南姚安北）及泸南七镇。这一地区在东汉时曾设置过永昌郡，蜀汉时诸葛亮也征服过这里，并在这里征集兵员，征收赋税，但不设置汉官，不屯军队。据张柬之言，唐朝在龙朔（661—663）年间才设置了姚州，由于运粮屯兵不便，加上当地少数民族的不断起兵反抗，后来就又罢废了。垂拱（685—688）中，有人建议重新在这里设州，并说可以在当地课税自给，无须国家调发兵粮，于是又恢复了姚州的建置，总管57个羁縻州。延载元年（694），为了防止当地少数民族反抗，又设置泸南七镇，调蜀兵戍守。由于姚州所属的羁縻州一般不向朝廷缴纳赋税，当地官员和屯兵反倒要从外地调运资粮供给，加之路途艰险，瘴气严重，每年调发的戍兵，到了屯所大部皆死，运送资粮使蜀民不胜役使之苦。所以张柬之建议罢去姚州及泸南七镇，抽回戍兵，将这一地区隶属于嵩州（今四川西昌）管辖，在泸水之北设关，屯驻戍兵，选清正官吏管理。这个建议没有引起武则天的重视，没有被采纳。

然而，张柬之的这一主张却与狄仁杰的观点不谋而合。将这个主张与狄仁杰所提出过的关于安西四镇、安东都督府等问题的主张稍作比较，就可以很明显看出两者的主导思想是完全一致的。对于张柬之以前的那些行为，尽管史籍中没有狄仁杰对这些事的看法的记载，然从他的一贯思想看，也一定是赞同和欣赏的，最使狄仁杰器重张柬之的还是他对武周政权的态度。

张柬之从荆州长史被狄仁杰推荐到洛阳任官时，杨元琰受命代替他为长史。两人在交接职务之时，曾一同泛舟于大江之上，船到中流无人之处，谈及武则天革命，以周代唐之事，杨元琰愤愤不平，"慨然有匡复之志"，这就说明张柬之早就对武则天统治有不满情绪。张柬之曾在

明察秋毫

秋仁杰

朝中任凤阁舍人，凤阁舍人即中书舍人的改称，主要负责诏书的起草工作和审议表章，佐宰相判案。此期间狄仁杰任宰相，从工作性质看，两人往来肯定比较频繁，通过这种接触，必然加深狄仁杰对张柬之的进一步了解，共同的志向使狄仁杰把他引为知己，因此推荐张柬之为宰相也就是顺理成章的事了。

慧眼识才，古贤之风

圣历元年（698）八月，武则天命宰相各推荐一人为尚书郎。狄仁杰举荐了他的儿子司府丞狄光嗣，被任命为地官员外郎，莅事以来颇为称职，武则天十分高兴地说："卿的这个举动可以与祁奚相媲美！"这个典故出自《左传》，说晋国中军尉祁奚年老请求辞职，晋君问他谁可继任其职。祁奚推荐了解狐，这是他的仇人，将要任命时，解狐却亡故了。于是晋君又请他另举荐一人，回答说祁午可以胜任此职。祁午是他的儿子，晋君遂任命祁午为中军尉，后来证明祁奚的荐举并非出于私心，祁午的确是该职的很好人选。人们称祁奚举其仇不沽名钓誉，举其子不畏惧闲言，能识才举贤。武则天将狄仁杰与古人祁奚相比，是对他的最好赞誉。

《资治通鉴》卷207载："仁杰又尝荐夏官侍郎姚元崇、监察御史曲阿桓彦范、太州刺史敬晖等数十人，率为名臣。或谓仁杰曰：'天下桃李，悉在公门矣。'仁杰曰：'荐贤为国，非为私也。'"狄仁杰举荐的人才所能知道姓名的除以上数人外，还有窦怀贞、袁恕己等人，其余已不可考知了。

其实，狄仁杰所推荐的人大都是与自己志同道合者，以上数人除窦

狄仁杰故里

怀贞外，无一不是后来的政变策划者，是他们实现了狄仁杰匡复唐室的遗愿，也使他们自己彪炳青史。

桓彦范，润州曲阿（今江苏丹阳）人，他的祖父桓法嗣曾任雍王府咨议参军、弘文馆学士。桓彦范是以门荫补右翊卫，从而走上仕途的。据说他"少放诞，有大节，不饰细行。常与诸客游侠，饮于荒泽中"。桓彦范结交游侠，豪爽而不拘细节，是儒者重侠义、尚勇武的表现。这种任侠尚气的风气在唐代知识分子中比较普遍，凡具有这种风习的士人多负气重义，较少有普通儒者那种优柔寡断的习性，一般都敢作敢为。《旧唐书·桓彦范传》说他"慷慨俊爽"，也正是说的这一点。狄仁杰看重与赏识桓彦范，不是因为他有多高的政治才干和高深的学问见识，仅仅也是这一点。圣历初，桓彦范任司卫寺主簿，狄仁杰对他"特相礼异"，并说："足下才识如是，必能自致远大。"把他提升为监察御史。

狄仁杰还是非常有眼光的，桓彦范在以后的任官生涯中直言敢谏，正气凛然，与张昌宗等内宠进行了激烈的斗争。长安四年（704），张昌宗与术士李弘泰勾结，妄言己有天子之分。御史中丞宋璟奏请把张昌宗下狱，追究其罪，武则天不许。桓彦范时任司刑少卿，也上疏坚决要求把张昌宗下狱治罪，指出："昌宗无德无才，谬承恩宠，自宜粉骨碎肌，以答殊造。"认为张昌宗谋逆罪大，自取其咎，并非陛下借故而诛。"此而可舍，谁其可刑？"武则天以张昌宗已经自行奏闻为由，不纳其奏。宋璟认为张昌宗是迫于舆论，不得已而奏闻，且谋反大逆，不容自首免罪。武则天无奈只好命张昌宗赴御史台受审，还未审毕武则天就遣使宣敕特赦了张昌宗。尽管此次没有将张昌宗治罪，但也沉重地打击了这些势利小人的气焰。

宰相李峤、崔玄暐等奏请，将以往被周兴、丘神勣、来俊臣等酷吏诬陷破家的人，全部予以昭雪平反，武则天不理。桓彦范见状遂把李、崔等人的奏请内容做了一些修改，请求将文明元年（684）以来的罪人，除徐敬业、李贞、李冲等及其他谋逆大罪的魁首以外，全部昭雪。前后十次上表，言辞激切，终于使武则天接受这个请求，使一大批冤案错案得到平反。桓彦范修正李、崔等人的表疏内容，是他政治上成熟、灵活的表现，这样就使武则天比较容易接受。武则天这次大规模的平反运动，尽管还不彻底，实际上已经做了最大程度的让步，让她给李贞、李冲等人平反那就等于彻底否定了武周政权存在的合理性，因而是不可能的。武则天的这次行动尽管是被动的，但也表明了她对自己的政策已经做了根本的修正，是她想和平地把政权过渡给李唐子孙的一个信号，即为这种和平过渡营造一种和缓的政治气氛。可惜的是，时间已经不允许她等到那一天了。

桓彦范任司刑少卿期间，执法严明，公正无私，他曾对亲属说："我今执掌刑罚之权，人命所系，不能顺旨诡辞，以求苟免。"凡有奏议，如果遇到武则天诘责，"则辞色无惧，争之愈厉"，所以桓彦范在当时声誉颇高。桓彦范任左台中丞时，曾与右台中丞袁恕己共同举荐太子詹事府司直阳峤为御史。宰相杨再思说如果阳峤本人不愿担任这个官职怎么办，桓彦范认为选择合适的人选充任官职，不一定非要符合本人的意愿，凡挑三拣四者，尤其要坚决制止，只有这样才能够整顿吏治，使有才者得以任用，躁进者得以抑制，遂使阳峤得以充任右台侍御史。司马光认为桓彦范的这个见解深合为政之要，便把此事郑重地写进了

《资治通鉴》。

桓彦范的母亲也是一位颇有见识的老人。桓彦范在发动政变前夕，当一切都布置好以后，担心万一失败将牵连到老母，于是便把此事告诉了他的母亲，其母说："忠孝不能两全，先国后家才是为臣正道。"桓彦范深受感动，更加激发了他以身许国的豪气。

敬晖，绛州太平（今山西新绛北）人，他是通过明经科考试而进入仕途的，圣历元年任卫州（今河南卫辉）刺史。当时河北正遭受突厥侵扰，诸州均忙于征集民夫修城，敬晖到任后，下令罢役放民回去营田，故战后诸州缺粮，唯卫州百姓安稳没有流亡，"由是人吏咸歌咏之"。狄仁杰正是通过此事，认识到敬晖是有胆有识的难得人才，于是推荐到朝中任夏官侍郎。

敬晖后又出任太州（今陕西华县）刺史。大足元年（701）任洛州长史。武则天出幸长安，任命他为洛阳副留守，由于精明能干，得到武则天的嘉奖，并赐物百段。敬晖敢作敢为，神龙元年（705），任右羽林将军，掌握禁军，是发动政变的主谋。

袁恕己，沧州东光（今河北东光）人，也是狄仁杰推荐的人才之一。由于袁恕己早年的事迹史籍记载较少，也没有说明狄仁杰因何而赏识此人。长安中，袁恕己任司刑少卿，兼相王府司马，中宗即位后，他被任命为中书侍郎、同中书门下三品（宰相）。中宗复位之初，袁恕己担心中宗追求奢侈糜烂的生活，不能励精图治，见将作少匠杨务廉以工于精巧制作而得信任，遂对中宗说："杨务廉位居九卿，不闻忠言嘉谋，营造宫室，务为奢华，如不贬斥，何以昭示圣德？"于是将杨务廉贬为陵州（今四川仁寿）刺史。从袁恕己的这一举动看，他的见识确有过人之处。可见狄仁杰推荐他也绝不是没有根据，一定是在发现了他确有才干后，才向武则天推荐的。

关于政变的五个主谋之一的崔玄暐，是否也是狄仁杰举荐的人才还不好论定。根据记载，政变当天，崔玄暐等带兵攻入迎仙宫，直接闯入武则天所居的长生殿，当时武则天曾对崔玄暐说："他人皆因人以进，惟卿朕所自擢，亦在此邪？"从这些话看，崔玄暐似乎是武则天自己提拔的官员，与狄仁杰并无关系，但是有关这段历史其他许多史书都认为政变的5个主谋皆出于狄仁杰门下。唐人冯宿在他所撰的《魏府狄梁公祠堂碑》中也有"秘策潜授，五王奋起"等语。既如此，那么武则天以上所说又如何解释呢？其实，武则天以上所说也是事出有因的。长安元年（701）十一月，当时任天官侍郎的崔玄暐突然改任为文昌左丞，原因是他生性介直，从不主动请谒上司，又拒绝别人对他的请谒，引起执政者的不满，遂把他从这个重要职位上调开。天官乃吏部的改称，掌官员的选授，侍郎是仅次于尚书的本司长官，权任颇重。未满月余，武则天又召见崔玄暐，对他说："自卿调任以来，选司颇有不法之事发生，听说天官的不少令史甚至设宴庆贺卿的离去，说明他们正想借此机会营私舞弊，今日朕要恢复卿的旧职。"武则天不仅恢复了他的旧职，还赐予杂彩70段以资鼓励。长安三年，拜鸾台侍郎、同凤阁鸾台平章事。次年，迁凤阁侍郎，仍为宰相，武则天上面的话就是指这些事。然而这些事都是在狄仁杰死后发生的，并不能排除狄仁杰生前对崔玄暐的赏识与提拔。

崔玄暐，博陵安平（今河北安平）人，少年时勤学上进，深为其叔父秘书少监崔行功所器重。唐高宗龙朔（661—663）中，明经及第，授高陵（今陕西高陵）主簿，累迁库部员外郎。崔玄暐的母亲卢氏是一位很有见识的妇人，她常告诫崔玄暐要为官清廉，她说："我曾听姨兄屯田郎中辛玄驭说：'儿子做官时，有人说他生活贫乏，这是好消息；如果听说财货充盈，衣马轻肥，此是恶消息。'我常重此言。我看到亲表中仕宦者，多以钱物孝敬其父母，父母只知喜悦，竟不问钱物从何而来。如果是俸禄余资，当然是好事；如是非理所得，此与盗贼有何区别？纵然无大错，难道不愧于心？希望你修身洁己，勿负我心意。"据说崔玄暐极为孝顺，遵奉其母教诲，为官清谨。大约出于这个原因，崔玄暐仕途比较顺利，历任天官郎中、凤阁舍人。

在酷吏肆虐、罗织严密之时，崔玄暐竟然安然无恙，平安地度过了这一险恶阶段，究其原因，竟有一些神异色彩。据传，在这一时期朝官中名望稍隆者，上朝时都要与妻子告别，不知能否再相见。崔玄暐的老母十分担心儿子的安危，便让崔玄暐去请教名僧万回，以问吉凶。崔玄暐不敢违背母命，就把万回请到家中。万回到后，其母卢氏对他非常恭敬，并施舍了银匙一双，万回接过后，下阶将此物抛到堂屋顶上，掉头而去。一家人都以为不祥，惶惶不安。次日，命人上屋去取银匙，在屋顶发现书一卷，取下一观，竟是谶纬之书，赶紧命人将其焚毁。数日后，忽然来了一批胥吏，到崔玄暐家中搜寻图谶之类的物品，结果空手而归，他家由此得以免遭迫害。"时酷吏多令盗夜埋蛊遗谶于人家，经月，告密籍之。"崔玄暐由于万回的帮助，避免了灭族之祸。此事虽然有些神异怪诞的色彩，但却是当时社会真实状况的反映。大概崔玄暐为官清正，声誉甚好，又安然地度过了那段特殊而又疯狂的岁月，所以人们才把这样的故事加在了他的身上。

尽管崔玄暐被武则天提升为宰相，但他并不和二张、诸武往来，桓彦范、宋璟等劾奏张昌宗图谋不轨时，崔玄暐也屡次进言，请求将张昌宗交法司治罪。他的弟弟崔升当时任司刑少卿，甚至请求把张昌宗治以大辟（死刑）之罪，崔氏兄弟的这些行为得到了当时舆论的好评。武则天病重期间，只有二张在宫中侍奉，宰相也不能轻易见到。武则天病情稍有好转，崔玄暐便进谏说："太子、相王仁明孝友，足可在陛下身旁侍奉汤药。宫禁要地，异姓之人不宜出入。"武则天说："深领卿的厚意。"但不愿有所改变。这是她晚年的一贯态度，当朝士奏请的事情不符合她的心愿，但又确实有理不便驳斥时，往往就采取这种敷衍的办法，有时甚至还给一些赏赐，实际却不予采纳。然而这一次却是她最后一次对朝臣的敷衍了，数日后便爆发了政变，推翻了她的帝位。假如武则天接受了崔玄暐的进谏，驱逐二张，让太子李显、相王李旦入宫侍奉，这样就使张柬之等失去发动政变的借口，同时也无法借重太子的力量和影响，投鼠忌器，政变将无法举行，至少不会在神龙元年（705）正月发动。武则天敷衍朝士，使崔玄暐等一批官员觉得她无可救药，遂投身到反对她统治的行列中去，敷衍的结果反倒害了她自己，这也是她所始料不及的。

智者千虑，必有一失

狄仁杰一生举荐了数十人，皆有大观。但是，智者千虑，必有一失，唯窦怀贞一人却使狄仁杰看走了眼。窦怀贞，字从一，其父窦德玄为高宗时的左相，他是唐高祖的皇后窦氏之兄窦照的孙子，窦照在西魏时封钜鹿公，尚义阳公主。窦德玄的父亲窦彦在隋朝时任西平郡太守，所以窦氏家族在唐朝也是一个十分显赫的家族，尤其在高祖、太宗、高宗三朝，这个家族中在朝中为公卿者比比皆是。由于这个原因，窦怀贞的兄弟、宗族，多好犬马锦衣、歌舞美食之类，唯窦怀贞折节谦恭，衣服俭素。圣历中，窦怀贞任清河（今河北清河西北）令，政绩突出，清正廉明，声誉颇好。大约出于这个缘故，狄仁杰认为窦怀贞是个人才，于是便举荐了他，使他很快就得以升迁。至于狄仁杰举荐他充任什么官职，史籍中没有明确记载，但是他很快就从一个县令升任越州（今浙江绍兴）都督、扬州（今江苏扬州）大都督府长史，变化如此之快，当是狄仁杰举荐的结果。不过在这一时期，窦怀贞还是有一些作为的，旧史说他"所在皆以清干著称"，就是当时情况的真实反映。

至于窦怀贞的变化是在狄仁杰死后，尤其是中宗、睿宗时期的表现，受到人们的嘲笑与史家的口诛笔伐，这就多少有辱于狄公的令名。《旧唐书》多录自唐朝的实录、国史，所以在《狄仁杰传》中保留了狄仁杰推荐窦怀贞的记载，晚出的《新唐书》《资治通鉴》等史籍，为狄仁杰讳，干脆从狄公门下桃李的名单中删去了窦怀贞，颇有点清理门户之意。

实际上，窦怀贞为官不贪，一直保持着俭朴的生活习惯。他贵为宰相，死后家中唯粗米数石而已，这在当时的公卿中也是极为罕见的。窦怀贞最大的缺点，就是好钻营投机，谁的势力大他就依附于谁，最终落了一个身败名裂，死于非命的悲惨下场。

景龙二年（708），窦怀贞任御史大夫，兼检校雍州（今陕西西安）长史。当时中宗的韦皇后与安乐公主干预朝政，权势显赫，窦怀贞遂百般诌谀，委屈取容。为了避韦后之父讳，他只以字称，不敢再称名，为士大夫们所不齿，"自是名称日损"。窦怀贞还干了一件为士人所不齿的事，就是娶韦后乳母王氏为妻。事情经过是这样的：景龙二年十二月三十日夜，中宗在宫中举行盛大宴会，召公卿、学士、诸王、驸马等入宫守岁，饮酒奏乐，君臣同乐。在宴会高潮时，中宗对窦怀贞说："听说卿久无伉俪，朕也为卿操心。今夕除岁，正是吉时，当为卿娶一佳偶，以成大礼。"怀贞不敢拒绝，唯知拜谢。一会儿在内侍的导引下，一队宫人持灯笼、步障、金缕罗扇从西廊而上，进入大殿，扇后有一妇人身着命妇礼服，头戴花钗，令与窦怀贞对坐。唐人婚俗，成婚的当天夜里新郎要诵"却扇诗"，然后新娘才去扇换衣，新人得以相见。当时中宗就命窦怀贞诵"却扇诗"数首，扇退去，新人易服去花钗而出，众人一看，原来是皇后的老乳母王氏，中宗与众人不觉哄堂大笑。窦怀贞虽十分尴尬，却不敢有丝毫不满的表示。中宗遂下诏封王氏为莒国夫

明察秋毫

狄仁杰

人，嫁与窦怀贞为妻。窦怀贞受中宗愚弄，被迫娶一老妇，本无可指责，问题在于窦怀贞反倒以此为荣，以为获得了向皇家攀附的资本。唐人俗称乳母之夫婿为"阿爹"，怀贞每次谒见或上表状，都自称"翊圣皇后阿爹"，时人谓之"国爹"，怀贞不以为是对他的讽刺，反倒"欣然有自负之色"。

在中宗统治的这一时期，宦官势力有所发展，专擅弄权者大有人在。窦怀贞对宦官非常敬畏，每视事听讼，只要有中使到场，都要亲自迎送，以致误把无胡须者当作宦官迎送，成为人们一时的笑谈之资而广泛流传。监察御史魏传弓因内侍辅信义蛮横纵暴，劣迹累累，将要上奏弹劾，窦怀贞因辅信义为安乐公主所宠信，靠山很硬，阻止不许弹劾。魏传弓说："而今朝纲渐坏，正是由于此辈擅权所致。如果能今日诛杀辅信义，我明日受死，也无所恨。"窦怀贞面对正气凛然的下属，无言可答，但怕牵连自己受累，仍坚决不许弹劾，遂使此事不了了之。

韦后、安乐公主等败亡后，窦怀贞唯恐连累自己，为了证明自己的清白，竟残酷地杀死了妻子王氏，献出了人头，这样总算保住身家性命，被贬为濠州（今安徽凤阳东北）司马，迁益州（今四川成都）长史。于是，窦怀贞又投靠了权势显赫的太平公主，后得以升任侍中、兼御史大夫、同中书门下平章事。窦怀贞身为宰相，每日视事后都要到太平公主府上，询问公主有何事吩咐。当时人讽刺他是前为韦氏阿爹，后为公主邑丞。唐制，公主邑司置令一人，丞一人，掌管公主家财出纳及田园等事。称他为公主邑丞，意为窦怀贞侍奉太平公主，如同邑司官员一样。睿宗要为金仙、玉真两位公主修建道观，所费巨万，朝官纷纷上表进谏，以为不可，唯独窦怀贞赞成此事，并亲自监督工程。他的族弟劝他说："兄台位居宰辅，应当经常思考一些国家大事，以辅佐明主。为何要掌管瓦木之事，置身于工匠之间，使海内之人如何瞻仰呢？"窦怀贞不能答，仍监督如故。由于窦怀贞每日监督修建工程，身居宰相，半年之内无一言谈及国家政事，睿宗曾召见予以严厉谴责。无奈他奴性太重，竟不能有所振作。玄宗即位后，进位左仆射，封魏国公。窦怀贞仍不知改悔，并参与了太平公主谋逆行动，失败后，投水自杀。

明察秋毫

狄仁杰

第 七 章

匡复唐室挽狂澜
一代名臣驾鹤去

　　自从西周确立宗法制以来，中国的天子之位的继承通常都是按照父死子继、立嫡以长的原则来确定的，这已经成了不可动摇的金科玉律。但是，由于武则天是一位女皇帝，她既是武氏家族中人，也是李氏家族中的媳妇，这种特殊的身份使这位女皇帝深深地陷入不知选谁做继承人的困惑之中。狄仁杰作为朝廷重臣，自然非常关心武则天身后皇位的继承问题。后来，经过自己的努力，终于复立了庐陵王李显。虽然狄仁杰未能看到李显——唐中宗即位便驾鹤西去了，他的努力却给匡复唐室造成了不可磨灭的影响。

储位之争，迎归庐陵

晚年的女皇武则天最为头疼的问题，就是皇位的继承人选谁的问题，使她犹豫不决，难以决断。如果以自己的儿子为皇位继承人，则大周政权在她"千秋万岁"之后势必不能维持下去；如以武氏子弟为继承人，则自己的儿孙将何以自处？作为姑母的她在武氏家族中的地位又将往哪里摆？以狄仁杰为首的一批拥李派朝臣，抓住了这个关键时机，利用武则天犹豫困惑的心理，极力促使她下决心接回被贬逐的庐陵王李显，并立为皇太子，挫败了诸武夺取皇位继承权的企图。

早在武周政权建立之初，虽然将睿宗李旦降为皇嗣，令居东宫，似乎已经确立了继承人，实际上，这个问题并未彻底解决，李旦的皇嗣地位只不过是她当时的临时安排。为了稳定政局，减少武周政权建立的阻力，集中精力巩固政权，开创大周统治新局面，使她不得不使出这种权宜之计。在改朝换代的大变革中，由于武则天的大力扶持，武氏子弟的势力急剧增长，而李氏家族尤其是在镇压宗室诸王之后，势力大受削弱，两种势力的此消彼长，使武氏子弟滋生了夺取皇位继承权的企图。这种企图随着武周政权统治的巩固，表现得越来越迫切，越来越强烈。

最先站出来争夺皇位继承权的是武承嗣，他是武则天之兄武元爽之子。武承嗣为什么首先提出这个要求呢？要说清楚这个问题，就必须先回顾一下武则天的家庭关系。

其实，武氏家族内部关系颇为复杂，在温情脉脉的家族外衣下，掩盖了多少钩心斗角的争斗，乃至于血腥的杀戮。武则天之父武士彠一

124

明察秋毫

狄仁杰

生曾娶过两位妻子，前妻相里氏生有两个儿子，即武元庆、武元爽。后又娶杨氏，生三女，长女嫁给了贺兰越石，次女即武则天，三女嫁给郭氏。武士彟死后，元庆、元爽及他们的儿子惟良、怀运等，对杨氏母女很不友善，大概使她们吃过不少苦头，这就为日后这个家族内部的相互残杀埋下了隐患。武则天当了皇后以后，追赠其父为司徒，其母改封荣国夫人。这时武元庆任宗正少卿，武元爽任少府少监，杨氏因往事之故，指使武则天将两人贬到外州任刺史，致使两人死于贬所。武则天的亲姐韩国夫人之女贺兰氏颇受高宗恩宠，使她十分忌恨，打算除掉这位情敌。她利用高宗驾临其母杨氏府第的机会，在武惟良、武怀运等所献食物中，命人秘密放入毒药，并将有毒食物送给贺兰氏，贺兰氏不察，食后暴死。武则天归罪于惟良、怀运兄弟，使高宗下令处死了两人。武则天一箭双雕的目的达到后，还不解恨，又指使心腹官员上表将武元庆、武元爽及武惟良、武怀运家属流放岭南，改姓蝮氏，并绝其属籍，这样就使武士彟断绝了后嗣。于是又以韩国夫人之子贺兰敏之为武士彟后嗣，改姓武氏，袭爵周国公。贺兰敏之年轻美貌，但品格低下，竟然和他的外祖母杨氏有暧昧关系，又恃宠多为不法之事，武则天对他十分不满。咸亨二年（671），杨氏死，武则天拿出皇家内库的钱物，令贺兰敏之造佛像为杨氏追福，贺兰敏之遂隐没自用。司卫少卿杨思俭之女有绝色，高宗与武则天已选定为太子妃，只等成婚，贺兰敏之又将其强行奸淫。这时武则天之女太平公主年纪尚幼，时常往来于杨氏之家，贺兰敏之胆大妄为，竟不避随行宫人，强逼太平公主欲行不轨之事。在为杨氏服丧期间，贺兰敏之私着吉服，奏乐狎妓，日夜欢娱。在这种情况下，武则天实在忍无可忍，遂将他流放岭南，在途中自缢而死。贺兰敏之死后，武士彟的后嗣又处于空白状态，于是武则天就把在岭南流放的武承嗣召回，让他袭爵周国公，以为武士彟后嗣。

武则天临朝称制后，以武承嗣为同中书门下三品，以后又升为文昌左相、同凤阁鸾台三品，兼知内史事。武则天称帝后，置武氏七庙，封武氏子弟为王，武承嗣又被封为魏王。由于武承嗣处于这样一个特殊地位，所以他处处以武氏家族的正统继承人自居，"自为次当为皇嗣"。至于他与武则天的杀父之仇，都统统被锦衣美食、高官厚禄所淡化了，何况还有皇位继承人的诱惑时时在他的心头缠绕，如何再会去回顾以往的不愉快呢？据载："初，后擅政，中宗幽逐，承嗣自谓传国及己，武氏当有天下，即讽后革命，去唐家子孙，诛大臣不附者，倡议追王先世，立宗庙。"根据这些记载来说，武承嗣充当皇位继承人的野心由来已久，只是因为武则天的统治尚不巩固，所以他强压着满腔的希望，暂时没有提出这个问题。

126

天授二年（691），即武则天称帝的第二年，这时徐敬业、宗室诸王的起兵先后被镇压，一大批朝臣和宗室被诛杀，武承嗣认为武周政权已经巩固，就迫不及待地提出了让自己充当皇太子的问题。当然武承嗣不会自己直接出面，他还不至于那样笨，而是让其党徒凤阁舍人张嘉福指使洛阳人王庆之等数百人上表，以请愿的方式要求立武承嗣为皇太子。此事遭到了两位宰相的反对，其中一位是文昌右相、同凤阁鸾台三品岑长倩，他认为皇嗣（指李旦）在东宫，不应有此动议。武则天又征询地官尚书、同凤阁鸾台平章事格辅元的意见，格辅元也坚决反对此议，这样就使武承嗣这次企图没有得逞。当然反对者也付出了血的代价，不久，岑长倩与格辅元被捕下狱，另一位宰相欧阳通因为不愿承认与岑、格二人共同谋反，于是三人一同被诛杀。

在这次事件中，武则天的态度起了关键作用。她当时召见了王庆之等人，问他为何要废去皇嗣，另立武承嗣，王庆之说："今日谁有天下，而立李氏子弟为继承人？"武则天非但没有谴责王庆之，反而好言慰谕，并发给他印纸一份，作为出入宫门随时见她的凭据。这就说明她此时并不反对立武承嗣为太子，只是由于朝中重臣反对，阻力太大，不便公开表明态度罢了。后来王庆之便时常入宫求见，搞得武则天不胜其烦，使命凤阁侍郎李昭德将王庆之拉出杖责，以示薄罚。李昭德把王庆之推出洛阳宫城光政门外，指着他对朝士说："此贼欲废我皇嗣，立武承嗣。"命人将他重重摔下，致使王庆之耳目出血，然后乱杖打死，可见李昭德也是一个武承嗣的反对者。

圣历元年（698），武承嗣、武三思再次出面请求立自己为太子。这次武三思加入到这个行列中来，大概是他看到武承嗣求立太子失败，以为武则天不愿立武承嗣，遂滋生了争当太子的想法。武三思是武元庆之子，他们派人多次去见武则天，要求立他们为皇太子，主要理由就是自古以来天子未有以异姓为继承人的，暗示如以李氏子弟为太子将会导致武周政权的终结，李唐王朝的恢复。这些话再次使武则天动摇，又产生了改立武氏子弟的想法。这一次却遇到了狄仁杰的坚决反对，他对武则天说："太宗皇帝栉风沐雨，亲冒锋镝，平定了天下，就是要将社稷传之于子孙。大帝（指唐高宗）以二子（指李显、李旦）托于陛下，陛下却要将天下移于他族，这是不合天意的举动。且姑侄与母子哪一个更亲？陛下立儿子为太子，千秋万岁之后，配食太庙，承继无穷；立侄，还没有听说过侄为天子，而祔姑于太庙的先例。"武则天说："这是我们的家事，卿就不要再参与了。"狄仁杰驳斥说："天子以四海为家，四海之内都是陛下的子民，请问哪些事不是陛下的家事？君为元首，臣为股肱，本来就是同一体，何况臣备位宰相，岂能不过问立嗣这样的大事？"狄仁杰多次不厌其烦地对武则天进行劝说，并劝她尽早召回庐陵王，以便母子团聚。与此同时，大臣王方庆、王及善等人，也出面劝说。在众人的开导下，武则天的态度逐渐有所改变。

实际上，李昭德在这之前也向武则天做了大量的工作，他说："天皇，陛下之夫；皇嗣，陛下之子。陛下有天下，应当传之于子孙，以为万代之业，哪有以侄为后嗣的道理？自古未闻侄为天子而为姑母立庙的事，何况陛下受天皇之托，如果以天下让于武承嗣，则天皇（指高宗）不得血食了。"所谓"血食"，是指以牛羊、食品祭祀。在这里李昭德以夫妻之情对武则天进行劝谏，狄仁杰则以母子之情来感化她，并且不约而同地都提出了当时人非常重视的立庙与祭祀问题。武则天是有神论者，又是虔诚的佛教信徒，佛教宣传来世、轮回等学说，因此以上这些话很能打动她的心，加上狄、李等人动之以夫妻、母子之情，这样就使她不能不认真地对待这些意见。李昭德清楚地知道仅靠这些话还不行，还必须动摇武则天对武承嗣的信任感，他利用武则天多疑的心理，向她秘密进言说："魏王承嗣权太重。"武则天认为自己的内侄，委以腹心之任没有什么不放心的。李昭德进一步地分析道："侄之于姑，其亲何如子之于父？子犹有篡弑其父者，况侄乎！今承嗣既陛下之侄，为亲王，又为宰相，权侔人主，臣恐陛下不得久安天位也！"这一席话深深地打动了武则天，她说："朕未之思。"不久，罢去了武承嗣的宰相之职。此后武则天还任用过武承嗣充任宰相，但仅月余，就又罢去相位。武承嗣既失去权位，又争当太子无望，后来竟忧郁而亡。

　　狄仁杰、李昭德等一大批正直朝臣反对以武氏子弟为皇位继承人，虽然主要是出于维护李唐王朝的根本利益，但是武氏子弟的确多不成器，不足于承继大统，也是不少朝臣反对他们为皇位继承人的一个原因。

　　有关诸武劣迹的记载，打开史册比比皆是，如果说旧史臣有偏见或曲笔现象的话，何以有关这一时期历史的野史、笔记也是如此记载？看来问题并不在撰史者方面。只需将诸武的行为略作叙述，就可以清楚地看出当年武则天最终为什么放弃立武氏子弟为继承人的原因之所在了。

　　首先说一下争当太子最积极的武承嗣、武三思两人的表现。天授元年（690），武则天即大周皇帝位，武承嗣、武三思势力正盛，目空一切，不可一世，朝中宰相皆不敢怠慢。这年春一月，宰相韦方质患病，

明察秋毫

狄仁杰

二武前往府上看视，韦方质卧床不起，无法见礼。当时有人劝他挣扎下床，韦方质认为生死有命，"大丈夫安能曲事近戚以求苟免乎！"数日后，果然被诬陷流放岭南，籍没家产，说明二武气量狭窄，不能容人。

右司郎中乔知之有一妾名碧玉，美貌善歌舞，有文华，乔知之珍爱异常，竟为之不婚。武承嗣知道后暂借以教自己的姬妾，遂留而不还。乔知之思念碧玉，却不敢向武承嗣讨回，作《绿珠怨》诗捎给碧玉，以诉别离之情。碧玉读诗后，三日不食，流涕不止，投井而死。武承嗣从碧玉尸体裙带中搜得诗稿，大怒，指示酷吏诬告，诛杀乔知之全族之人，这是武承嗣贪色残暴、草菅人命、仗势欺人的表现。

依仗权势、欺压别人的人，往往奴性更足，一旦遇到比自己更有权势者，这种奴性便充分地表现出来。张易之、张昌宗兄弟得势时，武承嗣、武三思、武懿宗以及其党宗楚客、晋卿等人，皆等候于二张门庭，"争执鞭辔"，完全不顾朝廷大员的体面。他们还称张易之为五郎，张昌宗为六郎，以讨好二张。唐代习俗，门生、家奴称其主为郎。这是诸武品格低下的表现。

武承嗣等人政治上没有任何建树，唯知上尊号以讨好武则天，欲使她立自己为太子。如长寿二年（693）九月，武承嗣等5000人上表请加尊号金轮圣神皇帝，武则天御万象神宫，受尊号，"作金轮等七宝，每朝会，陈之殿庭。"长寿三年五月，武承嗣又动员了2.6万余人，规模更大地向武则天上尊号，称之为越古金轮圣神皇帝。武则天为此大赦天下，改元延载。

武承嗣大上尊号以求宠，武三思自然不甘落后，他另辟蹊径，想出了铸造天枢的主意，于这年九月动员四夷酋长与自己共同上表，请求铸铜铁天枢，"铭纪功德，黜唐颂周"。由于工程浩大，诸胡聚钱百万亿，所买铜铁仍不够用，于是，"赋民间农器以足之"。唐代一直存在着铜钱流通不足的问题，造成这种现象的原因之一，就是铸钱铜材缺乏，铸造天枢消耗大量铜材，无疑加剧了铜钱流通不足的状况，使"钱重物轻"的现象更加严重。销民间农器铸造天枢，将影响农业生产的发展。诸武以上举动是其政治上低能的表现，完全无视国计民生地大搞此类浮华虚无的活动，有百害而无一利。

武承嗣、武三思如此状况，其他武氏子弟又如何呢？稍举数例，即可见其一斑。

建昌王武攸宁是武则天伯父武士让之孙，曾一度充任过宰相，在武氏子弟中是权位较重者之一。此人任宰相期间未见丝毫政绩，然剥削百姓、聚敛钱财却颇有其能。他另置勾使，越过地方官员，直接向百姓"法外枉征财物"，百姓破家者十之七八，无法诉冤，"吁嗟满路"。又建大库200余间，以贮藏聚敛所得之财物，失火被烧，不剩一钱。百姓称快，皆说武攸宁多行不义，人怨天怒，故降天火烧之。

河内王武懿宗生性残忍，曾大肆杀戮河北无辜百姓。其实他诛杀的王公大臣为数也不少，旧史说："其险酷虽周、来等不能继也。"此人不仅好杀，也很贪财。有一次武则天在宫中举行内宴，正在快乐之际，武懿宗突然跳起来说他有急事上奏，武则天大惊，忙问是何事如此惊慌，武懿宗回答说："臣以前封邑赋税都是由本府官吏自征，近日又规定由地方州县代为征收，折损很大。"武则天一听怒气上升，斥责说："朕与诸亲饮宴正乐，你是亲王，却为数百封户这些小事几乎惊杀朕。据此看来，你的确不堪称王。"喝令将武懿宗曳下，武懿宗连忙免冠拜伏谢罪，诸武也出面求情，武则天这才没有治他的罪。

诸武如此行径，为正直朝臣所不齿，武则天也深知他们不孚众望，无德无才，她之所以还有立武氏子弟为太子的想法，主要是从血缘方面考虑得多了一些，幻想武周政权能够延续下去。但是她也深深地知道武氏家族的社会基础及影响远远不能和李唐皇室相比，在广大臣民的心目中，武周政权不过是唐太宗、高宗所遗留的政权的继续。在自己健在尚能驾驭局面时，反对武氏的势力尚且如此顽强，自己欲立武氏子弟为后嗣的阻力竟然这样大，而且武氏子弟中确也难以选出一位深孚众望的人物，一旦自己"千秋万岁"之后，局面将不堪设想。如果按照狄仁杰等朝臣的意见，仍然选李氏子弟为皇位继承人，那么自己创建大周政权又为何来？此外，李武两个家族的矛盾又如何调和？这些问题都深深地困扰着这位女皇帝。

圣历元年（698），争夺太子之位的斗争达到了白热化的程度，双方都在做最后一搏。武承嗣、武三思不断请人向武则天进言，力劝她立武氏子弟为继承人；支持李唐皇室的朝臣通过各种途径，采取各种方式极力阻止武氏企图得逞，劝告武则天接回庐陵王李显。

以狄仁杰为首的朝臣们为什么要极力主张接回庐陵王呢？从当时的情况看，李旦虽为皇嗣，那是武则天的权宜之计，从她欲以武氏子弟为太子的打算看，说明她无意以李旦为继承人，只不过把他作为一个过渡性人物。从立嗣以长的传统看，庐陵王年长，并且是唐高宗生前选定的继承人，又曾当过皇帝，社会影响力要远远大于李旦。李显又是从皇位上被赶下台的，并幽禁于偏僻的房州（今湖北房县），悲惨的境遇更易使人同情。无论是徐敬业起兵，还是契丹、突厥的军事侵扰，无不以匡复庐陵王为辞，在广大臣民的心目中，庐陵王似乎也是李唐皇室的象征。正因为这样，狄仁杰等朝臣才力劝武则天接回庐陵王，只要这个目的达到，就等于宣告诸武营求太子之位的失败。此外，洛阳仅有李旦一人，显得势薄力单，接回李显也可以起到"强李氏，抑诸武"的显著作用。

这个时期的武则天，在狄仁杰、李昭德等一批朝臣的极力劝说下，已经动摇了立武氏子弟为太子的决心，但尚未最后做出决断。狄仁杰瞅准了这个时机，加紧了对武则天的工作，想尽快促使她下定接回庐陵王的决心。有一天武则天召狄仁杰入宫，对他说："朕昨夜梦见与人双陆，屡次不能取胜，不知什么原因？"狄仁杰回答说："双陆不胜，原因是宫中无子。这是上天之意，借此以提示陛下，应早日确定皇位继承人，不可使太子之位长期空虚。"双陆博局有宫，宫中无子则不能取胜，狄仁杰巧妙地利用双陆博局，又一次劝谏武则天接回庐陵王。古人通常都很迷信，认为梦中所遇事物往往都与现实有密切关系，狄仁杰正是利用了武则天对梦境的深信不疑，促使她向有利于自己目的的方面转化。又过了数日，武则天梦见一只大鹦鹉，羽毛丰满，但两翅俱折。她询问宰相们此梦主何征兆，众人皆不敢言，只有狄仁杰站出来说："鹉者，陛下姓也，两翅折，陛下二子庐陵、相王也。陛下起此二子，两翅全也。"当时武承嗣、武三思都在场，闻听此话，顿时面红颈赤，十分气愤，但又无可奈何。契丹孙万荣率军围攻幽州（今北京西南）时曾发布檄文，其中有"何不归我庐陵王"之语。显然孙万荣也在利用匡复庐陵王的名义，以使自己的起兵更具有合理性和欺骗性，煽动人们对武氏统治的不满。孙万荣打庐陵王这张政治牌，使武则天很难应付，这对促使她迎回庐陵王也有一定的积极作用，因为她要争取政治上的主动，就只能接回庐陵王，以消除别人再借以反叛的口实。于是，她决定接受狄仁杰的建议，把李显一家接回洛阳，彻底打消了立武氏子弟的想法。

需要强调的是，促使武则天转变态度还有一些其他因素，也不能忽略。吉顼与张易之、张昌宗都在控鹤监供职，相互之间关系十分亲密。吉顼与诸武之间有些矛盾，自然不愿看到他们将来据有天下。此外，这个人十分精明，他看到庐陵王被接回基本已成定局，不愿功劳被别人占去，为了将来能捞取更大的政治利益，他决定利用二张与武则天的特殊关系，尽快促成此事，于是，他对二张说："公兄弟贵宠如此，不是凭功劳和德行获得的，天下人对此多有不满，如果再不抓住时机建立大功，将何以自全？我时常为你们担忧！"二张本来就是毫无政治见识的庸人，一听吉顼此话，顿时不知所措，流着眼泪向吉顼请教自安之计。

明察秋毫

狄仁杰

吉顼等待的就是这个时机，于是郑重地对他们说："天下士庶没有忘记唐朝，都想匡复庐陵王。陛下年事已高，社稷大业终要有人继承，武氏诸王不为陛下所看重，公何不劝陛下立庐陵王，以系天下士庶之望。如果办好此事，不但能够免祸，也可以长保富贵。"二张认为吉顼说得有理，于是数次向武则天进言，劝她早日接回庐陵王。武则天知道二张所为是出于吉顼之谋，便召见吉顼，直接询问他的意见。吉顼又向武则天详尽地分析了此事的利害关系，力主早日接回庐陵王，"太后意乃定"。

吉顼，洛州河南（今河南洛阳）人，进士出身。他的父亲吉哲任易州（今河北易县）刺史时，因受贿将要处以死刑，吉顼为救其父性命，去见武承嗣，说他有两个妹妹愿意献给武承嗣充姬妾。武承嗣大喜，遂上表请求宽贷吉哲死罪。箕州刺史刘思礼谋反，吉顼出面告发，由此得以升任右台御史中丞。吉顼为人机警，生性阴狠，但敢言事，办事干练，深得武则天的信任。酷吏来俊臣欲独揽大权，竟然诬告武氏诸王与太平公主，引起这些权贵的极大愤恨，在他们的共同攻击下，来俊臣一败涂地，被捕下狱。司法部门审讯后，判为死刑，上奏武则天，三日不见敕下，群情疑惧。宰相王及善认为这次如不能除去来俊臣，日后必留大患。武则天游于御苑之中，吉顼牵马同行，武则天遂问他宫外最近有何事发生。吉顼说臣民对不批准来俊臣死刑感到失望。武则天认为来俊臣有功于国，似不应死罪，故此犹豫不决。吉顼说："当年于安远告发虺（李）贞谋反，不久果然造反，直到今日也不过是州司马。来俊臣诬告良善，贪赃受贿，财积如山，杀人无数，冤魂塞路，乃是国之贼也，处死他有何可惜！"武则天认为有理，遂下决心处死了来俊臣。吉顼因得罪武懿宗，被贬到地方任职，后死于贬所。中宗即位后，并不知吉顼在迎立他为太子时的作用，因而没有任何表示。直到睿宗即位时，才搞清了这个情况，于是下诏追赠吉顼为御史大夫。吉顼在诛杀来俊臣上发挥的作用，也得到后人的好评。但对他趋炎附势、阴险狡诈的行为，也多有批评。司马光认为吉顼力促迎庐陵王的目的与狄仁杰有很大的不同，吉顼是为了一己之私利，想捞取政治上的好处；而狄仁杰则是为了匡复唐室，为唐朝社稷着想。

圣历元年（698）三月，武则天派职方员外郎徐彦伯前往房州，以接庐陵王及妃、诸子到洛阳治病的名义，秘密将他们一行人接回洛阳，当时朝廷百官及武氏诸王皆不知晓。庐陵王入宫后，武则天坐一小殿之上，垂帘于面前，外人都不知帘后藏有谁，然后召狄仁杰入宫，对他说："以前所议之事，确非小事，朕反复思考，觉得卿所言有理，但忠臣事主，必须一心一意，岂能存有他心。今日请卿再来商议，天下之位全系卿一言，可朕之意则两全，不可朕心则诛杀不赦。"武则天意在最后试探狄仁杰的态度。狄仁杰并没有被这一番话吓倒，仍然坚持要立庐陵王为继承人，他说："以臣所知，天下之位乃太宗皇帝之位，陛下岂能得而专有！太宗平定天下，就是为了子孙能够继承社稷，岂是为了武三思等人！陛下身是大帝（指高宗）皇后，大帝患病，令陛下暂时监国；大帝崩后，天子之位应归大帝嫡子。陛下取得帝位，十有余年。今日商议皇位承继之事，理应归于李氏子孙，岂可更生异议！"狄仁杰慷慨陈词，说到激动之处，"言发涕流"。武则天见狄仁杰如此激动，也触动了母子之情，不觉呜咽流涕，命左右卷帘，上前手抚狄仁杰之背，大声地说："卿非朕之臣，是唐社稷之臣！"命人唤出庐陵王，并对狄仁杰说："还卿储君。"狄仁杰没有料到李显已回到洛阳，喜出望外，急忙拜伏称贺。武则天回头又对李显说："拜国老，今日国老与尔天子！"狄仁杰免冠顿首，"涕血洒地"，左右扶持，"久不能起"。狄仁杰又奏请说庐陵王还都，外人并不知晓，只知他久在房州，如果今日不是亲眼所见，也不敢相信，突然公布已在神都，臣民疑虑，难辨是非。于是，武则天命庐陵王暂住洛阳南龙门石像驿，于三月二十八日这

明察秋毫

狄仁杰

一天，命百官具仪仗将庐陵王重新迎回洛阳宫中。

庐陵王李显回到洛阳，虽未马上册立为太子，但实际上已标志着李、武争夺太子之位的斗争以武氏子弟的彻底失败而告结束，剩下的事就是如何妥善处理皇嗣李旦的问题，使李显能够顺利恢复天子继承人的地位。

复立太子，匡复唐室

唐高宗的第八子李旦，也是武则天亲生的最小的儿子。中宗被废后，武则天立他为皇帝，但却连一天朝政也没有执掌过，被安置别殿，不能与朝官相见。武则天建立大周政权，登上帝位后，便把他降为皇嗣，安置在东宫，只是名义上的皇位继承人，实际却是朝不保夕，整日提心吊胆，在软禁他的东宫中过着与外界隔绝的凄苦日子。

其实，对李旦一家来说，其境况也不是一下子就降到冰点，而是随着政治局势的变化，一步步地走向下坡路。垂拱二年（686）正月，武则天执政将近两年，却突然下诏让李旦亲政，李旦知道这不是出于其母的真心，怕重蹈兄长李显的覆辙，上表推让，于是武则天便又心安理得地再次临朝称制。大约是出于对李旦推让的回报，不久，武则天使封李旦之子李成美为恒王，李隆基为楚王，李隆范为卫王，李隆业为赵王。这一时期的李旦还不十分成熟，看到其母对自己一家还不错，竟然试图过问朝政，结果碰了一个大钉子，并断送了一个宰相的性命，这才使他醒悟了许多。垂拱三年五月，宰相刘祎之私下对凤阁舍人贾大隐说："太后既然废昏立明，就没有必要再临朝称制，不如还政于天子，以安天下之心。"谁知这个贾大隐却将此话密奏于武则天，武则天认为刘祎之是她一手提拔起来的，竟然敢于背叛自己，因而十分生气，遂指使人诬告刘祎之受贿，将他免官治罪。李旦得知此事后，便上疏为刘祎之申诉。李旦的不成熟就表现在这里，刘祎之所说的废昏立明，指的就是武则天废李显立李旦这件事，并希望武则天能还政于李旦。此事本来就已涉及李旦，聪明的选择当然是回避不过问，李旦虑不及此，只能是促使刘祎之早死。当李旦的上疏传出后，亲友们都向刘祎之祝贺，刘祎之说："这只能促使我速死，别无用处。"刘祎之早在高宗时为北门学士，与武则天过从甚密，深知她的禀性。果然不幸为刘祎之说中，武则天接到李旦的上疏后不久，就将刘祎之赐死于家中。李旦的这个举动不仅使刘祎之送命，同时也引起武则天对他的猜疑与不满。

　　武则天即位后，遂把李旦软禁起来。长寿二年（693）正月初一，武则天在万象神宫举行了盛大的祭祀活动，她自己执镇圭为初献，以魏王武承嗣为亚献，梁王武三思为终献。她自制了"万象神宫乐"，仅舞者就动用了900人，可见规模之大。她用武承嗣、武三思为亚献、终献，这就标志着在这一时期她已倾向于以武氏子弟为皇位继承人，李旦的地位岌岌可危。在以前的此类活动中都是以李旦为亚献、李旦长子李成器为终献，比如永昌元年正月初一，大享万象神宫时就是如此。

　　这件事情过去没多久，武则天又把李旦的正妃刘氏与德妃窦氏召入宫中，同时处死，埋于宫中，后来连遗骨也没有找到。刘氏在李旦被立为皇帝时，也被立为皇后，地位非一般妃嫔可比。德妃窦氏为唐高祖的皇后窦氏的族曾孙女，唐玄宗的亲生母亲。武则天杀死两人是因宫婢团儿告密，说刘氏与窦氏搞厌呪活动，其实这完全是子虚乌有之事。李旦的二妃入宫后失踪，这次他学乖了，不敢询问，在武则天面前容色自如，好像根本就没有发生过什么事一样。

　　之后不到一月，武则天又将李旦的几个儿子爵位统统降为郡王，李成器本为皇太子，武则天称帝时降为皇孙，此时又降为寿春王，李成义

明察秋毫

狄仁杰

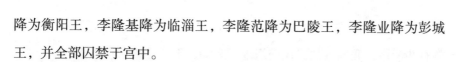

降为衡阳王，李隆基降为临淄王，李隆范降为巴陵王，李隆业降为彭城王，并全部囚禁于宫中。

其实，对李旦来说，这一段时间可谓灾星屡见，在妻妾被杀、诸子被贬后不久，他本人也险遭酷吏毒手。武则天为防范李旦，规定公卿未经她同意不得私见皇嗣。前尚方监装匡躬与内常侍二人未经允许，私下看望了李旦，此事被人告发后，武则天遂下令将二人腰斩于市。自此以后，公卿大臣以下都不敢与皇嗣相见，李旦实际上已经沦为高级囚徒，境况更加凄惨。祸不单行，这时又有人诬告李旦有异谋，武则天便命令大酷吏来俊臣追查此事。来俊臣把李旦左右之人抓来，严刑逼供、残酷拷掠，太常乐工安金藏对来俊臣说："公既不相信安金藏之言，我可以剖心以证明皇嗣没有谋反意图。"于是安金藏用利刃自剖其腹，五脏毕出，流血满地，惨不忍睹。武则天得知此事，急命医生救治，将五脏放入体内，用桑皮线缝合伤口，敷以良药，安金藏得以侥幸不死。安金藏的义举震动了武则天，也使朝野上下大为震惊，武则天亲自看望了安金藏，并感叹地说："吾有子不能自明，使汝至此。"遂下令命来俊臣停止推问，李旦由此幸免于难。

由于以上缘故，李旦自知不为其母所爱，能保住性命已属不易，何敢祈望为皇位继承人。当其兄李显从房州回到洛阳后，李旦就已清楚自己应该怎么办，何况立嫡以长也是自古以来的准则。于是他屡次请求逊位于庐陵王，态度十分坚决，武则天慎重考虑后，接受了他的请求，改立李显为皇太子，封李旦为相王。

圣历元年九月十五日，在李显回到洛阳半年后，举行了隆重的册封皇太子大典。

按照当时制度，举行册立大典前，有司要选定吉日，并要告于天地、太庙。武则天曾在洛阳置唐高祖、太宗、高宗三庙，建立武周政权后，在洛阳置武氏七庙，称为太庙，原唐朝太庙改称亨德庙。因此，这次册立太子只能告于武氏太庙。册立的是李唐子孙，却告于武周太庙，颇有些滑稽，假如真的武氏先祖地下有知，不知是悲是喜，作何感想？

参加册立太子大典，皇帝要服衮冕之服。冕的形状像西方学者获得学位时戴的"一片瓦"，不过冕的布板是长方形而不是正方形，宽1.2唐尺，长2.4唐尺，前后两端各垂白珠12串，称之旒。冕用金玉装饰，十分精美豪华。衮指皇帝的礼服，唐代的衮为"深青衣纁裳"，即黑色的衣，绛色的裳（古人把衣服的上身称为衣，下身称为裳）。唐代的袍服衣裳不分开，是相连的，于是唐太宗贞观五年（631）规定，凡袍服均在当膝处加一道横缝，以取上衣下裳的象征。衮共有12种图案，其中衣占8种，裳占4种，这些图案是日、月、星辰、山、龙、雉、火、虎、水草等。其中衣的图案是画的，裳的图案是绣上去的，以象征天地之色。靴为复底，加金饰。

这一天皇太子着远游冠，冠上有三道纵梁，金支架，上施珠翠，犀簪导（发笄），绛纱袍，红裳，白纱中单（指外衣与内衣之间的衣服），白袜、黑色复底靴。

十五日凌晨日出前两刻，李显升坐红色的装饰有金色鸟兽图案称之为金辂的车子，上有黄盖，前有仪仗，左右有诸卫率将士侍卫，东宫文武官员身着礼服乘车相随，浩浩荡荡向宫城开进。到达应天门外横街时，乐声停止，李显下车走到预先设置在横街之南的座位前，面北而坐。这时应天门内外已排列好各种仪仗，诸卫将士、文武百官、皇室宗亲、各国各族使者都已齐集于朝堂，站在事先划定的位置上。纳言狄仁杰大喊："请中严！"侍卫之官及符宝郎奉宝，奉迎太子入宫门，在太子舍人的导引下，李显来到含元殿外位东面西而立，身边有三师三少、诸卫率、舍人等东宫文武官员。狄仁杰奏曰："外办！"于是武则天身着衮冕之服，乘御舆而出，这时太乐令命人撞响黄钟，乐队演奏"太和之乐"，洛阳宫中一片肃穆气氛，武则天在含元殿正面御座面南坐定后，乐声停止。然后由舍人引李显进入殿中，这时乐队奏响"舒和之乐"。当李显走到预先设置在朝堂东面的位置，面西而立时，乐声停止。在典仪官的唱喝声中，李显先行跪拜之礼，然后百官行礼。内史王及善接过凤阁侍郎送来的册，大声称："有制！"李显叩拜，王及善宣读册文完毕后，李显再拜，接过册交给左庶子。凤阁侍郎又把太子玺绶交给王及善，由王及善授予李显，李显接过后又交给左庶子。典仪又呼："再拜！"李显拜完，接着百官又拜。这一套仪式结束后，太子舍人引李显退出大殿，乐声又一次奏响，等皇太子出宫门后，乐声才止。狄仁杰跪奏曰："侍中臣狄仁杰言，礼毕。"武则天乘舆回内宫，"太和之乐"再度奏响，钟鼓齐鸣，等皇帝走后，百官才在通事舍人的导引下依次而出。

至此，繁琐的册立皇太子大典结束，李显度过了14年的流放生活后，再度回到了东宫。18年前即永隆元年（680），他已经被册立为皇太子，此次是二度被册立为太子，一生两次当太子，对李显来说既幸运又不幸。生活就像一个无形的圈子一样，经过了18年，又回到了原地，对李显来说无疑是开了一个很大的玩笑。不过此时的李显正在诚惶诚恐之时，大概还不敢诅咒生活。

临终遗言，心系李唐

神龙元年（705），张柬之等人利用武则天病重卧床不起之机，发动政变，推翻了武周政权，拥皇太子李显即位，重新恢复了李唐政权。这一事件虽然是在狄仁杰死后将近5年才爆发的，由于政变集团的主谋几乎都是狄仁杰的门下桃李，狄仁杰临终时又表达过匡复唐室的愿望，所以这一事件历来被后人视作其门下之人秉承狄公遗愿的大举动。狄仁杰也被视为再造唐室的功臣，千古以来受到人们的颂扬。

圣历元年（698）迎回庐陵王并立为皇太子，对于狄仁杰来说无疑是一件十分欣慰的事，恢复大唐统治已不是很遥远的事了。但是狄仁杰深知自己年老多病，欲想在有生之年看到这一盛举是不可能的，于是便把希望寄托在自己的门人身上。有一次退朝之后，狄仁杰对张柬之、桓彦范、崔玄㬀、袁恕己等5人说："所恨衰老，身先朝露，不得见五公盛事，冀各保爱，愿尽本心。"5人对这一番话自然心领神会，知道狄仁杰所指何事。久视元年（700），狄仁杰病重，张柬之等5人前往探视，坐了很长时间，竟未说一句话，只见狄仁杰流泪不止，连枕头都湿了，仍与诸人相互对视，默默无语。5人从狄仁杰寝室退出后，都猜不透狄公悲伤的原因何在。袁恕己猜测说："是不是狄公自感气力转衰，来日无多，欲安排家事？"张柬之不同意这种看法，说："没有听说有大贤不顾国事而先谋其家事的。"一会儿，家人过来请张柬之、袁恕己、桓彦范3人入内，敬晖、崔玄㬀立于门外。狄仁杰对他们说："刚才我没有说话，主要是因为敬晖、崔玄㬀二人在场。此二人能决断大事，但不善保守秘密，如果先与他们商议，有可能泄露出去，这将造成大事无望而家先亡。但是时机成熟而不和他们通力合作，事情也不能成功。"接着狄仁杰又进一步交代说："欲举大事，必须先除去武三思，不然，则必生大祸。"以上这段记载出自于李邕所撰的《狄梁公传》。李邕与张柬之等人关系密切，又一同在洛阳任官，所以他的记载应当是可信的。不过李邕毕竟是一个文学之士，缺乏史家的严谨态度，记事不免有夸张之处，且文学色彩过浓，反倒使人有时不免对其所述之事产生疑虑，下面所述之事就是一例。

在狄仁杰死后一年左右，张柬之等5人秘密聚会，谈起狄公当年之言，5人重结盟约。酒饭之后，准备商议如何举事，众人互相对视，相顾欲言，又觉时机尚不成熟，不提此事又感到时间一天天地过去了，恐辜负了狄公期望，因而欲言又止，犹豫不决。最后还是桓彦范先开口，话未说完，忽听窗外声若雷霆，风雨骤起，天昏地暗，咫尺莫辨。5人胆战心惊，不知所措，于是他们相谓而言："此是狄公忠烈之至，假以灵变以惊众心，不欲吾辈先论此事，未至其时，不可复言也。"一会儿，天晴日明，恢复了先前平静的状态。狄仁杰死于久视元年九月，次年十月，武则天离开洛阳驾临长安，以韦巨源为神都留守，全面负责洛阳各项事务。张柬之等5人聚会当在此时，他们可能认为武则天离开洛阳，百官从驾，正是举事的大好时机，所以聚会商议此事。大约意见不统一，有人认为"未至其时"，正好那日遇到风雨，便假借狄公警示否定了冒险举事的意见。李邕能知此事，当是后来政变成功后出自5人中某人之口，绝不至于凭空编造，只是经李邕以文学笔法记述，遂给人以一种神异的感觉，这样就不免降低了该书的可信度。

狄仁杰临终时的遗言，与他平时一贯的谨慎作风完全一致，应该是可信的。他要求举事时必须先除掉武三思，并不是能预知武三思后来反倒除掉了张柬之等5人，而是自从武承嗣死去后，武氏诸王中以武三思权位最高，影响最大，除掉武三思可以减少政变阻力，有利于李唐政权的恢复与巩固。只是李邕在《狄梁公传》中将此事搞得神秘化了，致使司马光认为其语言怪谲无稽，附会其事，从而全盘否定了该书的史料价值。

《狄梁公传》说："易之等既诛，袁谓张公曰：'昔有遗言，使先收三思，岂可舍诸？'张公曰：'但大事毕功，此是机上之物，岂有逃乎！'后梁王（指武三思）交通于内，五公果为所潜，俱遭流窜。所期兴废年月，遗约轨模少无异也。"说狄仁杰能预知李唐统治一定恢复是可信的，因为李显已经被立为太子，不论采取何种方式，恢复帝位都是早晚的事。但是说他甚至能预知恢复的年月，则是李邕的夸大之词，难怪司马光认为怪诞无稽了。

　　然而该书关于袁恕己提醒张柬之应该遵照狄仁杰的遗言杀死武三思的记载却是可信的。实际上政变之时提出此议的不仅袁恕己一人，洛州长史薛季昶曾对张柬之、敬晖提出过此事，二人回答说："大事已定，彼犹机上肉耳，夫何能为！所诛已多，不可复益也。"不听。朝邑尉刘幽求当时也在洛阳，也对敬晖、桓彦范提过此事，仍没有听取。如此之多的人都能预料到武三思以后必不利于发动政变者，以狄公之智略，如何不会预先料知此事？那么，为什么张柬之等不肯对武三思下手呢？是否因武三思尚有实力，一时还无法对他采取断然措施呢？事实上不存在这个情况。试想当张柬之等人在李氏家族支持下，掌握禁军，控制了洛阳局势，连当时的皇帝武则天都不能自保其位，何况武三思等辈。如果他们果有此实力，为何不行动力保武则天而坐视她被人废黜？因此，在那个特定的时间内，张柬之等人欲诛武三思不过举手之劳而已。既然如此他们为何没有采取这个行动呢？关于这个问题，史书上有明确记载。

明察秋毫

狄仁杰

狄仁杰墓

中宗即位后，张柬之、桓彦范等屡次劝中宗诛杀诸王，中宗不听，"柬之等或抚床叹愤，或弹指出血，曰：'主上昔为英王，时称勇烈，吾所以不诛诸武者，欲使上自诛之以张天子之威耳。今反如此，事势已去，知复奈何！'"原来他们不杀诸武并非当时力不能逮，而是想留给中宗去做这件事，以张扬天子之威，伸天下之正气，这种想法是难能可贵的。王夫之对张柬之等人的这一行为有很高的评价，他说："以斯言体斯心，念深礼谨，薄一己之功名，正一王之纲纪，端人正士所由异于功名之士远矣。"他还对那些嘲笑张柬之不能采纳薛季昶、刘幽求之言的评论者进行了辛辣的嘲讽，认为"其愚不可及也"。

王夫之认为唐朝多能臣而少"端士"，张柬之等人就是这样的"端士"，所以更显得难能可贵。

还有这样说狄仁杰的临终遗言的：当时，狄仁杰仅仅把张柬之叫到自己的家中，张柬之面对十分苍老消瘦的狄仁杰，他一时喉头发涩，难以言声，对他来说，深知这次狄仁杰叫他，是嘱咐最后的大事了。

两位至交说话，一开始便进入正题：

"你不用难过，死生有命，原也是常事。只是我已看不到那一天，你老成深算，精明干练，全托付于你了！"

"朝廷的形势能有今天，全赖狄公巧为安排，柬之当不负重托，相机行事。可是太子性情柔弱，我仍有顾虑。"

"这可以强行其事，只要到时生米做成熟饭，他也不会太难为的，对付二张，不用缚鸡之力，重要的是削弱诸武的兵权！"

"武后看起来身体还很硬朗，我恐怕如果狄公一走，她会不会改变主意，比如说立武三思为太子？"

"她比我大几岁，老而爱子，想还不至于那样多变，以二张兄弟控制诸武，这是策略。"

狄仁杰在与张柬之密谋一番以后，没过几天，便因病与世长辞。

其实，狄仁杰临终遗言到底是怎么说的，从张柬之等人匡复唐室这件事，除司马光外，唐人对此深信不疑，吕温、冯宿、杜甫、令狐楚等，无不如此，宋人中欧阳修、范仲淹也持这种看法。《新唐书》卷115《朱敬则传》赞曰："仁杰蒙耻奋忠，以权大谋，引张柬之等，卒复唐室，功盖一时，人不及知。故唐吕温颂之曰：'取日虞渊，洗光咸池。潜授五龙，夹之以飞。'世以为名言。"这段话很清楚地表明《新唐书》的撰者宋祁、欧阳修对此事的态度。

一代名臣，光耀千秋

狄仁杰的一生，是清正廉明、爱护百姓、忠心耿耿的一生，尤其是他迎立中宗，荐引五公，终于匡复唐室的壮举，赢得了人们普遍的赞誉，他的不凡事迹千百年来得到了广泛的传播。

在唐代自中宗以来，狄仁杰就受到历代皇帝的褒奖。中宗即位后，追赠他为司空。唐睿宗李旦与狄仁杰基本是同时代的人，他耳闻目睹了狄仁杰许多事迹，对他十分敬佩，曾当着狄仁杰之子狄光嗣的面赞扬狄仁杰忠于王室，并追封梁国公。唐玄宗虽然年轻一些，狄仁杰在朝中辅政时，他还是一位少年，尽管还不大懂得政治，但忠臣与奸臣的概念还是有的。在他执政的开元时期，李邕所撰的有关狄仁杰的传记广泛流传，加上与狄仁杰同时代的一些老臣仍然健在，如姚崇等，所以他对狄仁杰的事迹并不陌生。为了褒奖狄仁杰忠于李唐皇室的行为，他于天宝六年（747）正月下令将狄仁杰配享于中宗庙。唐德宗建中元年（780）十二月，重新确定自唐高祖武德以来的功臣等级，根据"名迹崇高，功效明著"的原则，分为上下两等，狄仁杰与唐初功臣房玄龄、杜如晦、魏徵、王硅、马周等，同被列为上等。唐宪宗元和二年（807）七月，录功臣之后，狄仁杰的玄孙狄玄（元）范被授为右拾遗。文宗大和二年（828）六月，又一次录功臣之后，狄仁杰因"恢复庙社，事形先觉"的功绩，使其另一玄孙狄玄（元）封得到县尉的官职。唐朝历代皇帝对狄仁杰的褒扬，是他们对狄仁杰勤政爱民、匡复唐室的不凡功绩的认可与肯定，这些都是见之于史册的记录。狄仁杰在受到官方赞誉的同时，也受到广大百姓的爱戴与颂扬，这一切虽然没有被正史或官方文献所记载，但百姓们以自己独特的纪念方式，仍然使这些情况得以流传下来。

对于古代的百姓来说，他们颂扬和纪念自己所爱戴的人的最常见方式，就是修建祠堂、庙宇，四时祭祀。和官方不同的是，老百姓颂扬狄仁杰并不是因为他迎立太子、匡复唐室，而是因为他勤政爱民，发展生产，使百姓能够安居乐业。狄仁杰仕途上的大部分时间都是在各地担任地方官，他每到一地，造福一方，几乎他任官的各个地方都有百姓为他修建祠堂，不仅在唐代如此，而且这些地方的历代百姓都十分缅怀这位爱民如子的历史人物，世代为他修葺祠堂。由于时代久远，很多情况今天已不易搞清楚了，就我们现在所能了解的情况看，也足以使人激动不已，感慨万分。

江南西道的彭泽县（今江西彭泽东北）是狄仁杰遭到酷吏诬陷打击后，于长寿元年（692）被贬到这里担任县令的。他在这里共担任了4年县令，减免赋税，赈济灾荒，发展生产，为当地人民做了大量的好事。为了颂扬狄仁杰的功德，百姓们为他修建了祠堂。直到唐朝末年，诗人皮日休游彭泽时，仍听到当地百姓传颂狄仁杰的事迹，使诗人感慨万分，遂欣然为狄公祠堂撰写了一篇碑文，并镌石以为永久纪念，这篇碑文至今仍然存在。宋代政治家、文学家范仲淹被贬鄱阳（今江西鄱阳），又移官丹徒（今江苏镇江）时，途经彭泽，曾专门拜谒了狄公祠，并撰写了一篇长达2000多字的碑文，表达了他对这位前代贤臣无限敬仰的心情，历述了狄仁杰一生的主要业绩，给予了很高的评价。

魏州（今河北大名东北）也是狄仁杰任过职的一个地方。万岁通天元年（696）五月至神功元年（697）六月，狄仁杰在这里任刺史仅一年时间，但千百年来获得了当地人民的永久纪念。神功元年，狄仁杰离任后，魏州百姓就为他修建了生祠，后来他的儿子狄景晖在当地任官时，贪暴不法，人们遂毁去他父亲的生祠。唐玄宗开元十年（722）十一月重建，李邕为此专门撰写了《狄梁公生祠记》，以记其事，由张廷珪书写立碑。安史之乱时，这座祠堂毁于战火。元和中，魏博节度使田弘正归顺朝廷，奏请重建狄仁杰祠堂。元和七年，田弘正咨询于当地耆老，找寻到祠堂旧址，遂在原址动工兴修，于当年十月五日完工。落成之后，田弘正与监军使率文武官员、幕僚将校，选择吉日，亲临祭奠。由冯宿撰写碑文，记载了这次活动的盛况，胡证书丹，竖碑于祠堂前。狄仁杰祠堂大约毁坏于明朝正德（1506—1521）前后，但冯宿所撰的碑石却流传下来了。

在当地还有一座"三贤堂"，为明代以前的建筑。所谓"三贤"，是指唐代的魏徵、狄仁杰和宋代的韩琦。魏徵是馆陶人，属魏州管辖；韩琦为安阳人，在唐宋时期这里属河北道（路），因此魏、韩二人都可以算是当地名人，为当地人们所敬仰而建祠纪念是可以理解的。狄仁杰为阳曲人，属河东道（路），仅仅因为在当地做过地方官，就被这里的人民与魏、韩二公并列，同处于一堂祭奠，可见狄仁杰在魏州百姓心目中的地位是何等的重要。

洛阳在武则天时被称为神都，是当时的统治中心，狄仁杰长期在这里从政和生活，在当地有较大的影响，所以洛阳也有他的祠堂存在。根据方志的记载，洛阳共有两座狄公祠堂，直到清代仍然存在，一座在西关，一座在白马寺附近。此外，狄仁杰的故乡阳曲县也有他的祠堂，并有祀田300亩，用其收入以保证四时祭祀不断。唐人王贞白有《题狄梁公

明察秋毫

狄仁杰

庙》诗，诗云："惟公伏高节，为国立储皇。"只是不知王贞白题诗的这座狄仁杰庙位于何处。狄仁杰于久视元年（700）卒于神都洛阳，就地安葬，其坟墓位于洛阳白马寺东百余步处，墓前神道碑直到明代仍完好屹立。由于历代士大夫十分敬佩狄仁杰，多题诗刻石立于墓前，以表达对狄公的敬仰之情。如元代河南安抚使完颜纲曾题绝句一首，命人刻石立于神道碑侧。后年久仆倒，明代人虞廷玺感于狄公忠义，遂重新将此诗刻石，并撰写《重刻狄梁公墓道诗序》一文，以记其事。

明嘉靖三十八年（1559），有一御史巡察洛阳，路经狄公墓前，见碑石斑驳、荒草蔓蔓，敬佩狄公是唐朝社稷之臣，遂嘱咐当地官员为狄公修建一座祠堂，以供祭奠。次年，洛阳县令马某亲自勘察地形，拆毁附近废旧佛寺，用得来的材木雇工在白马寺旁修建祠宇三楹，安置狄公神位，春秋致飨不坠。这座祠堂到清代仍然存在，这就是洛阳有两座狄仁杰祠堂的由来。

对于狄仁杰迎立中宗李显，荐引张柬之、桓彦范、敬晖等5人，终于匡复唐室的不凡业绩，著名文士李邕曾撰《六公咏》的诗篇进行歌颂，这篇诗作在当时流传广泛，并由胡履虚书写刻石，立碑于世间。此诗共二章，张柬之、桓彦范等5人为一章，狄仁杰为一章。大诗人杜甫读此诗后，大加赞赏，他在《八哀诗》之一的《赠秘书监江夏李公邕》中咏道："朗吟六公篇，忧来豁蒙蔽。"宋代金石家赵明诚读了杜甫的《八哀诗》中的这两句后，自述说恨不得马上看到《六公咏》，后来得到此诗石刻拓本，拜读后感慨不已，赞扬它文辞高古，"真一代佳作也"。可惜的是这篇被杜甫、赵明诚等大加赞扬的佳作，早已亡佚，这是非常遗憾的事。

明清以来以狄仁杰事迹为题材的戏剧、小说相继问世，由于文艺作品特殊的社会效用，使狄仁杰逐渐成了家喻户晓的历史人物。这种影响一直波及西方世界，这一切要归功于荷兰汉学家罗伯特·古利克（汉名高罗佩）。他在新中国成立前曾任荷兰驻华使馆的外交官，对历史悠久的中国文化很感兴趣，遂投身于汉学的研究，取得了很大的成就。他曾把清代小说《狄公案》——又名《武则天四大奇案》或《狄梁公全传》的前30章翻译出版。20世纪50年代他创作出版了一部130万字的《大唐狄仁杰断案传奇》，把东方古国的题材与西方现代小说的风格、推理悬念的创作手法完美地结合起来，获得很大的成功。这本书在西方书市风靡不衰，被翻译成多种文字出版，狄仁杰的名字也随之为各国人民所熟知，被誉为"东方的福尔摩斯"。虽然这只是文艺作品中的狄仁杰，与历史上的狄仁杰还是有着较大的出入，但足以说明狄仁杰当时的影响力以及后世人对他的敬仰与肯定。

明察秋毫

狄仁杰

第 八 章

断案机智如传奇
神探狄公传千古

　　狄仁杰是中国历史上最负盛名的大清官之一，但是，令人感到有意味的是，狄仁杰明明是一个政治家，可他"大侦探"的形象却流传于民间。史传狄仁杰破案机智，断案公平，但并没有多少事迹被记载下来，后世有关狄仁杰推案断狱的故事充斥着稗官野史，实在是真假难辨。毋庸置疑的是，狄仁杰的确是一位断案如神的"神探""东方的福尔摩斯"。本篇章不作历史论证，仅把狄仁杰到各地做官时的一些断案传奇略举几例。

红丝黑箭，迷雾散去

（一）

狄公在登州蓬莱县任县令时，理政事，导风化，听狱讼，察冤滞，及督课钱谷兵赋、民田收授等公务，与驻守蓬莱炮台的镇军互不干预。蓬莱为唐帝国屏东海疆，镇军在海滨深峻险要处筑有炮台，设立军寨，本故事就发生在离蓬莱县城九里的炮台军寨里。

狄公在内衙书斋翻阅公文，渐渐心觉烦躁，两道浓眉紧蹙，不住地捋着颏下那又黑又长的胡子，"作怪，作怪，甲卷第四百零四号公文如何不见了？昨日洪亮去州衙前曾匆匆理过，我以为是他插错了号码，如今我全部找寻了一遍，仍不见那份公文。"

他的亲随干办乔泰、马荣侍候一边。马荣问："老爷，甲卷公文都是关乎哪些事项的？"

狄公道："这甲卷系蓬莱炮台报呈县衙的存档文牍，关乎两类事项：一是军士职衔变动，人事升黜；二是营寨军需采办，钱银出纳。我见甲卷四百零五号公文上注明'参阅甲卷四百零四号公文办'，四百零五号公文是有关戎服甲胄采买的，想来那四百零四号也必是关于军械采办事项的。"

马荣插嘴道："这些公文是他们附送给县衙存档的抄件，上面说的事一件与我们无涉，我们也无权过问。"

狄公正色道："不然。此等官样文章正经是官府军镇重要的治理依据。国家法度，官衙公例，哪一件不要制定得严严密密，天衣无缝？即便如此，歹徒奸党还欲寻破绽，钻空隙哩。这四百零四号公文或许本身并不甚重要，但无故丢失，却不由我心中不安。"

马荣见狄公言词危苦，不觉后悔自己的轻率鲁莽，低头道："适才言语粗鲁，老爷，莫要见怪，只因我们心中有事……"

狄公道："你们心中有何事，不妨说来与我听听。"

马荣道："我们的好友孟国泰被炮台的镇将方明廉拘押了，说他有暗杀炮台镇副苏文虎的嫌疑。"

狄公道："既是方将军亲自审理，我们也不必过问，只不知你俩是如何认识那个孟国泰的？"

马荣答言："孟国泰是炮台军寨里的校尉，放枪骑射般般精熟，尤其那射箭功夫，端的百步穿杨，人称'神箭孟三郎'。我们与他认识才半月有余，却已肝胆相照，成了莫逆之交。谁知如今忽被判成死罪，必是冤枉。"

狄公摇手道："我们固然无权过问军寨炮台的事，但孟国泰既是你们两位的好友，我也倒想听听其中的原委。"

乔泰沉默半晌，见狄公言语松动，不禁插话："老爷与方将军亦是好友，总不能眼看着方将军偏听误信，铸成大错。"

马荣道："半月来我们时常一起饮酒，情同兄弟，知道孟国泰禀性爽直，行为光明。苏文虎对属下课罚严酷，倘若孟国泰不满，他会当面数责，甚至不惜启动拳头刀兵，但绝不会用暗箭杀人。"

狄公点点头，又问道："你们俩最后一次见到孟国泰是在何时？"

"苏文虎被暗杀的前一天夜里。那夜我们在海滨一家酒肆喝了不少酒，又上了花艇。后来碰上了两名番商，自称是东海外新罗人。彼此言语投机，便合成一桌，开怀畅饮。临分手，乔泰哥将孟国泰送上回炮台的小船，那时已经半夜了。"

狄公呷了一口茶，慢慢捋了捋胡子，说道："方将军月前来县衙拜会过我，至今未尝回访，今日正是机会。快吩咐衙官备下轿马船用，我就去炮台见方将军，顺便正可问他再要一份甲卷四百零四号公文的抄件。"

（二）

官船在浊浪中摇晃了半个时辰，便从内河驶到了海口。狄公下船，便沿一条陡峭的山道拾级而上，马荣、乔泰身后紧紧跟随。抬头看，高处最险峻的咽喉要地，便是军寨辕门，辕门内一门门铁炮正虎视着浩瀚无际的大海。辕门外值戍的军士听说是县衙狄老爷来拜访方将军，不敢怠慢，当即便引狄公向中军衙厅走去。马荣、乔泰遵照狄公吩咐，留在辕门内值房静候。

炮台镇将方明廉闻报狄县令来访，赶紧出迎。两人步入正厅，分宾主坐定，侍役献茶毕，恭敬退下。方明廉甲胄在身，直挺挺坐在太师椅上。他是一个沉静拘谨的人，不好言谈，几句寒暄后，只等着狄公问话。狄公知方明廉不喜迂回曲折，故开门见山道："方将军，听说军寨内出了杀人之事，镇副苏将军不幸遇害，凶犯已经拿获，并拟判死罪。不知下官闻听的可属实？"

方明廉锐利的目光瞅了瞅狄公，站起身来，爽直地说："这事何必见外？狄县令若有兴趣，不妨随我去现场看视。"

方明廉走出军衙大门，对守卫的军校说："去将毛兵曹和施仓曹叫来！"说着便引着狄公来到一幢石头房子前。这房子门口守着四个军士，见是方将军前来，忙不迭肃立致礼。方明廉上前将门上的封皮一把撕去，推开房门，说道："这里便是苏镇副的房间，他正是在那张床上被人杀死的。"

明察秋毫

狄仁杰

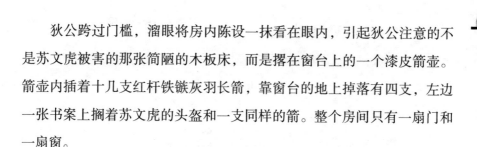

狄公跨过门槛，溜眼将房内陈设一抹看在眼内，引起狄公注意的不是苏文虎被害的那张简陋的木板床，而是摆在窗台上的一个漆皮箭壶。箭壶内插着十几支红杆铁镞灰羽长箭，靠窗台的地上掉落有四支，左边一张书案上搁着苏文虎的头盔和一支同样的箭。整个房间只有一扇门和一扇窗。

方明廉道："苏镇副每日早上操练军马后，必在这房中那张床上稍事休歇，到午时再去膳房用饭。前天，施成龙中午来找他，对，施成龙是军寨的仓曹参军，专掌营内军需库存、钱银采买之事。施成龙敲了门，并不见苏镇副答应，便推开房门一看，谁知苏镇副躺在那张木板床上只不动弹。他身上虽穿有铠甲，但裸露的腹部却中了一箭，满身是血，早已死了。死时两手还紧紧抓住那箭杆，但箭头的铁镞是长有倒钩的，他如何拔得出来？如今想来必是当他熟睡之时，被人下了毒手。"

正说着，仓曹参军施成龙和兵曹参军毛晋元走进了房间。方明廉介绍道："这就是我刚才说的施仓曹，正是他最先发现苏镇副被害的。那一位是兵曹毛晋元，专掌营内军械、戎器、管钥、土木事项。两人正是我的左右臂膊。"

施仓曹、毛兵曹彬彬有礼地向狄公拜揖请安，狄公躬身回礼。

方明廉道："你们两位不妨也与狄县令说说对此案件的看法吧。"

毛晋元道："方将军还犹豫什么？快将那孟国泰判决，交付军法司处刑便是。"

施成龙忙道："不！卑职愚见，孟校尉并非那等放暗箭杀人之人，此事或许还有蹊跷。"

方明廉指着对面窗外一幢高楼说："狄县令，但看那楼上的窗户便可明白。那楼上窗户处是军械库，苏镇副熟睡时，肚腹正对着这窗户。我们做了一个试验，将一个草人躺放在苏镇副睡的地方，结果证明那一箭正是从对面军械库的窗里射下来的。当时军械库内只有孟国泰一人，他鬼鬼祟祟在窗内晃荡窥觑。"

狄公惊奇，"从那窗口射到这窗内——有如此好箭法？"

毛晋元道："孟国泰箭法如古时李广一般，百发百中，不然，如何营里上下都称他作'神箭孟三郎'。"

狄公略一思索说道："此箭会不会就在这房内射的？"

方明廉道："这不可能。从门口射来的箭只可能射到他的头盔，只有窗外射进来的箭，才有可能射穿他的肚腹。而窗外值戍的四名军士昼夜巡视。这房子虽简陋，究竟是苏镇副的私舍，一般人不能轻易进出。事实上出事那天，苏镇副进房之后至施仓曹进房之前，并无闲杂人等进来过，值戍的军士众口一词证实这点。"

狄公又问："那么，孟国泰为何要杀害苏文虎呢？"

毛晋元抢道："苏镇副操演极严，动辄深罚，轻则呵斥，重则赐以皮鞭。几天前，孟国泰挨了苏镇副一顿训斥，他当时脸色气得铁青。孟国泰每以英雄自许，蒙此耻辱，岂肯干休？"

施成龙摇头道："孟国泰受苏镇副训责不止一回，岂可单凭受训斥，便断定是孟国泰所为？"

狄公道："射杀苏文虎之时，是谁看见孟国泰在对面军械库窗口晃荡窥觑？他可是亲口作了证？"

毛晋元答道："有一小军校亲眼看见那孟国泰在军械库拨弄一张硬弓，神色慌张。"

方明廉叹了口气道："那日这小军校偏巧去军械库西楼找一副铠甲，西楼上偏巧也开一小窗，离军械库窗口两丈多远，事发当时，是他从西楼那小窗口望见施仓曹在这房中大惊失色，叫喊不迭。他不知出了何事，正欲赶下楼来，隔窗忽见军械库内孟国泰正在拨弄一张硬弓。事后调查，孟国泰也供认不讳。"

"那小军校在西楼便不能放暗箭吗？"狄公诧异。

毛晋元拉狄公到窗前，指着西楼道："那一窗口倘使射箭来，倒是能射着当时在房中的施成龙——那个小窗口根本看不到苏镇副的身子。"

"那么，孟国泰因何去军械库呢？"狄公又问。

方明廉面露愁苦道："他说，那天操演完，他感到十分疲累，回营盘正待躺下休息，却见床铺上一纸苏镇副的手令，命他去军械库等候，有事交代。我要他拿出那纸手令，他却说丢了。"

狄公慢慢点头，沉吟不语，又去书案上拈起那支长箭细细端详。那支箭约四尺来长，甚觉沉重，铁镞头十分尖利，如燕尾般岔出两翼，翼有倒钩，上面沾有血污。

"方将军，想来射杀苏文虎的便是这支箭了？"他仔细端详手中那件杀人凶器。箭杆油了红漆，又用红丝带裹扎紧了，箭尾则是三茎灰紫发亮的硬翎。

毛晋元道："狄老爷，这是一支寻常的箭，苏镇副用的箭与营寨内军士的箭都是一样的。"

狄公点头道："我见这箭杆的红丝带撕破了，裂口显得参差不齐。"他看了看周围几张平静无异常的脸，又道："看来孟国泰犯罪嫌疑最大，种种迹象都与他作案相合。下官有一言不知进退，倘若方将军不见外，可否让下官一见孟国泰。"

方将军蓦地看了狄公一眼，略—迟疑，便点头答应。

（三）

毛晋元安排一名姓高的小军校陪同狄公去军寨尾角的土牢，那小军校正是事发时亲见孟国泰在军械库拨硬弓的证人。狄公一路与他攀谈，乃知小军校平时十分敬重孟国泰。问到案子本身要紧处，小军校言语锐减，微微局促，似十分负疚。

两人来到土牢，小军校与守牢军士递过方将军的手令，军士不敢怠慢，赶紧掏出管钥，开了牢门。

"呵，老弟，可有什么新的消息？"孟国泰体躯丰伟，十分雄武，虽身陷缧绁，仍令人栗栗敬畏。

"孟大哥，蓬莱县县令狄老爷来看望你了。"小军校言语中闪过一些胆怯。

狄公示意小军校在牢门外等候，自己则钻进了土牢，"孟国泰，下官虽初次见你，却与马荣、乔泰一般称呼了，不知你有何话要说。倘属冤枉，下官定设法与你开脱。"

孟国泰闻听此言，心中一亮，呆呆望了狄公半晌，乃叫道："狄老爷仁义慈悲，我孟某实蒙冤枉，奈何木已成舟，有口难辩。"

狄公道："倘若果属冤枉，作案的真凶必然忌恨你与苏文虎。正是他送的假手令，诱你上当。一箭双雕，除了你们两个，你不妨细想这人是谁。"

孟国泰道："忌恨苏镇副的人许多。他操演峻严，苛虐部下，就是我也三分忌恨他。至于我自己，似无仇家，朋友倒有不少。"

狄公也觉有理，又问："事发的前一天晚上，你与乔泰、马荣分手回军寨后，都干了些什么？"

孟国泰紧皱双眉，望牢顶苦思了片刻，答道："那夜我喝得烂醉，回到辕门，守值的一个军校将我扶回营盘。那日因是寨里放假，故弟兄们都在饮酒作乐。我便乘兴与他们谈了那日遇见的好事，这事衙上的乔泰、马荣也知道。我们在海滨酒家时遇见两个慷慨大度的新罗商人，一个姓朴，一个姓尹，两下一见如故，十分投机，他们不仅为我们付了酒账，又说等他们京师办完事回来，还要专治一席，与我们三人深谈哩，哈哈。第二天，谁知筋酥骨软，操演毕便觉头晕目眩，浑身困乏，急回营盘正欲睡觉，却见了苏镇副的那纸手令。"

"你没细看那纸手令是真是假？"狄公问。

"我的天！哪里辨得真假？那大红印章分明是真的。"

"你在军械库等候了半日，终不见苏文虎上来，对否？"

"是，老爷。我等得心焦，便拣了几件兵器拨弄拨弄，也拉过那张硬弓，可我哪里会向对面楼下苏镇副的房间放暗箭啊？"

狄公点头说："既然是方将军错判了你，你有何证据证实自己的清白？"

孟国泰摇了摇头。

（四）

"狄县令对孟国泰印象如何？"方将军问。

"下官以为孟国泰不像是行为苟且之人。不过他只说是冤枉，却提不出为自己辩解的证据。下官是局外人，岂可越俎代庖，滋扰方将军睿断。哦，下官还有一事拜托，贵镇军衙送付县衙档馆的公文中少了甲卷四百零四号抄件，敬劳将军嘱书吏再抄录一份转赐，好教敝衙档馆资料齐全。"

方明廉心中嘲笑狄县令迂腐，又不好推阻，便令左右将掌管军衙公文的书吏叫来，并带上四百零四号公文的副本。

片刻，军衙的书吏前来叩见方明廉和狄公，恭敬递上四百零四号公文的存档副本。

狄公接过翻阅，见是晋升四名军校的呈文。公文共两页，第一页上是军衙的提议，及四名军校的姓名、年庚、籍贯、功勋，盖着苏文虎的印章。第二页却只有一行字："敦候京师兵部衙门核复准请。"下面是方明廉的朱钤，注着签发日期及公文号码：甲卷四百零四号。

狄公摇头说："这公文想是拿错了。我丢失的那份，虽同编入甲卷，却是关于军需采买、钱银出纳事项的。因为紧挨着的四百零五号公文上有手批："参阅甲卷四百零四号公文办"。这四百零五号系军营购买戎服铠甲的，故四百零四号内容必不会是四名军校职衔晋升的人事呈文。"

方明廉笑道："我们这里公文确也太多，莫说我弄不清，专办掌管的书吏已增至四名，都还理不清头绪来。甲卷已四百多号，乙卷、丙卷、丁卷、戊卷都已有二三百号。唉，只恨军寨内秀才太少，文牍太繁。说实在的，我只要炮台的铁炮打得响，番寇进不来便行，哪有精力去一一验看这些烦琐乏味的公文。"

狄公将那四百零四号公文还与那书吏，苦笑一声，便起身拜辞。方明廉送狄公到辕门，马荣、乔泰在辕门正等得性急，见狄公出来，也不便细问，便护着狄公走下辕门外险陡的石级。

158

正午火辣的骄阳烤得海面发烫，官船在海口绕了个大弯后，便驶入水波平缓的内河，官船上张着一副水绿色凉篷，狄公坐在一张竹椅上，将适才在军寨内的详情细末，一一告诉了马荣、乔泰。狄公呷了一口香茶，沉默良久，静下心来。此时舵桨鸦轧，波声汩汩，低飞的水鸟有时闯进了凉篷，倏忽回旋又鼓翼高飞。

狄公突然说："我见施成龙和毛晋元两人对此案的见解最是相悖，施成龙说孟国泰无罪，而毛晋元则坚持说正是孟国泰杀的苏文虎。你们平日可听孟国泰谈起过这两个人，尤其是毛晋元，他是否忌恨孟国泰？"

马荣答言："孟国泰从未谈起过施成龙，只是说起过毛晋元这个人狡诈多疑，禀性刻薄。"

狄公问："那天你们与孟国泰聚饮时遇到两名番商，究竟是如何一回事？"

马荣道："我们开了一个玩笑。那个姓朴的问我们三人做何营业，

明察秋毫

狄仁杰

我们答是响马，那两个新罗人信以为真，不仅替我们会了酒账，又说等他们去京师回来还专门治一桌丰盛酒席与我们交个长年朋友。"

乔泰补充道："他们去京师支领一笔款目，说是卖了三条船给谁，他们说时闪烁其词，又禁不住都捧腹大笑。"

狄公又道："那天夜里，孟国泰他究竟干了些什么？我想苏文虎被杀与他那天夜里的勾当大有关联。"

乔泰道："孟国泰并没独个有勾当，我们三人一直在一起，后来遇到了那两位番商，便五人一桌灌起黄汤来。"

狄公点点头，忽回首大声问掌舵的艄公："船到哪里了？"

艄公道："恰走了一半路。"

狄公命令："快，掉转船头再回炮台！"

狄公、马荣、乔泰三人再回军寨辕门时，得知方将军正召集众军官在军衙议事。守门的军士欲去禀报，狄公阻止道："不必惊动方将军了，只请毛兵曹一见便可。"

毛晋元听得狄公有请，心中纳罕，不由狐疑重重，见了狄公，忙躬身施礼。

狄公道："烦毛兵曹引下官再去看一遍苏镇副的房间。"毛晋元不便推辞，只得领着狄公三人再去苏文虎被杀的房间。

狄公一进门，便吩咐乔泰、马荣道："你们伏在地上细细搜查，看有没有铁丝、钩刺、钉头之类的小物件。"

毛晋元笑道："狄县令莫非要寻秘道机关？"

突然马荣叫道："老爷，这里有一冒出来的钉尖！"

狄公赶忙按马荣指点，伏身细看。地板上果然冒出一个小小钉尖，钉尖上还沾着一红丝碎片，再细看还见到一点暗赭。

狄公道："如今毛兵曹便是一个证人，劳动毛兵曹将那一丁点儿红丝片小心收起。"

159

毛晋元只得小心将那红丝片从钉尖剔下，递给狄公。

狄公笑道："下官还想看看苏镇副的遗物。"

毛晋元将苏文虎生前的私物全数搬放在桌上：一只旧铁角皮箱，一包衣服布裤。

狄公打开那只铁角皮箱，一件一件东西验看，突然他看见箱角里有一个黄丝绒方印盒，急忙拿出打开一看，却是空的。

"我猜想苏镇副的印章平日不放在这印盒内，而是放在那书案的抽屉里吧！"

毛晋元道："果如狄县令猜想，收拾苏镇副遗物时，施仓曹正是在那抽屉里找到他的印章的。"

狄公道："想来方将军议事已完了吧，还劳毛兵曹将这些东西妥善收了。"

方明廉与众军官议事方毕，狄公四人便进了军衙正厅。狄公拜揖施礼，向方明廉道明来意，并告诉他苏镇副被害之事已有了眉目，希望方明廉此刻当堂开判，他则在一旁相机助审，提出证据，澄清案子情由本末。

方明廉虽心中狐疑重重，却还是答应了狄公要求。

方明廉让了狄公座，便命将孟国泰押来听候鞫审，他郑重宣布：今日蓬莱县令狄仁杰主审此案，当堂判决，并备文呈报军法司终裁。

狄公清了清嗓子，看了看左右两边侍立的乔泰、马荣，慢慢开口道："苏文虎被杀的背后隐着一桩骇人听闻的盗骗贪污案！一笔巨款，购买三条辎重军船的巨款！"

方明廉及众军官莫名其妙，一个个如丈二金刚摸不着头脑。

"据下官核查，本镇所需军备货物、兵戍器械的采买，经军衙议定后，由仓曹参军施成龙草具呈报公文，先由镇副苏文虎复核押印，再由方明廉将军终核押印在公文最末。公文或一页或二页、三页不等，一

页者，苏、方两印章押在同一页，二页、三页甚而更多页者，则每页
押苏镇副印，最末页押方将军印。然后备副本，自存抄件转呈蓬莱县
衙门档馆。正本则加羽毛，封火漆，军驿飞驰京师兵部或登州军衙。
然而这种程序有漏洞，倘若公文二页、三页以上者，胆大妄为之徒便会
偷梁换柱，犯下怵目骇心的罪恶勾当。如何个偷梁换柱法呢？歹徒见
是最末页无甚要紧字语时，便会偷偷藏过，因为那一页有方将军终核的
印章，至关紧要。然后补上假造内容的前几页，手脚做成，已是轻而易
举之事了……"

　　方明廉禁不住插上话来："狄县令这话如何讲？须知前几页每页都
需押盖苏镇副的印章啊！"

　　狄公莞尔一笑，轻声答道："这正是苏镇副被杀害的原因！苏镇
副大意将他的印章撂在从不上锁的抽屉里，故被人盗用十分容易。罪犯
正是盗用了那枚印章被苏镇副觉察，才生出杀人灭口的歹念。原来，第
四百零四号公文是晋升四名军校的内容，那公文副本我看了，共两页，
第一页写了军衙的提议及四名军校的姓氏、年庚、籍贯、功勋等等，第
二页则只有一句话：'敦候京师兵部衙门核复准请'，并押了方将军的
大印。罪犯誊录了副本后，偷走了正本第二页，焚毁了第一页，补之以
假造的内容。那内容写着什么呢？写着蓬莱炮台已向新罗籍商人朴氏、
尹氏购进三条辎重军船，其价值必在巨额，尚不知确数。依照兵部衙门
采买军需公例，由京师付款银与那两名番商。公文正本早达京师兵部，
两名番商已去京师支领款银。其半数或便是付与罪犯的赃财！罪犯精于
此行，深知内里漏洞。副本存军衙，故是原来内容，未做改动。只是作
案匆匆疏忽了一点，他怕军衙的书吏觉察，便自行誊录副本，然而却忘
了备下一本抄件转呈我蓬莱县衙档馆。偏偏接踵而来了四百零五号购买
盔甲戎服的公文，书吏见到四百零四号正本发往京师兵部时注着库部衙
门的字样，便没细查四百零四号内容，以为同在甲卷总是购物之事，便

自作聪明，手批了一条'参阅甲卷四百零四号公文办'的话。下官今日来军寨原只是想补一份四百零四号公文的抄件，却见副本上原是人事升迁之事，便觉蹊跷。四百零五号系书吏抄录签发，故敝衙照例收到。那'参阅'一词便引动我许多狐疑，如今才明白其中缘由。"

方将军略有所悟，又听是贪污盗骗巨额军款，心知事态严重，便大声问道："望狄县令明言，那两名番商与三条辎重军船是如何一回事？"

狄公道："罪犯与那两名番籍商人狼狈为奸，做下偌大一桩买空勾当，获得赃银，两五拆账。倘若日后被人识破，不仅那两名番商远走高飞，便是本案主犯也早已逃之夭夭了。然而天网恢恢，罪犯合当败露。苏镇副被杀前夜，孟国泰与下官的这两名亲随干办一同在海滨酒家聚饮时，偏巧碰到了那两名番商。番商误以为他们三人是响马，故视为知己，引作同类。醉中吐真言，隐约托出了三条军船卖空的内情，只不曾吐露罪犯姓名。偏偏孟国泰那日饮酒过量，回到军寨时醉意正浓言语不慎，吐出与番商狂饮作乐之事。人道隔墙有耳，况且他当着众军士面前大肆吹擂，也算是祸从口出吧。罪犯疑心他已获悉真相，便暗中定计灭口，故伪造苏镇副手令骗他去军械库，手令上盖着苏文虎大印，印章是罪犯从那不上锁的抽屉里偷出的。"

方明廉省悟，便又问："那么是谁一箭射死了苏镇副？"

狄公目光扫了一下众军官，答道："杀害苏镇副的不是别人，正是贪污盗骗的主犯施成龙！"

正厅内顿时鸦雀无声，众军官大梦震醒，惊愕得面面相觑，已有两名军士挨近了施成龙，左右监护住了他。

狄公继续道："施成龙午后进苏镇副房间时，固然不敢携带兵器。但他知道苏镇副的房间内有兵器——苏文虎午睡时总大意地将他的箭壶搁在窗台上，他只需拔出一支来便可将熟睡中的苏镇副刺杀。"

方明廉用目示意，两名军士立即将施成龙押了。施成龙没叫冤枉，也不挣扎，却冷笑道："狄仁杰，你如何断定我要杀死苏将军？"

狄公道："苏镇副已发现你用了他的印章，只待追问详里。你畏惧罪恶发露，故先下了毒手，并布下圈套，一石两鸟，拿孟国泰来充替罪羊。灭了这两人，谁也不会知道你那桩贪污盗骗的大罪孽了。"

"说我杀苏将军有何凭据？"施成龙已经气弱，但不敢提贪污盗骗军款之事。

"你进苏镇副房里时，他已蒙眬睡醒，冲你又问印章之事，故你只得抢先动手。那箭壶搁在窗台上，你不便去拔，却见地上脚边正有一支掉落的长箭，便偷偷甩脱了靴子，用脚趾挑起那支箭接到手中，一个急步上前刺进了苏镇副的肚腹。他猝不及防，顿时丧了性命。只因你挑起那支箭时用力过于迅猛，箭杆上的红丝带被地板上的一小小钉头划破了一条口。适才我见那小小的铁钉头上还沾着一丝红碎片，并沾着一星赭斑，毛兵曹可以作证。故我断定你的脚趾上必有被划破或刺破的伤痕。施仓曹倘不服，此刻可以当堂脱靴验看。"

方明廉目光严厉地望着施成龙，猛喝道："还需问你三条军船之事吗？"施成龙蜷缩成一团，瘫软在地上，哭丧着脸望着狄公，再也不吱一声了。

两名军士忙不迭将孟国泰卸枷，松缚。孟国泰的脸上露出惊喜的笑容，一对炯炯有神的大眼也望着狄公，流动着无限感激的神采。

狄公笑着对一旁正振笔记录的书吏道："莫忘了将呈送军法司判决此案的公文抄录一份送来衙门。"

公元666年（汉源县令、汉阳县令、韩原县令）

断指之谜，浮出水面

（一）

这一年，狄仁杰被派到汉阳县当县令。这一天，狄仁杰吃完了早饭，正在后院长廊里的小亭子中读书、喝茶，这时不知道从哪里跑来了两只可爱的小猴子，于是狄仁杰放下书观赏着这两只猴子。

那两只小猴子似乎发现狄仁杰正瞧着自己，于是两个小家伙也站在树枝上观察着狄仁杰的动静。狄仁杰以为两只小猴子是在向自己索要食物，于是就把自己兜里的扇子、手帕、印章等东西都掏出来扔在了地上，然后张开双臂做出个"没有食物"的手势。谁知道聪明的猴子也学着狄仁杰的动作把它们身上的东西一并扔在了地上，小猴子所扔的东西在阳光的照耀下显得异常闪耀。

狄仁杰见状立即走到那东西面前仔细端详，他弯下腰把东西捡了起来，原来小猴子所扔的东西竟然是一枚镶着翡翠的金戒指。再仔细一看，狄仁杰不禁皱起了眉头，原来他发现戒指上面有几处斑迹，而这斑迹不是污点而是凝结的血迹。

此时正值春夏之交，远处山林茂密，花儿绽放，凉风习习，非常惬意且舒适，而此刻狄仁杰丝毫没有享受的心思，因为他的注意力正集中在手中这枚名贵的金戒指上。

明察秋毫

狄仁杰

狄仁杰看了看这两只可爱的猴子，陷入了沉思之中。狄仁杰心里琢磨道：从目前来看，这枚戒指的主人一定是山林这一带的居民。而且按猴子的习惯来看，它是不会长久抓住一件东西在手里的，这说明猴子捡到戒指的时间不是很长，戒指丢失没有多久。

思考了片刻，狄仁杰起身来到衙门。

他找来了一个当地的衙役问道："你是本地人吧？"

"回大人话，我是土生土长的汉阳县人。"这衙役毕恭毕敬地答道。

狄仁杰点了点头继续问道："是本地人那就好，我想问你件事，想必你对本地了如指掌吧？"

"有什么问题大人只管问，我知道的一定如实回答。"这衙役微笑着回答。

"好，那我来问你，"说着，狄仁杰指了指远处的山林道，"这附近的山上可住着居民？你可知道大概有多少户？"

"回大人，此山上只住着两户人家，除此之外还有几个简易的茅庐。"衙役回答说。

"哦，你可知道这两家住户的情况？"

"一户是黄家，以开药铺为生。一个是蓝家，以开当铺为生。"

"那剩下的几处简易的茅庐又住着何人呢？"

"那个啊，一般住的都是无家可归的穷人或者是要饭的乞丐。"

谢过这位衙役之后，狄仁杰唤来自己的助手陶甘，二人一起上山寻找线索。路上，狄仁杰把清晨发生的事大概和陶甘讲述了一遍，陶甘也大概清楚了。

不一会儿，二人便到了山脚下，狄仁杰命令陶甘不要大声喧哗，以免打扰了这里的居民。

于是，二人轻声细语、蹑手蹑脚地往山上走去。当他们走到半山腰的时候，看见在树林之间有许多茅庐。茅庐十分简易，大都是用树枝、枯草之类的东西搭建而成的，狄仁杰边观察边走着。

二人走到了一扇门前停住了脚步，只见这扇门紧闭着。陶甘上去叩门，但任凭他如何敲门，里面都没有人应答，于是陶甘用身子把门撞开。二人迈入木门，只见地上躺着一具死尸。

狄仁杰定睛观瞧，死者大概五十多岁，身材高且瘦，皮肤黝黑，眉毛胡子早已发白但非常整齐，身穿蓝布衣裤。狄仁杰用手一摸，能够感到其下巴脱臼了，死者左手的四根手指被齐刷刷地切掉了，只剩下血迹斑斑的残桩。但是，死者的大拇指是完好的。狄仁杰又仔细地验查了死者头部，可以断定这个小茅庐是第一案发现场，死者是被人猛击后脑勺致死的。

狄仁杰又查看了茅庐内外，都没有发现有任何血迹，更没有发现割下来的手指。狄仁杰随后把注意力集中在死者的小指上，发现死者小指残留部分的皮肤上明显有一圈白印，由此狄仁杰初步断定，死者生前曾经佩戴一枚戒指，而这枚戒指很有可能就是猴子丢下的那只。

狄仁杰没接着继续寻访山上的住户，只是命令陶甘在此守候尸体，自己先行下山通知验尸官前来检验，并吩咐衙役分别把开药铺的黄掌柜和开当铺的蓝掌柜请到衙门。

黄、蓝二人还没有来，验尸官前来报告。

狄仁杰问道："死者什么时候死的？"

"回大人，死者死亡的时间大约是在昨天深夜。"验尸官回答道。

"你看到那死者的断指了吗？"狄仁杰继续问道。

"看到了，从那四根指头残留的指骨分析来看，手指并没有碎裂，而且切面整齐，应该是用一种特制的切削工具才能切得如此干净利落。"验尸官如实叙述道，"据我推断，在切手指的时候，死者似乎并没有激烈的反应，也没有反抗、挣扎。"

"好的，我知道了，你先下去吧，辛苦了！"狄仁杰感谢道。

验尸官退下之后没过多一会儿，一个衙役禀告药铺的黄掌柜来了，狄仁杰起身把黄掌柜让到书房。

狄仁杰上下打量着黄掌柜，只见他身材短粗且有点儿驼背，脸蛋虽白净但是表情冷漠，下巴上几根山羊胡子油黑发亮，衣帽穿戴得十分讲究且十分整齐，他见到狄仁杰也是十分礼貌、恭敬。

狄仁杰简单寒暄了几句之后便直奔主题，说道："黄掌柜，今天把您请来，是有件事想向您打听一下。"

黄掌柜毕恭毕敬地答道："大人，您有何吩咐，只管讲来。"

狄仁杰点了点头说道："听说昨夜山上的居民发生了斗殴，不知黄掌柜住在附近，可曾听说或是亲眼见到呢？"

黄掌柜闻听此言不由得一愣，赶忙回道："不知大人是从哪里听来的，我还真没听说。昨夜山上特别宁静，我没有听到有什么打斗的声响啊！"

"哦？是吗？"

"平常这山上确有一些无家可归的穷人和乞丐在山上的茅庐中居住，但是他们很少发生争吵，更不要说是斗殴、打架了。不过也可能是在我睡着以后发生了什么打架之类的事，这我就不知道了。不如您把蓝掌柜找来问问，他是我的邻居，也住在山上。他每天都睡得很晚，整天跟夜游神似的，兴许他知道昨晚的事。"

狄仁杰闻听此言，没有再说什么，于是叫黄掌柜去辨认尸体。

"黄掌柜，这人你可认识？"狄仁杰指着尸体问道。

"回大人，这个人我不认识。"黄掌柜平静地看了看死尸回答道。

狄仁杰见也问不出什么了，点了点头，便让黄掌柜走了。

黄掌柜走后，狄仁杰把助手陶甘叫来。

"你拿着戒指到城里当铺、首饰店让人辨认。"说着，狄仁杰把这枚戒指递给了陶甘。

陶甘应了一声便带着戒指走了，而狄仁杰却陷入了沉思。

狄仁杰心想，从死者的特征上来看，不像是无家可归的穷人或者是乞丐，反倒像是个有钱人。

狄仁杰喝了一口茶，又转身取来了桌上一沓公文，这沓公文是有关发生在邻县江夏县的一起贵重物品走私案的案卷。

话说十天前，有三名走私犯正要把两箱金子、珠宝、高丽参等贵重物品偷运过汉阳、江夏交界的河道之时，被巡逻的士兵截获，而那三名走私犯从密林中逃跑，现如今还没有抓获归案。因案件牵涉到汉阳，所以狄仁杰委派自己的得力助手乔泰和马荣二位前去江夏县协同破案，但是几天过去了，案子仍旧毫无进展。

花开两朵，各表一枝。接到狄仁杰的命令之后，陶甘几乎跑遍了县城里所有的当铺和首饰店。虽然他费尽辛苦，但是调查却不十分顺利，无论是当铺还是首饰店，都说没有见过这枚戒指。

疲惫不堪的陶甘正坐在孔庙台阶上休息的时候，突然看到对面的那家黄记生药铺。在黄记生药铺的旁边是一家很不起眼的当铺，门边挂着一块烫金的招牌"蓝记当铺"。

陶甘这时才明白这正是住在山上与黄掌柜为邻的蓝掌柜所开的当铺。于是陶甘起身，不顾疲惫地走向蓝掌柜的当铺。推门进了当铺，只见一人正坐在高高的柜台边打算盘，不用猜这一定是蓝掌柜。

陶甘二话不说便递上了手中的戒指，说道："蓝掌柜，您见过这枚戒指吗？有人想把它贱卖给我，我怕来路不明或者不是真金的，还希望您帮我长长眼。"

蓝掌柜闻听此言，一边接过戒指一边上下打量着陶甘。蓝掌柜把那枚戒指捧在手心仔细端详，看完之后不由得脸色沉了下来。

蓝掌柜眼中露出异样的光芒，果断地摇了摇头说道："没见过，我从来没有见过这样的戒指。"

这时，柜台里一个尖头缩腮的伙计也凑过来看了看这枚戒指，不想被蓝掌柜厉声斥责了一顿。蓝掌柜随后转过脸对陶甘说了声"失陪"，便进到里间再没有出来。

那被骂的小伙计给陶甘使了一个眼色，暗示陶甘到隔壁的药铺等他，有话要说。陶甘领会了小伙计的用意，便告辞转身出了门，又进了隔壁黄记生药铺。药铺里，两个伙计正在忙碌着搓揉药丸，另一边一个伙计在用大铡刀一刀一刀地将半干的生药切成薄片，忙得不亦乐乎。

（二）

陶甘进来没多会儿，那个当铺的小伙计也进了药铺，小伙计看到了陶甘，便笑着坐在了陶甘的身边。

那小伙子得意地对陶甘说道："那个老不死的蓝掌柜不知道你到底是干什么的，不过我却知道！"

"哦？那你看我是干什么的？"陶甘喝了口茶说道。

"你是衙门里的人，对吧？"小伙计往陶甘的身边凑了凑小声说道。

陶甘闻听此言，装出一副生气的样子说道："一派胡言！别跟我这废话了！你找我到底有什么事？要说快说，我没时间跟你在这待着！"

"好好好！我说，我说！怎么还急了啊！其实我们那蓝掌柜见过这枚戒指，他在骗你！"那小伙计绘声绘色地说道。

"哦？什么时候？"陶甘显得有些兴奋地问道。

"应该是两天前吧，有一个人曾经到过我们当铺。"

"你具体说说是什么样的人。"

"一个女的，身上穿着一件旧蓝布衣裙，但长得十分漂亮。"

"嗯，接着说。"

"本来那天正好我站在柜台上，那女的拿出这枚戒指请我估价，还没等我开口，蓝掌柜便把我推到一边，他自己亲自来鉴定了。"

"这蓝掌柜好奇怪啊！为什么不让你鉴定，怕打了眼吗？"

"不是！因为那老不死的蓝掌柜特别好色！特别是他一看是个漂亮的女人，就犯了色。我见他与那女子嘀咕了半天，后来那女的拿着戒指走了。"

"听你这么一说，我觉得你非常恨你们掌柜。"

"你不知道他是如何刻毒，每时每刻都在监视我，生怕我吃了他的银子。他还做假账，偷漏税银，还与许多不法交易有牵连。只要衙门里需要，我愿意为你们搜集证据，出面作证。"

陶甘点了点头，向小伙计表示了感谢。于是他再次返回到了蓝记当铺，对蓝掌柜说明了真实身份，并把蓝掌柜带回了衙门，领进了狄仁杰的书房。

蓝掌柜一见书桌旁的狄仁杰，"扑通"一声跪倒在地，连连磕头。

狄仁杰笑了笑连忙搀扶起蓝掌柜道："蓝掌柜这是干什么啊？赶快起来！我有话要问你，你必须如实回答。"

蓝掌柜起身，点了点头道："大人有什么事，我一定如实回答，不敢说瞎话！"

狄仁杰点了点头问道："好！那我问你，昨天夜里你在哪里？都干了些什么？"

蓝掌柜闻听此言不由得脸色大变，叫苦道："大人，我发誓，昨天晚上我可什么坏事也没有做啊！真的，请大人明鉴！"

"哦，是吗？那我提醒提醒你吧，昨天晚上有没有与人打架呢？"狄仁杰皱了皱眉，严肃地问道。

"大人！我想起来了！我招，我全招！昨天我与朋友们吃饭喝了不少酒，在回家的路上正好碰见一帮乞丐冲到我轿前要钱，挡在我前面

明察秋毫

狄仁杰

不让我走。我见此情景大为恼怒，更不愿意给他们钱了。他们见我不给钱，于是便破口大骂。"蓝掌柜显然有些激动了，"我实在是气急败坏，仗着我的酒劲发作，下轿一拳将一位年纪大的乞丐打翻在地，那老家伙仰面跌倒，再没有爬起来……千不该，万不该，我不该不顾那老头死活，坐轿扬长而去……"

"后来呢？"

"后来我就回家了，大约隔了半个时辰，我酒醒得差不多了，忽然想起回家的路上打了人，于是我赶紧跑回到打人的地方，什么也没有看见。"

狄仁杰没有再继续问话，于是带着蓝掌柜来到了停尸房。

狄仁杰指了指死尸问道："你认识这个人吗？"

蓝掌柜低头一看，不觉倒抽一口冷气，惊恐地叫了起来："我的天啊！不会吧！我一拳竟然把他打死了！"

狄仁杰厉声道："你打的那个老乞丐就是这位啊！"

蓝掌柜扑通一声双膝下跪，抽泣着央求道："大人！我真的不是故意要杀害他的啊，我只是一时失手啊！大人！"

狄仁杰与蓝掌柜再一次回到了书斋。

狄仁杰拿出戒指给蓝掌柜看，继续盘问道："你为什么要撒谎说没有见过这枚戒指？你与那个女子到底发生过什么事？"

蓝掌柜一听，脸"刷"地涨得通红，说："大人冤枉啊！我只是想忽悠她将这枚戒指便宜当了，因为这枚戒指实在是一枚稀罕的戒指。还有就是我动了歪心，想借此机会约她到茶楼约会。大人我什么坏事都没有做啊，我只是一时糊涂，贪恋了美色！"

"这么美的姑娘你怎么没动手动脚呢？"狄仁杰将信将疑地问道。

蓝掌柜一听尴尬地答道："她似乎知道我的意图，于是她警告我断了歪心思，她说她哥哥就等在外面呢，告诉我说她哥哥的拳头可不认人的。"

狄仁杰听后觉得没什么可问的了，于是厉声道："来人，将蓝掌柜押入大牢！"

衙役们答应后，便动手锁了蓝掌柜，押进大牢。

（三）

案件似乎有了些眉目了，于是狄仁杰立即命令陶甘去寻找蓝掌柜所说的女子和她哥哥。

陶甘根据蓝掌柜所提供的线索，很快就在一个小客栈找到了兄妹二人，于是由店伙计带路上了客栈的二楼，来到靠北边的角落。

店伙计指着一间房门说道："这间就是您要找的人所住的房间了。"

陶甘问道："店伙计，请问这间房子里住了几个人呢？"

"里面住着三个人。"店伙计如实地回答说。

"那你可知道他们的名字吗？"陶甘接着问道。

"您要找的那位女子名叫沈云，她的哥哥叫沈金，还有一个好像是叫张旺。"店伙计回答道。

陶甘点了点头，心里记下了这些名字。

"您要是没有别的事我就先下楼忙了。"店伙计客气地说道。

"好的，谢谢你啊！你快去忙吧！"陶甘笑着说道。

说完，只见店伙计"噔噔噔"地下楼去了。

陶甘见店伙计走后，于是轻轻地敲了敲门。

只听见门里传来了一个粗嗓子的骂声："狗杂种！敲你娘的丧钟！不是说了吗，明天一定还你房钱！"

陶甘再用力推了几下门，只见屋门推开了。陶甘进了房间，只见两个彪形大汉正躺在各自的床上，靠窗口坐着一位年轻漂亮的女子，正在缝补衣服。不用想，这缝衣服的女子一定就是沈云了，可不知道这两位壮汉哪一个是她的哥哥，哪一个是张旺。

"各位好朋友，请恕我冒昧。"陶甘作了个揖道。

那三个人见有人进屋了，连忙没好脸地坐了起来，一看不是催账的店伙计，脸色又恢复了平静。

其中一个大汉道："你是何人？"

"我是本城最大金银店的伙计，听说你们这里有一对银手镯要出卖，不知可不可以拿来看看。"陶甘为了摸清这三个人的底细，急中生智地编出了这一段谎话。

那个大汉闻听此言不知道哪来的无名火，于是一顿臭骂道："去死吧！滚蛋！出去！没看到我们穷得连房钱都付不起了吗？我们都是穷光蛋，哪里来的金银首饰？拿我们开心呢是不是？找打呢吧？"

话音未落，身旁的另一个大汉拉住了他说道："沈金，你别瞎嚷嚷！还不嫌丢人现眼啊！咱们是没有什么贵重的金银首饰，不过，老万叔手指上不是有一枚宝贝戒指吗？"

陶甘装作一脸委屈的样子在一旁听那两个大汉对话，眼睛不时地观察着，他发现那两个大汉左手的小指头都短了一小截。

陶甘心想：大汉所提到的老万叔又是谁，他的手上戴有一枚名贵的戒指，这个老万叔会不会就是那个死者呢？我得旁敲侧击地套出这个老万叔来。

想到这里，陶甘不由得连忙问道："你们说的那个老万叔现在在哪里？要不然我们一起找他吧？"

这时在一旁缝衣服的那个女子放下了衣服对陶甘说道："老万叔是不会把那么名贵的戒指卖给你的！你死了心吧，还不快滚！"

陶甘见此情景，于是知趣地赶快离开了客栈，飞速回了衙门向狄仁杰汇报。

狄仁杰听了陶甘的回报后不由得大喜，于是立即命令陶甘带上几个精明能干的衙役去将沈氏兄妹等三人带到县衙来。

没用多长时间，三个人便都被带回了衙门。

狄仁杰把沈金带到停尸房，指着尸体说："这人你可认识？"

沈金顺着狄仁杰手指的方向看去，惊道："天啊！他怎么死了？"

"这人可是你杀的吗？"狄仁杰厉声道。

"不是！绝对不是我杀的！"沈金惊恐地回道。

"那你回答我的问题，你到底认识不认识这个人？"狄仁杰继续问道。

"我认识，他叫万茂才，我们都管他叫老万叔，原是长安一家大户药铺的掌柜，十分有钱。他从第一次见到我妹妹后，就像丢了魂魄似的纠缠着要娶我妹妹。偏偏我妹妹一副傻呆肚肠，虽说不肯嫁，却也乐意同他在一起。"沈金如实说道，"那万茂才捧着金银珠宝跟着我们转，后来索性把药铺也盘给了别人，跟着我们四处流浪。"

狄仁杰突然怒道："你们什么时候开始为蓝记当铺的蓝掌柜卖命的？"

"蓝记当铺？蓝掌柜？回大人，我们不认识这个人，也从来没有听说过。"沈金惊奇地说道，"我们的掌柜姓刘，在江夏城西门开着一家面馆。但我们已经用钱赎了身，与刘掌柜断了往来，当然他还不肯放过我们。"

狄仁杰点了点头，继续问道："你们为什么非要离开刘掌柜？"

"大人您有所不知，那刘掌柜干的尽是见不得人的勾当。好几次他要我同张旺帮他偷运两箱货物到汉阳、江夏的边界河道。我们不敢答应，怕被官府拿住关进大牢。自那以后，我们就打算离开他了。"沈金无奈地说道。

"你们拒绝了刘掌柜，那你可知道是谁帮刘掌柜把两箱货运走的

明察秋毫

狄仁杰

吗？"

"应该是夏奎、孟二郎和缪龙他们三个。"

"哦？那你可知道他们三人现在在什么地方吗？"

"我记得那天他们把货交给另一批人后，回到刘掌柜那里喝酒，第二天他们三个就不明不白地死了。"

"死了？那你可知道那两箱货是运给谁的吗？"

"这个我就不知道了，刘掌柜也不会告诉我的。不过有一次刘掌柜嘱咐他们三个人时，被我无意中听到了。"

"刘掌柜说什么了？"

"刘掌柜跟夏奎交代说，把货送到汉阳城孔庙旁的一个什么铺。"

狄仁杰见没什么再问的了，于是先让衙役把沈金押了下去，狄仁杰从沈金的嘴里得知了江夏走私案的重要线索，十分高兴。

狄仁杰没有闲下来，于是命令衙役把沈金的妹妹叫到自己的书房继续审问。

不一会儿，衙役把沈云押进了狄仁杰的书房。

狄仁杰和颜悦色地说："沈小姐，衙里正在勘察万茂才的下落，我想问你，你是怎么认识他的呢？"

沈云冷冷地看了狄仁杰一眼，一言不发。

狄仁杰见她一言不发，于是从衣袖里取出那枚戒指，问道："你见过这枚戒指吗？"

沈云一见这戒指，顿时非常着急地问道："我见过！这应该是老万叔的戒指，他还给我戴过呢，现在怎么会在大人手上，莫非老万叔他……"

"你最后一次见到万茂才是什么时候？"

"昨天晚饭之前，他说去一个朋友家吃晚饭。去之前他还认真对我说，这回他拿定主意了，他说等他回来便可以看到他加入我们一伙的真心。"

"他说去什么朋友家吃晚饭了吗？"

"具体去谁家吃他没有说，不过他只是说到孔庙对面的一个什么铺，那儿的掌柜请他吃饭。他告诉我说那掌柜是他的老朋友了，他还有一大笔银两放在那个掌柜那里呢。"

"我问你，你是不是拿了这枚戒指去蓝记当铺问过价？"

"是的，老万叔说这枚戒指是他家祖传的无价之宝，我不信，于是我路过那当铺的时候就进去问了问。谁知那当铺的掌柜特别好色，缠住我不放，还说了很多肮脏话，后来我抽身跑了出来。可正当我刚跑出那当铺的时候，迎面撞上一个高个儿的年轻人。他一把拉住我的胳膊就要亲我，说我是他的心肝宝贝。我正要骂他，这时候老万叔赶过来呵斥那年轻人，并扇了那年轻人几个耳光。被打之后，那个年轻人咧嘴嬉笑着跑掉了，我心说这人是不是神经病啊。"

"沈小姐，我告诉你一件事，希望你能冷静。"

"大人请讲。"

"你的那个老万叔，昨天晚上被人杀害了！"

"大人，你说什么？老万叔被人杀了？你知道是谁干的吗？"沈云柳眉倒竖、怒眼圆睁地吼道。

狄仁杰摇了摇头说道："目前还不清楚，不知道沈小姐有什么想法吗？"

"肯定是那个姓刘的干的！老万叔曾帮我们逃出了魔掌，那个刘掌柜不甘心，于是派人把老万叔给杀了！"说着沈云忍不住痛哭起来。

（四）

书房里只听见沈云哭泣的声音，狄仁杰在一旁无奈地看着。

沈云双手捂着脸，早已哭得喘不上气了。

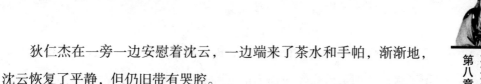

狄仁杰在一旁一边安慰着沈云，一边端来了茶水和手帕，渐渐地，沈云恢复了平静，但仍旧带有哭腔。

"沈小姐，我看你们左手小指都少了一截指头，万茂才的左手上是不是也被切掉了呢？"狄仁杰问道。

"他几次想割但都没胆量下手，好几次他把左手放在树桩上，右手拿刀，我站在旁边帮他，但每次他都胆怯地把手缩了回去。"沈云擦了擦眼泪回答道，"昨天老万叔出去吃饭前，好像是下了决心要去做一件大事……"

狄仁杰见沈云哭个不停，只好作罢。于是他派人把沈云带出去休息，随即又派人立刻把药铺的黄掌柜带到书房来。

不一会儿黄掌柜便被带了进来，见到狄仁杰仍旧是恭恭敬敬、从从容容地作揖行礼。

狄仁杰看着黄掌柜的样子有些生气，用手指着桌上那枚戒指厉声道："黄掌柜，你吞了万茂才身上的大额银两，为何不拿走这枚戒指呢？"

黄掌柜听了狄仁杰这番话，一头雾水地说道："大人，你这话是什么意思？"

"既然黄掌柜不知道是什么意思，那我就提示提示你。刘掌柜从江夏运来的两箱走私物品在途中被官府截获，你需求助万茂才身上的银两，以救一时之急。"狄仁杰"哼"了一声道，"就在这时万茂才来找你帮助他切掉左手的小指尖，他要用血的咒誓来表示对沈云小姐义无反顾的爱。万茂才看中了你铺子里那架切药片的大铡刀，用大铡刀切小指尖会干净利落，减少痛苦，而这种大铡刀你家里也有一架。昨天晚上万茂才到了你家，想用大铡刀切去小指尖。然而他还没来得及将手放妥位置，大铡刀落了下来，当即切掉了四个指头。万茂才还未明白是怎么回事，碾药的石杵已重重地击中了他的头部，随后他的尸体被搬到山上的茅棚里。你以为尸体会很快腐烂，即使被发现报了官府，也当作乞丐不了了之。然而天网恢恢疏而不漏，一只猴子捡到了落在茅棚外的万茂才的这枚戒指。它准是你在慌乱中搬那尸体时，从万茂才的残指上掉下来的，是那只猴子把你黄掌柜带到这里来的。"

"猴子？"黄掌柜的脸变成了死灰色，嘴角抽搐着，牙齿不住打颤，用嘶哑的声音说道，"大人，您真是天神啊！这谋财害命的罪名小人认了，只是您说的那两箱走私的物品并不全是我的赃财，我只是按上司的指派分给了汉阳的几个同行。至于说刘掌柜是怎么得到这些东西的，我实在是不知道啊！"

狄仁杰厉声道："你快快把违法偷运贵重物品的经过从实招来！"

（五）

黄掌柜听了这番话不由大吃一惊，吓出一身冷汗，顿时低下了头。

"近两年我的生意连续亏了本，只得四处求助。长安有一个大员外，他是朝廷户部尚书的哥哥。他约我到长安谈一笔大生意，原来是要我组织一个连州跨县的金银宝物走私偷运网。他要我坐镇汉阳专管转运分拨，从中获利。我抵挡不住利诱和威逼，就落到了今天这步田地。"黄掌柜沮丧地诉说着，"江夏刘掌柜是江夏一个重要据点，同我也有联系。那两箱宝物被没收后，我们两人都要自己垫出一笔银子才能掩盖过去，否则，性命也难保住，所以我动了谋财害命的念头。"

"这件事暂且说到这里，日后还要到长安找出源头，彻查此案，你要检举协助，以减轻你的罪行。接下来再说杀人谋财之事，你要老实交代到底是谁将万茂才的尸体搬上山的。就你这瘦小身子，能办得到吗？"狄仁杰不慌不忙地说道。

黄掌柜暗吃一惊，擦了擦额头上的汗，说："大人，人的确是我杀

明察秋毫

狄仁杰

的，也是我把尸体背上山的，我认罪！"

狄仁杰点了点头，平静地说道："或许你没有想到，如果你真的杀人抵命，那么你的家财将全部缴公，你儿子也不能继承你的财产，因为他是一个痴呆。按照法律，痴呆不能继承财产。"

"什么？你说我的儿子是痴呆？你凭什么断定我儿子是痴呆？他头脑虽比一般人迟钝些，但毕竟只有十几岁，等再长大一些，一定会聪明起来的。"一阵近乎神经质的狂怒和激动之后，黄掌柜瘫软了下来，他声音颤抖着说，"大人，你可怜可怜我吧，他是我唯一的儿子。我已年过花甲，如风中之烛。我恳求大人高抬贵手，救救我的儿子吧，我在这里给大人您磕头了！"

狄仁杰没有理会黄掌柜的话，继续说道："两天前，你的儿子从药铺出来，正好碰到从蓝记当铺出来的沈云小姐。你儿子拉住沈小姐要亲嘴，被一心要娶沈云为妻的万茂才看到了。我断定是你儿子杀了万茂才，也是他把万茂才的尸体背到那茅棚里去的。他身材高大，无须你帮忙，你只是不放心而在后面跟着。"

"作孽啊，作孽啊！"黄掌柜完全绝望地瘫倒在地上，煞白的脸一阵阵抽搐，挣扎着吼道，"当我在帮助万茂才切小指尖的时候，我的儿子不声不响地进来了，一见万茂才便按下了大铡刀，瞬间万茂才的四个指头切去了两截。万茂才惨叫一声晕倒在地，我忙去拿止血药，我的儿子竟又抡起石杵向万茂才的头上猛砸去……"

狄仁杰道："你的儿子因为痴呆，我会按法律酌情定罪的，你还是回到牢中将自己参与组织偷运走私的罪行详细交代出来吧。"

说完，狄仁杰命令衙役把黄掌柜押入大牢，自己则坐在书桌旁久久地凝视着窗外。

公元668年（濮阳刺史、浦阳县令）

跛腿乞丐，真相大白

（一）

正月十五是传统的元宵佳节，浦阳满城百姓喜气洋洋。大街小巷都挂起了彩灯，官府还扎起了鳌山，花灯十里，欢声飞扬。通衢市里更是熙熙攘攘，车水马龙。路上行人比肩继踵，个个穿扮光鲜，喜笑颜开。

下午，来衙舍拜贺的客人一批接一批，狄公苦于应酬，弄得疲惫不堪，加上多饮了几盅水酒，又觉头疼隐隐，心神烦躁。最后一位贺客金银市行首林子展拜辞后，他感到浑身一轻松。这时月出东山，清光团圆，行院里外已挂出了各色灯笼，五彩缤纷，一派节日气象。他的三个孩子正在花园里为一个大灯笼点火，灯笼形呈八角，上镶金丝掐花，下垂璎珞流苏，八面宫绢上彩绘着传说中的八仙画像，十分生趣。

灯笼点亮了，八仙团团转动起来，小儿子阿贵提着灯笼高兴地在花园内乱跑。哥哥、姐姐眼红地望着阿贵，心里十分痒痒。

狄公正待走出衙舍看看，却见洪参军匆匆走进来。

"呵，洪亮，瞧你一副倦容，脸色苍白，想来衙里事务太繁忙。我原应抽空来看看你，只因贺客盈门，脱身不开，尤其是那位林子展先生，赖在那里不动，又没甚要紧话说，也磨蹭了半个时辰。"

明察秋毫

狄仁杰

洪参军道："衙里亦没什么大事，司吏杂役都惦挂着夜里的家宴，行止惝恍，心不在焉，故我提早放了衙，让大家回去快快活活过个元宵节。不过，城北却出了一件小事，那里的里甲中午来报说，一个跛腿乞丐跌死在一条干涸的河沟里，头撞破在沟底的大石上，流了不少血。那乞丐身上只穿了一件破旧的长袍，花白长发散乱地披在头上，沾满了血迹。听那里甲说，此老乞丐从未曾见过，或许是外乡赶元宵节来城里乞讨的，竟不慎跌死了。"

狄公道："城北那河沟栏杆年久失修，你可令那里甲派人维修加固，只不知这乞丐跌下在哪一段间？"

洪参军答道："正临林子展先生家后街。老爷，倘使三日后仍无尸亲来认，只得命衙役将尸身焚烧了。"

狄公点头同意，又叮嘱道："洪亮，今夜家宴，你须及早赶到，莫要迟到了。"

洪参军答应，说他先回去内衙复查一遍三街六市的巡值警戒布置事宜。今夜元宵节，成千上万百姓要上街观灯游玩，尤须提防歹人乘机作奸犯科，兴肇事端。

（二）

狄公送走洪参军，转出衙舍，刚待穿花园去内邸，猛见对面影壁后闪出一个白发飘垂的老翁，一件破旧的长袍飘飘然，随风拂动，拄着一根瘦竹第一拐一瘸向他缓缓而来。狄公大惊失色，停立在台阶下僵木不动，只觉全身铅一般沉重，双腿动弹不得。那老翁刚要与狄公照面，却倏忽一转，飘去花园竹篁深处，不见了影踪。

狄公吓出一身冷汗，稍稍醒悟，乃高声大叫："老翁出来！但见本官无妨。"

花园内一片阒寂，夜风过处，竹叶瑟瑟。狄公壮大了胆，走近竹篁又叫唤了几声，仍不见有人答应。狄公幡然憬悟：必是那跛腿乞丐的灵魂了！

狄公镇定住了自己，心中不觉纳罕：自己虽不信鬼魂显灵之说，但也不得不感到那老翁行迹的蹊跷。他飘然而来，倏然而逝，欲言不言，去踪诡秘，莫非正提醒我，他死得冤枉，一口生气未断，魂灵逸来向我诉说，要我替他勘明真相，申冤雪仇。

他转思愈疑，心中不安，便换了方向撩起袍襟急步径奔内衙书斋。

洪参军独个在书斋秉烛勾批巡丁簿册，抬头见狄公仓促赶到，不由惊奇。

狄公漫不经心地道："洪亮，我想去看看那个死去的老乞丐。"

洪参军不好细问，端起书案上的蜡烛便引狄公出书斋转到街院西首的一间偏室——老乞丐的尸身便躺在室内一张长桌上，盖着一片芦席。

狄公从洪参军手上接过蜡烛，高高擎起，一面掀去那片芦席、定睛细看。死者的脸呈灰白色，须发蓬乱，憔悴不堪。年纪看上去在五十上下，皱纹凹陷很深，但脸廓却棱棱有骨势，不像一般粗俗下流人物，两片薄薄的嘴唇上还蓄着整齐的短须，狄公又掀开死者的袍襟，见左腿畸态萎缩，曾经折断过的膝盖接合得不正，向一侧拐翻。

"这乞丐行走时跛得厉害。"狄公断言。

洪参军从墙角拿过一根瘦竹笻，"老爷，他身子甚高，走路时便用这竹杖支撑着，这竹杖也是在河沟底找到的，掉在他的身边。"

狄公想抬抬死者的臂膊，却已僵硬。他又细细看了死者的手，惊道："洪亮，你看他的手柔滑细润，没有茧壳，十指细长且修着长甲。来，你将尸身翻过来。"

洪参军用力将僵直的尸身翻了个向，背脊朝上。狄公仔细检看他脑

明察秋毫

狄仁杰

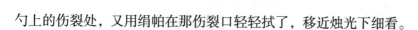

勺上的伤裂处，又用绢帕在那伤裂口轻轻拭了，移近烛光下细看。

"洪亮，伤口处有细沙和白瓷屑末——河沟底哪会有这两样东西？"

洪参军困惑不解地摇了摇头。

狄公又看了死者的双脚，脚掌白净，细柔滑腻，更无胼胝。

"这人并不是乞丐，也不是不慎失足跌下河沟——他是被人杀死后扔进河沟里的！"

洪参军略有所悟，沮丧地拉了拉他那灰白胡子。

"老爷，我见死者长袍内并无内衣短衫，必是凶手先剥去了死者的所有衣裤，再给他套上了这件乞丐的破袍。如今正月天气，光这一件破袍岂不要冻死？老爷，死者的脑勺是被何物击破？"

狄公道："这个一时也说不准，洪亮，近两日里有没有人来衙门报告说家人失踪。"

洪参军猛悟道："正有一个。林子展先生昨日说起，他家的坐馆先生王文轩歇假后两天没有回馆了。"

狄公一怔，"真有此事？如何他适才在衙舍坐了半天却不曾说起？洪亮，快与我备轿！你且回府邸告诉一声夫人，夜宴叫他们稍稍等一晌。"

洪亮深知狄公脾性，不敢违抗，只得出书斋去吩咐备轿。

狄公低头又细细看了看老乞丐变了形的脸面，口里喃喃说："莫非真是你的冤魂来冲我告状？"

官轿抬到林子展家舍的门前，狄公才下轿。林子展闻报，下酒席匆匆出来前院拜迎，口称"怠慢""恕罪"，说话间口里冲出一阵阵酒气。

狄公道："败了林先生酒兴。今有一事相询，府上西宾王文轩先生回府了没有？"

林子展答道："王先生前日歇假，至今尚未回馆，不知哪里打秋风去了。"

"林先生可否告诉下官王文轩的身形相貌？"

林子展微微一惊，答言："狄老爷，王先生是个瘸腿的，最是好认。他身子颇高，人很瘦，须发都斑白了。"

"林先生可知道这两日他到哪里去了？"

"天晓得！在下对家中庶务极少关心。他照例十三歇假，十四便回馆里。今天已是十五，可不要在外面出了事。"

狄公又问："王文轩来府上坐馆多久了？"

"约有一年了。他是京师一位同行举荐来的，正好为两位幼孙开蒙。老爷，王先生品行端方，禀性好静，授课教训且是有方，一年来两位幼孙蒙益匪浅。"

"王文轩从京师来浦阳坐馆，可携带宅眷？"

"王先生没有宅眷。平昔我只是问问幼孙的诗书课业，并不曾留意王先生的私事。要问这些事，我可以唤管家来，老爷不妨问问他，兴许他比我知道得多些。"

管家闻得主人有问话，又见官府老爷坐在上首，不由胆怯，战战兢兢不敢抬头正觑。

狄公问道："你可知道王先生在浦阳有无家小？"

管家答："王先生在此地并无家小。"

"王先生歇假照例去何处？"

"回老爷，他从不说起，想来是拜访一二知交朋友。王先生一向沉默寡言，绝少言及私事。平昔总见他独个锁在房里读书写字，难得时也去花园内走走，看看花鸟池鱼。"

"难道亦不见他有书信往来？"狄公又问。

"从不见他有书信，也未见有人来拜访过他。老爷，王先生生活十分清苦，他坐馆薪水本不低，却从不肯使花。歇馆外出时也不见他雇轿子，总是一拐一瘸地步行。但小人看出来王先生曾是个有钱人，说不定还做过官。他说话文绉绉的，之乎者也，自得其乐，不过有时也偶尔发感慨。啊！记起来了！一次，我问他为何挣得的钱一文都不舍得花，他仰天道：'钱财只有买得真正的快乐才算有用，否则，徒生烦恼。'老爷听这话多有趣。那日寥寥几句言谈我探得他曾有家小，后来离异了。听上去似乎是王先生那夫人十分忌妒，两下性情合不来。至于他后来如何落得穷困不堪的地步，便不很清楚了。"

林子展在旁边只感局促，神色仓惶地望着狄公，又看看管家。管家知觉，明白自己的言语放肆了，不觉低下了头。

狄公温颜对管家道："你但说无妨，知无不言，莫要忘了什么情节。我再问你一句：王先生歇假，进进出出都在你的眼皮底下，真的一点行迹都不知道吗？"

管家尴尬，皱了皱眉头，小声答道："小人虽见他进进出出，却从不打听他去了哪里。不过每回我见他出去时总是喜滋滋的，十分高兴，回来时却常哭丧着脸，长吁短叹的。尽管如此，他却从不误了坐馆讲课，那天听小姐说，她问的疑难，王先生都能够解答。小姐说他十分博学，很是仰佩。"

狄公厉声对林子展道："适间听你说，王先生只为令孙开蒙授课，如何又冒出一个小姐来了？"

林子展答："小女出闺之前，王先生也教授些烈女、闺训，如今已下嫁三个月了。"

狄公点头，吩咐管家领他去王文轩房中看视。林子展站起待欲跟随，狄公道："林先生且在这里暂候片刻。"

管家引狄公穿廊绕舍，曲折来到林邸西院一间小屋前。管家掏出钥匙开了房门，擎起蜡烛，让狄公进去了。房内陈设十分简陋：一张书桌，一把靠椅，一个书架，一口衣箱，墙上挂着好几幅水墨兰花，笔势疏淡，气韵生动，十分有生色。

管家道：“王先生最爱兰花，这些条屏都是他一手画的。”

“王先生如此喜爱兰花，房中为何没有供设几盆？”

“想来是太昂贵，买不起。”管家猜道。

狄公顺手从书架上取下几册书翻看，见都是梁陈艳体诗集，不觉皱眉。他拉开书桌抽屉，只见空白纸笺，并无钱银。又打开衣箱，尽是些破旧的衣衫，箱底有个钱盒，却只有几文散钱，他问：“王先生出去时，有谁进来这房间翻寻过？”

管家暗吃一惊：“不，老爷，谁也没有进来过这房间。王先生出门去时，总不忘上锁，除了他只有我身上藏有一把钥匙。”

“你说平时王先生一个钱都不舍得花，那他一年多的馆俸银子都到哪里去了？这钱盒里还不满十文铜钱。”

管家也感懵懂，惶惑地摇头道：“老爷，这……这小人也说不清楚，但这房间小人可担保不会有第二个人进来过，府里的奴仆也从不见有手脚不干净的。”

狄公沉吟半晌挥手道：“我们回客厅去吧，林先生想是等急了。”

从西院出来，曲折绕行回廊时，狄公小声问管家：“这里附近可有妓馆？”

管家狐疑，踌躇道：“后门外隔两条街便有一家，唤作‘乐春坊’，那鸨儿姓高，是个风流寡妇。那妓馆甚是清雅，一般客官望而却步，大都不敢问津。”

狄公不住点头，面露喜色。

回到客厅，狄公正色对林子展道：“下官如今可以明言告诉你，王文轩已遇害身死，尸身此刻停在衙门里，还须林先生随我去衙门正式认领，等勘破死因，再备办棺木，择吉日安葬。”

狄公回到衙门，命洪参军叫巡官来内衙。

片刻巡官来见，狄公问道：“城北有一家‘乐春坊’的妓馆，你可知道？那鸨儿姓高，是个寡妇。"

巡官答道："知道，知道，是家上流的行院，向衙库纳税银数它最多。"

"你在前面引路，我们这就去那里。"

大街上车如流水，马如接龙，彩灯齐放，一派光明。行人熙熙攘攘，笑语飞声，好不热闹。巡官及两名衙役拼命在人群中推挤，总算为狄公、洪参军开出一条行道。

（三）

"乐春坊"因在城北，稍稍清静一些，但门首也悬挂着四个巨大的灯笼，照得周围煊同白昼。坊内更是灯红酒绿，丝管纷繁，男女欢悦，浪声谑戏，不必细述。

坊主高寡妇见是官府来人，不知何事，哪敢怠慢？忙不迭将狄公、洪亮等引进一间玲珑精致的幽静小轩，又吩咐侍婢上茶。

狄公道："高院主不必忙碌，下官来此，只是打问个讯，没甚大事，休要惊惶。"

高寡妇堆起一脸笑容道："老爷尽可问话，妇人这里知道的必不遮隐，如实相告。只不知老爷要问何事？"

"坊内共有多少女子挂牌？"狄公开门见山。

"回老爷，共有八位姑娘供奉。我们的账目每三月上报一次衙门，照例纳税，从不敢偷漏。"

"听说其中一位已被客官赎出，请问那女子的姓氏、名号。"狄公试探道。

高寡妇作色道："我这里几位姑娘歌舞吹弹不但娴熟，且年龄尚小，从未有客官赎身之事，不知老爷哪里听来如此误传，信以为真。"

狄公沮丧,半响又问道:"那必是坊外的女子了,高院主可听说坊外新近有人被赎身从良的吗?"

高寡妇心知自己脱不了干系,矜持地搔了搔油光的髻饼,说道:"老爷,莫非指的是邻街的梁文文小姐。梁小姐原先在京师挂牌,声名大噪,她积下了私房自赎了身子,潜来浦阳想找一个合适的富户结为夫妻,从此隐身埋名,永脱风尘,新近听说与一位阔大官人交识上了……"

"阔大官人?高院主可知那阔大官人是谁?"

"老爷,实不敢相瞒,妇人听说那阔爷便是邻县金华的县令罗大人。"

狄公乃信了那鸨儿的话——金华县令罗应元与狄公同年同秩,且是好友。他性喜挥霍,放浪疏礼,慕风流,好奇节,诗酒女子一步都离开不得。梁小姐当年名动京师,如今潜来婺州,罗应元焉能不知?故追逐到此,暗里与梁小姐结下鸳盟,亦是情理中之事。

狄公问清了梁文文的宅址,便站起与高寡妇告辞,一面示意洪参军去外厅会齐巡官、衙役。

梁文文小姐的宅舍果然相去没几十步路,洪参军道:"老爷,你看梁小姐宅舍的后门正对着那条干涸的河沟,那个老乞丐……"

狄公摇手止住了洪参军,他早已看得明白,梁文文的宅舍不仅后门对着那条河沟,且与林子展家宅隔着没多少路。

狄公敲门。

半响一个女子在里面问道:"谁?"

狄公道:"金华罗县令有口信告梁文文小姐。"

大门立刻开了,一位纤腰婀娜、风姿翩翩的女子出来恭请狄公、洪参军入内,狄公吩咐巡官、衙役在大门内守候。

三人进了客厅,分宾主坐定。狄公胡乱报了姓名,只道是从金华来,那女子喜笑颜开:"小妇人正是梁文文,得见两位相公,十分荣

幸。"说着不禁娇喘细细。

狄公见梁文文生得妩媚动人，窈窕婉转，欲不胜衣，心中不觉又生狐疑。

他的目光被窗前的花架吸引住了，花架很高，共三层，每一层上摆着一排白瓷花盆。盆内栽着兰花，花架下安着一个火盆，兰花的幽香令人陶醉。

"罗县令不止一次说起梁小姐喜爱兰花，在下虽粗俗，也喜闻这兰花的香味。小姐你没见花架最上一层中间的那一盆花已枯萎了，未知能否取下让我一看，或许还有起死还生之望。"

梁文文抿嘴一笑，站起去隅角搬来一架竹梯，搭在花架上，便小心地向上爬，一面吩咐狄公在下面扶定竹梯脚，不使歪倒。

梁文文端起那白瓷花盆时，狄公仰头一望，恍然大悟。

梁文文将那盆凋萎的兰花取下交给狄公，狄公接过看了半晌，乃道："梁小姐，这兰花必是移换了花盆才枯萎的，原先那只白瓷花盆哪里去了？"

梁文文一怔，"原本那只白瓷花盆？你问这话作甚？"

狄公正色道："梁小姐正是用那只白瓷花盆砸破了王文轩的头颅！他同我一样扶定着这竹梯脚，哪里会知道，你从最上一层将白瓷花盆砸下来。"

梁文文大惊失色，问："你到底是谁？闯来这里信口雌黄，恶语伤人？"

"下官正是这里浦阳正堂县令，特来勘察王文轩遇害一案。梁小姐藏过了那白瓷花盆的碎片，将兰花移栽到这新盆内，难怪要枯萎了。"

梁文文脸色转白，抵赖道："小妇人从不认识什么王文轩，哪会去谋财害命，用花盆砸人？"

狄公厉声道："你杀死王文轩，并非为了谋财害命，而是除去自己昔时的情人，以便好与罗县令成其好事。"

"情人？"梁文文尖声叫道，"这跛子丑八怪竟是我的情人？当年我在京师便唾骂过他，癞蛤蟆想吃天鹅肉，还是个瘸腿，呸！异想天开，白日做梦！"

"王文轩在京师时就为你花去了不少钱财，闻知你到了浦阳，也赶来浦阳，为的是想与你再续旧情。他坐馆一年积蓄的俸银全数都交与了你，你竟狠心杀死一个可怜的痴情人。"

梁文文脸色惨白，气急败坏，又说："我正因为要摆脱他的纠缠，才偷偷逃来浦阳，不意那厮竟装扮乞丐，死乞白赖，跟来毁我名誉。"

狄公缓了语气道："王文轩人物虽猥琐，却心地忠厚，他甘心为你奉献一切。他在他的卧室里画了许多兰花惦念你们的旧情，他在浦阳从没提起过你的姓氏，怕的是损你的名声。"

狄公示意洪参军，洪参军出客厅一拍手，巡官、衙役立即进来客厅。

"将杀人凶犯梁文文押回县衙大牢监候。"

回到县衙，狄公道："洪亮，我们不如先去书斋喝杯茶，再去内邸赴夜宴，左右是晚了。"

书斋内静悄悄，明月折进槛窗照在他俩身上，银光闪闪，狄公从未觉得夜色有这样美过。

洪亮问道："老爷如何会疑心案子的主犯是一名弱不禁风的妓女？"

狄公道："最初我见王文轩后脑伤口有细沙和瓷末，便生起疑心，猜测他可能被白瓷花盆砸死。我疑心是林子展杀的人，但听那管家说起王文轩因夫人忌妒心重而离异，于是我便想到他必是迷恋上了一个妓女。那妓女榨尽了王文轩的钱财，又嫌王文轩人物猥琐，故潜来浦阳隐居，很快她与罗县令厮缠上了。王文轩不甘心，追来这里，故生出了这场变故，究竟是痴心太重。"

洪参军又问："老爷如何想到去'乐春坊'寻访？"

"别忘了王文轩是个跛子，管家说他每回出去都是步行，从不雇轿马，故而知道那妓女必在林邸不远处。从'乐春坊'高寡妇口中得知梁文文踪迹，梁文文果然正住在河沟一侧，杀了王文轩，抛到河沟，是顺手几步路的事，故一弱女子也能干得，胆大心细便行了。梁文文想到借花架上白瓷花盆凌空砸下之势杀人，可见手段残忍且心细胆大。不过她究竟是女子，心计虽巧妙，终露破绽——试想一个乞丐在这正月天气怎会空身只套一件破长袍？女子留意弄散死者的发髻，使之披散，却在掩盖死者身份上疏忽了。我们很快便断定王文轩不是乞丐，尽管他穿着乞丐的破袍。可见女子力屈，不能将死尸拖到更远的地方抛掉。"

洪参军点头频频，"经老爷如此分判，乃真相大白，细节疑难处都解说得合理合情。"

狄公呷了一口茶，摇了摇头道："不，还有最要紧的一个疑点我至今尚未能弄清楚。"

洪参军一惊，"怎么还有最要紧的疑点？"

狄公道："若不是王文轩的鬼魂显现，我几乎轻信了他是不慎跌死河沟的穷乞丐，送去火化场焚烧了结。但……但当真是王文轩鬼魂来向我告状？"

正说着，狄公的小儿子阿贵擎着个大灯笼进来书斋催狄公及洪参军快去内邸赴家宴，大家都等急了。

狄公乃觉腹中雷鸣，赶忙答应。三人走出书斋，刚下了衙舍台阶，狄公猛见对面影壁上又出现了那个拄杖缓缓而行的跛腿乞丐，心中大惊。阿贵拍手道："有趣，有趣，铁拐李照在墙上了，铁拐李照在墙上了！"

狄公幡然憬悟，口中不禁喃喃念道："铁拐李照在墙上了。"乃回头对洪参军道，"原来是阿贵灯笼上的铁拐李照在墙上，我竟以为是王文轩的冤魂来衙门冲我告状哩，如此说来……"

洪参军笑道："如此说来，这案子的最后一个疑点也真相大白了。老爷快走，酒席都要凉了，夫人恐要责怪我们啦。"

棺柩疑案，水落石出

（一）

兰坊是强大的唐帝国西北部的一个边远县份，毗邻突厥羁縻縻州。自太宗皇帝平突厥，西北诸蕃稍稍内属，朝廷将其部落列置州县，贡赋不上户部，声教宣化，德泽优渥。然羁縻诸州时有叛唐者，故西北边境屡有征战，边州都督负有守卫大唐国土、保护境内臣民生命财物的重任。

此故事发生在狄公任兰坊县令的第二年冬天，当时边境上狼烟正起，突厥叛军正向西北边境大举进犯，战争迫在眉睫。狄公依凭智勇，一夜之间排解了两桩疑难。

狄公为兰坊几万百姓过冬粮食的事来到大石口县，向匡县令筹借。不料大石口县正处西线战事的前沿，两日来战火纷飞，兵车辚辚，都督统率军队正顽强地抵御着突厥叛军的进犯。官道上只见铁轮马车轧轧奔驰，向西去时运载兵需辎重的补给，回来时则装满了前线撤退下来的伤兵。

匡县令在衙厅设便宴款待了狄公，席间还请来了两名歌伎侑酒，一个名唤蔷薇，一个名唤茉莉，都打扮得花枝招展。狄公见那茉莉眉间眼梢隐隐有难言之苦，强颜欢笑周旋在酒桌上为他们助兴。

桌面上虽不乏鱼肉菜肴，却没有米饭，只有红薯、芋头权充主食——自从西线开了战事，都督府军粮食征办十分严紧，故不仅兰坊，便是这盛产大米的大石口县同样粮食短缺，尤其是大米，几乎一粒都看不见了。

晚宴罢，狄公沮丧地回到西城的住处。他打算明日便回兰坊，来大石口已三日，借粮之事一筹莫展，看来只有别想法子，另辟蹊径。且三日来又连连咳嗽多痰，这大石口一路肺痨病正在蔓延，莫不是自己也传染上了？他心里不由忧虑重重，只巴望明日雪霁，官道上军车不挤，凌晨便赶紧动身——从大石口回兰坊还需整整两天的路程。

因为马车一时雇不到，他只得步行（马车大都被军队征用了）。县衙大门外寒风凛冽飞雪乱舞，一阵阵寒气直透脊梁，狄公不由将身上皮袍往紧里裹了裹。刚待转上大街，歌伎茉莉从后面追了上来，要求与狄公同行。她说她就住在西城的一条巷子里，正可陪侍狄老爷一程。

一路上只见马车一辆接一辆横冲直撞，狄公和茉莉有时不得不紧挨着身子，专拣大街屋檐下行走。从西线运回的伤兵愈来愈多，有的一身是血，有的疲惫不堪，不时可听到他们愤愤的咒骂声。

茉莉指着小巷深处一幢破旧的木门说道："奴家就住在那小屋里，狄老爷不停咳嗽，莫不是受了寒凉？请随我进屋去沏碗姜片茶喝，热热身子。"

狄公婉言推谢："馆驿不远了，过两条街便是……"说着又是一阵剧烈咳嗽。

茉莉不由他分说，强拽着他的袍袖进了那小屋。小屋内果然十分暖和，屋角烧着一个火盆，炭块正闪烁着红火。狄公见小屋内陈设十分简陋，一张破木床上枕衾被褥很是肮脏，一幅打了补丁的蓝布帘将小屋分隔成两半。

布帘后发出一声婴孩的哭声，茉莉恭敬端上一碗冒着热气的姜片茶，红着脸说道："这里不比衙厅乐坊，狄老爷委屈将就。别看我们在酒席上披红着绿，那衣裙钗簪都是乐坊借的。"说着一把将布帘拉开，抱起那婴孩便大咧咧解衣喂乳。

狄公端起茶碗呷了一口，虽有点呛辣，却十分得味，不觉"咕咚咕咚"喝了个罄净。

"你的儿子多大了？"狄公将茶碗搁在桌上，温悦地问道。

"才两个月，唉……"茉莉无限委屈地叹了一口气。

门外传来梆子声，茉莉侧耳细听。

"狄老爷，已经午夜了。"她颤抖的声音里闪出一丝寒意。

"周大都督要发动反攻了，倘若天亮以前还不能摧毁突厥的骁骑营，他们便可长驱直入。茉莉，我看你还是赶快带着儿子去东边葫芦镇躲避一阵吧，不然倘有个山高水低，如何向孩子父亲交代？"

"孩子父亲？他……他……"茉莉的眼睛里闪出了泪花，声音哽咽，满脸愁容。

"他怎么啦？"狄公感到茉莉一腔苦水没处倾倒，"孩子他父亲怎么啦？"

"他……他天一亮便要被砍头了！"

（二）

"砍头？！"狄公大吃一惊，"他犯了什么王法？"

"我丈夫是军营的一个校尉，他……他是冤枉的。"

"他究竟犯了什么王法、军法，要被砍头？"狄公又问。

"他并不曾犯什么王法、军法，他被人诬告说是掐死了潘校尉的妻子。军法司裁判他死刑，他在牢里已关了一年，前日都督府的批复下来了，今天天亮便要绑去西校场砍头。唉……叫我好不……"说着止不住

明
察
秋
毫

狄
仁
杰

纷纷坠下泪来。

狄公心中恻隐，说道："今天天亮便要问斩，太迟了！太迟了！茉莉你能否将你丈夫被诬的详情细末告诉我？"

茉莉含泪点了点头，"狄老爷想听听，奴家不妨说个大略，左右是做了刀下之鬼，这三四个时辰叫我如何挨得？我丈夫与潘校尉虽属同一营盘，但脾性并不甚相合，遇事多不投机。潘校尉口上甜如蜜糖，肚内歹毒十分，遇人时脸上总堆着笑，背里却干着那等见不得人的勾当。我丈夫姓吴，为人憨直，不善言辞，但枪棒骑射却样样胜潘校尉一筹，甚得上司信任。潘校尉十分妒忌，常含恨于怀，伺机加害。"

"一日，潘校尉夜里回家，发现他妻子被人掐死在床上，偏巧我丈夫因军营的公务去他家，他便出首告我丈夫杀了他妻子。军法司鞫审时，他说我丈夫多次调戏他的妻子，遭到斥责，但贼心不死，他自己因是同营军官不好反目。他说那天我丈夫探得他在军营值戍，故又偷偷趱到潘家，图谋不轨，遭到潘妻拒绝后，恼羞成怒，便将她掐死了。"

"你丈夫如何辩白的？"狄公问。

"我丈夫说潘校尉血口喷人，他与潘妻从无瓜葛，更不会无端害她性命。兴许倒是潘校尉自己掐死妻子，反行图讹。我丈夫说，那天傍晚他在军械库遇见潘校尉，潘校尉要他捎带点东西回去与他妻子，说他当夜要在军营值戍，脱不出身。又说他妻子身子不适，托我丈夫顺便看觑一眼。我丈夫不知是计，到了潘家叫人半天不应，随后潘校尉竟后面赶到，诬我丈夫杀了他妻子——潘妻果然被人掐死在床上。"

"军法司判我丈夫砍头，押在死牢监里。我去军营大牢探望，大牢的守卒道我乐籍未脱，不许我见死囚。因为西线突厥的反叛，都督府事如乱麻，故上司的批复至前日才下达——天一亮，军营点卯时，便要执行了。"说罢泪如雨下。

狄公突然问道："你可知潘家夫妇婚后美满否？"

"不知道。"

"他们有没有孩子？"

"没有。"

"他们结婚多久了？"

"两年。听我丈夫说是潘校尉的父亲做的主，对方是个大户人家，他当时还嫌那女子长得不起眼，心中老大不乐意哩。"

"你知道他父亲的名字吗？"

"不知道，听潘校尉吹嘘说是苏州城里第一等的大官。"

"啊，想来必是苏州刺史潘维良了。他是个大有学问的人，撰著过许多书哩，潘校尉原来是他的儿子。"

"没想到狄老爷对潘家爷儿俩还如此赞赏哩。"茉莉心里一凉，不由轻蔑地讽刺道。

"我此刻便去找潘校尉，他是不是在军营内？"

"呸！假正经，一锹土上的蛤蟆！"茉莉往地上吐了一口唾沫。

狄公并不理会，裹紧皮袍便出了破木门。

（三）

狄公在大街上独自走着，虽已过了半夜，一路上还是灯火明亮，马车满载着兵士辚辚向西而去。他只恨此事知道得太迟，即便他此时找到了潘校尉，弄清了诬陷的真相，又有何用呢？对，他得设法找到周都督本人，因为大兵压境，非常时期，军法司的裁决没有周都督本人出面干预是无法急速更改的。而周都督正指挥十万大军，准备发动西线的反攻，此时军情如火，军机万变，战策还须最后推敲，调兵遣将，戎器粮草，正忙得不可开交，哪里肯为一个行将执死刑的小军官复审、翻案？但狄公决定犯颜去试一试，死马当活马医。倘若侥幸能为吴校尉辩白冤情，豁了死刑，也是老大的积骘，再说为无辜昭雪也是一个父母官的本来职分嘛。

因为战事频急，都督府已迁到先东宫太子的"狩猎宫"。那是一幢巨大的宫殿，宫殿后有一大片冈阜森林，先皇花费巨资修建，专供太子畋猎骑射。太子生前常来这西部边境狩猎，他正是在一次狩猎中不幸丧生，死后便安葬在宫殿后的墓穴里，后来他的妃子的棺椁也运到这里合葬。如今这一片冈阜森林正密层层安扎了军营。

狄公在辕门费了许多口舌，守卫的军士才答应去营里找潘校尉。

半响潘校尉来了，狄公见他全身披挂，似乎正等待着上阵。行礼毕寒暄几句他便趾高气扬又冷若冰霜地望着狄公。

狄公笑道："足下便是潘刺史的公子，叫我好找！半年前我因公务去苏州，顺便拜访了令尊大人。令尊大人学问道德，海内人望，我狄某十分钦佩。临别时，令尊执着我手吩咐道：'犬子正在邻县大石口军营服役，方便时望多多照拂。'昨日周都督召我来此，询问兰坊军务，故而特来辕门拜望，也好瞻睹丰采。"

"狄老爷谬奖了。小校一武夫，读书不多，粗知报国大义，只望立功边庭，生人玉门，庶几不辱家门。适才怠慢失敬之处，万望海涵。啊，狄老爷见家父时，家父可曾言及小校的不幸？"

"令尊言及贤阃的不幸遇害，惊感意外……"

"家父原就不应逼我成亲。我年少不谙世事，功业未立，先有家室，难免烦恼频仍，也挫了小校平生报国之志。偏偏又生出那件不幸，叫我日夜苦闷，无处赴诉。"

"潘校尉莫非自有心上人？"狄公暗惊。

"天地不容。大丈夫焉可苟且行事？再说贱荆待我十分敬重，夫妇间也恩爱深笃……"

"贤阃系遭歹人毒手？"狄公侧击。潘校尉叹了口气，脸如死灰，

"狄老爷，杀死贱荆的正是同营的一个军官。此人是风月饿鬼，专一寻花问柳，荼毒女子。不知怎的，他竟动起了贱荆的邪念，意图诱骗。被贱荆唾责后，恼羞成怒，竟下了毒手，活活将贱荆扼死。上苍有眼，天理昭彰，天一亮他便要被绑去西校场砍头。"说罢又连连叹息，双手捂住了脸面。

忽而他扬起头来，又说："如今反好了，小校挣脱牵缠，免去了许多烦恼，也是气数，吴校尉倒助了我一臂之力……"

狄公沉凝不语，心中略知究竟。半晌正待开口，却见一个军官汗流满面找来，"狄县令，找得我好苦，周都督要见你。周都督偶过辕门时，听人说起兰坊县令狄仁杰老爷来营盘勾当，便特意嘱小人来找寻。快，快随我去'狩猎宫'都督府军衙正厅，周都督正等你哩。"

（四）

巨大的宫殿内——都督府军衙正厅，灯烛煊明，恍同白昼，却寂静得出奇。十几名将军围在一张长书案边仰望着英武的周都督，似乎正等待着他的最后决定。周都督来回踱步，全身的铁甲在灯光下闪熠不定，铁盔上盘着的一条金螭不住地抖动。他的手将腰间的宝剑拔出又插入，十分犹豫踌躇，仿佛正待做出重大的抉择。

狄公叩见周都督，这才发现周都督的左眼用一条黑布包缠了——上月的一次大战役中不幸被突厥射手射穿，他的右眼严厉地盯着狄公。

"狄仁杰，听说你断狱如神，最善解谜，我此刻正有一个谜要你解判。这谜非但十分疑难，而且十分紧迫。不仅要剖断得正确，而且要剖断得及时。天快要亮了，我没有时间磨蹭，缪将军、刘将军过来！"

缪将军、刘将军恭敬走到了周都督眼前，甲胄在身，仅仅略一点头，表示与狄公见礼了。刘将军是左军先锋，缪将军为中军招讨使，总摄军马调遣。右军先锋尚将军在西线阵上，未及返回——缪、刘、尚三位将军是周都督的鼎鼐三足，掌驭着整个西线战事的局面。

周都督示意狄公随他而来，缪将军、刘将军紧跟在后。四人一言不发向后殿走去，穿过雕琢龙云波涛的拱形石门，下了十几级白玉石石级，来到一间宽敞的石室内厅。周都督挥手示意，两名守卫的士卒忙将内厅后壁的一石门打开。石门内原来是东宫太子的墓陵，穹顶下并排安放着两具巨大的红漆棺椁，各长三丈，高一丈五，宽一丈，同一形制。右首一具内葬着太子，左首一具葬着他的妃子。

周都督上前向棺椁叩跪礼拜，狄公三人也跟着跪拜。

"狄仁杰，今夜要你来便是请你断断这棺椁之谜。下午右军先锋尚将军来这里向我密报说刘将军已与突厥首魁暗中缔了盟约，我们西线一旦发起反攻，他便率部哗变投敌。反叛的证据是什么呢？尚将军揭发道，刘将军在这太子的棺椁里秘藏了两百副铁甲，上面都插有反叛的标志。时候一到，刘将军率亲信用利斧劈开棺椁，将铁甲分发给共谋的将士，倒戈叛变，先将都督府大小将领斩尽杀绝，再大开辕门，迎突厥骁骑进军营，并献出我的首级……"

狄公惊异地望了一眼身旁的刘将军，刘将军肃穆地直挺挺站着，苍白的脸上大汗如雨。

周都督继续说道："但我不敢轻信尚将军的话，尽管他是一位久经沙场、战功赫赫的大将，我深信刘将军对朝廷的忠诚，但是尚将军说得有头有尾，故而我进退两难，举棋不定。狄仁杰，你知道反攻的时间就要到了，按原定战策，刘将军率左军精粹一万五千人先插入突厥骁骑营右翼，切断他们与突厥首魁的联系。随后我亲率五万军马中路突破，直捣突厥中军大营。倘使到反攻时刻我还不能判断刘将军是否真有叛逆之迹，即是说还不能解析这太子棺椁之谜，反攻时间必须延迟，坐失战机，后果不堪设想。我与缪将军已对太子的棺椁细细做了观察，并没有发现棺椁曾被撬开、放入铁甲的痕迹，尚将军言之凿凿，说是他们先揭开一层红漆皮，在棺盖上钻了一个洞，藏毕铁甲又将红漆皮盖合，涂饰得天衣无缝。狄仁杰，你知道我们不能公开开棺验看，亵渎了太子灵柩，圣上发罪下来，不仅我要身首异处，恐怕还得累及九族。没有圣上恩准，我连棺椁上一层漆皮都不敢铲揭。倘是将真情奏明圣上，奏本一来一去何止十天半月能了事？我们只得退兵一百里，放弃最后一次反攻的机会，眼看着大好河山被敌骑践踏。狄仁杰，如今只求你在天亮全线反攻前，剖析此谜，告诉我刘将军和尚将军究竟哪一个是奸逆。"

狄公细细看了太子和他的妃子的棺椁，问道："尚将军没说妃子的棺椁里也放入了铁甲吧？"

"嗯，我哪里说起过妃子的棺椁？"周都督有些不耐烦。

狄公又说："听说安葬时太子的玉体被放入一个小金棺里，外面套了楠木外椁。棺椁之间大有空隙，那两百副铁甲莫不就藏在那空隙间。妃子的棺椁是依太子例同法炮制的，若内里未藏有铁甲，岂不就比太子的棺椁轻了许多？"

周都督大悟，却又皱眉道："这两具棺椁硕大无比，且沉重十分，如何比较其重量？"

狄公道："下官倒有一计。听说妃子棺椁移葬此墓穴时，曾在墓穴后开掘了一口大湖，因为太子和他的妃子生前十分喜爱游湖，那湖上还故意泊着一艘京师御内样式的游船哩。如今只需派士兵将两具棺椁推入那湖中，看其沉入湖水的深浅，便可断定太子的棺椁内有无铁甲——倘有的话，必然下沉得比妃子那棺椁深，而刘将军通敌谋逆之罪也昭然若揭。"

周都督点头频频，忽又摇头道："狄县令说得甚是轻松，擅自将太子及妃子的棺椁沉入湖中，日后圣上发罪下来，叫我如何分辩？岂不是自投死路？"

狄公笑道："周都督便说战事日紧，突厥魁首觊觎太子棺椁内珍宝，每欲劫夺。你为了不让太子遗体落入敌手，遭其凌辱，故预先将太子及妃子棺椁沉入湖中，以防万一。圣上听了，非但不会责怪都督，反会有赞赏嘉许之词。"

周都督道："这棺椁原是中空，如何有下沉之理？"

狄公道："就说将棺身缚以铁石，不由人不信。沉棺之举有词分辩，就无后顾之忧。两具棺椁一旦下水，这铁甲之谜便顿见分晓。"

周都督大喜："狄仁杰，人道你有鬼神暗助，果然不谬。快，快派一百名士兵打开墓室后壁，备下圆木、绳索。"

缪将军飞步回军营传命，片刻一百兵士携了圆木、绳索下到墓室。

（五）

墓室后壁很快被打开，月光照在墓寝外一方高高的白石平台上，冰封的湖水在月光下闪烁着晶莹的寒光。

士兵们开始用圆木垫入太子棺椁下，棺椁周身则绕了三四圈绳索。棺前、棺左、棺右各三十人牵着绳索向白石平台上拽拉，剩下十名士兵则不停地转换棺椁下的圆木。

突然几十人发一声喊，只听得一声巨响，棺椁被推下了湖面。冰层破裂，水声哗然。棺椁在水面上摇晃了几下，不动了，约七成浸没在水中。

接着妃子的棺椁滚过了白石平台，慢慢放下到湖中。士兵们牵拽着绳索使两具棺椁漂移作一处。周都督、狄公及刘、缪两将军神情紧张地望着湖中的两具棺椁——两具棺椁沉下到同样深度。

刘将军的脸上泛出喜悦的红晕，他激动地望着狄公，不觉热泪盈眶。

周都督伸出一只大手，用力地往刘将军肩头一拍，笑道："刘将军，上阵吧！险些误了大事！"

刘将军向狄公施礼致谢，拜辞周都督自回左军营盘，发号施令，点拨军马。

周都督令缪将军："传我命令立即逮捕尚将军！"

缪将军告辞狄公，急如星火赶去右军营盘。

周都督望着狄公，"棺身还需缚以铁石，使之沉没？"

狄公笑道："将它们拖上平台，重新推入墓室。"

周都督吩咐了一下，就和狄公走了。

他们回到灯火辉煌的军衙正厅，沙漏正指示着四更尾——还有一个时辰，天便要亮了。

周都督升座，宣布西线反攻依原定决策不变，只是委派缪将军暂替尚将军右军先锋职务。他盛赞狄公，代表西线三军向狄公致谢。

狄公拱手道："周都督谬奖了，尚将军诬陷忠良，合该败露，无实为之，其谁可遮？下官来此还有一事烦扰，望周都督高抬贵手赐我方便。"

周都督一怔，忙问："不知狄县令有何事见托，但言无妨。"

狄公道："天一亮军营内有一个姓吴的校尉要绑去西校场砍头，据下官核合，他是无辜受诬的，求都督详情豁免。古人说人命关天，错斩一人，千载不洗其耻；活人一命，胜造七级浮屠。"

周都督不悦，"军情急如星火，决战迫在眉睫，我哪得闲工夫去复议一桩军法司的裁决？我这里缓急一步，关系到十万兵士的性命，一千里地疆土……"

他望了一眼表情严肃的狄公，叹了口气，老大不乐意道："那姓吴的校尉既是无辜，看了你狄县令的佛面就传令放了吧，我免了他的死

明察秋毫

狄仁杰

刑。"

狄公道："免了吴校尉死刑是其一……"

周都督大惊，"莫非还有其二？狄县令休要得陇望蜀，逼我太甚。"

"真正的杀人罪犯是那诬告者，他名叫潘大龙，也是这里军营的一名校尉，此刻便可唤来质对。"

周都督道："听，营里已响起了鼓角，千军万马少刻便要出阵。快，快，快将那个潘大龙传来，时间太紧迫了！"

不一晌，两名军校将潘大龙押进了军衙正厅。

周都督问道："姓潘的，你知罪吗？"

潘大龙惶恐地摇了摇头，两眼呆呆地瞅着狄公，心里不由升起不祥的预兆。

狄公大声道："潘大龙，你且将如何杀死自己的妻子而诬陷吴校尉的罪行——招来！"

潘大龙顿时瘫软了下来，失声喊道："大都督饶命……"

周都督逼问道："狄县令判断可是实？"

潘大龙见周都督威而不猛，早被震慑住了，这里听见周都督发问，不觉点了点头。

"既是实了，快与我拖出辕门外斩了！"

潘大龙听得明白，乃大梦初醒，思前想后，不觉泪如雨下。他突然拔出腰间宝剑，狄公正待呼喊，那剑已刺穿了他自己的喉咙，顿时鲜血迸流，玉山倾倒。

狄公拿着押了周都督大印的手令去军营死牢内将吴校尉开释了出来。这时五更鸡鸣，东方刚出现一层美丽的绯云。

城头上军旗猎猎，大路上兵车辚辚，西线的反攻开始了。

吴校尉道："狄老爷既为我昭雪沉冤，开释出狱，我身为一名军官，理当报效边庭，杀敌立功。此刻西线战事正酣，便是我用武之地了。即便战死在疆场，流芳千古，也不枉为男儿一世。"

狄公并不答话，一直拽着吴校尉来到茉莉的那幢小屋的破木门前。

"吴校尉，报效朝廷的雄心壮志下官不敢横加阻抑，只是目下你需与你妻儿好好聚聚，一年来，茉莉为你吃了不少苦。"

吴校尉惊喜万分，不由哽咽，涕泪横流。

狄公用力将吴校尉推入木门。

"这里便是你的家，你的妻子茉莉正翘首苦盼着你哪！"

狄公拐过大街朝馆驿急急行去，这时一阵寒风呼啸吹来雪霰打在脸上，他只感到冷意阵阵，止不住又连连咳嗽起来。他将皮袍又裹了裹，只盼望回到馆驿便能喝上一碗热茶。

公元676年（北州刺史）

汉家营寨，侦破奇案

（一）

黄昏，狄仁杰策马行走在一条满目荒凉的官道上。白日凝寒，朔风凛冽，他哆嗦着将身上的狐裘长袍往紧里裹了裹。官道的两侧是滔滔奔腾着的洪水，铅灰色的天犹如一面失去了光泽的镜子。混浊的洪水一直绵延到天边，大块大块的乌云被朔风驱赶着涌向远处重阴森严的山峰。

狄公独个信马疾驰，把他的扈从人员远远甩在半里之外。三天前他还是在荒漠边缘的北州当刺史，两天后便要返回京师长安去担任大理寺正卿了。此时此刻狄公的心情是复杂的，官职的突然陡升使他有点晕眩，在北州的那段传奇般的经历又使他恋恋难忘。

三天来狄公和他的扈从人员一直由北向南前进，眼看已临近了黄河，但黄河意外的泛滥造成了方圆一千多里的洪水区，不久之前还是人口稠密、物产丰饶的中原，如今成了一片汪洋。一路上他们看见一队队难民，扶老携幼，步履艰难地在寻路觅食。狄公他们在一个小小的驿馆吃午饭时，扈从的校尉来报告说他们已进入了洪水区的中心地带——北堤，他建议狄公在此歇宿，等候北堤方面来的水情报告。但狄公命令继续前进，说今天天黑之前要渡过黄河，因为他必须在两天内赶到京师谢恩就职。

狄公紧抓着缰绳正得意地驰驱，官道前出现了一个十来丈的大缺口，混浊的黄泥水哗哗奔流而过。缺口的那头，官道通向一个树林茂密的山冈。缺口上架着一条狭窄的、用麻绳和圆木草率扎就的浮桥，浮桥半浮在水面上，随着翻腾的波浪时升时落。

狄公策马刚待上桥，驻守民团的头目大声叫道："老爷，这座桥马上就要断了，水流太急，大人还是权且留步。"

狄公勒定缰绳，迎着刺骨的北风焦急地回头望了望遥遥落在他身后的扈从，随后又低头看了看脚下这座在波涛中摇晃不定的浮桥，他决定碰碰运气，冒险过桥。

他知道翻过对面那座山冈，没三五里路便是黄河北岸了，那里有渡船会将他渡过黄河。

狄公小心翼翼地上了桥，浮桥的圆木浸在泥浆水里很滑，水浪打来，发出"吱吱嘎嘎"的声响。他刚走到浮桥当中时，一株被急流卷来的大树撞在浮桥的侧面，随之而起的巨浪滚过浮桥浸到了狄公坐骑的肚子，鞍鞯、马靴全部湿透。浮桥一阵激烈晃荡，险些将狄公掀翻下马。狄公拍了拍马的脖子，壮着胆镇定地一步一步走着。当他走完浮桥刚跃上了对岸，只听得身后一声巨响，原来一株连根拔起的大树把浮桥的中间部分顶撞得拱了起来，如一条龙弓起背脊一般，顿时桥身断裂，圆木四散。十来丈的大缺口波涛翻滚，一段一段的圆木很快被急流卷走了。

狄公长长吁了一口气，望着身后的滚滚浊浪，远远向对岸那民团头目扬了扬马鞭，便策马上路了。

（二）

突然，前面树林里一声"沙沙"响，蹿出一骑拦路的强盗，高声喊道："留下买路钱！"

狄公见那强盗头上裹着一幅红布，宽大的肩膀上围着一块虎皮，背上一柄五环金刀，手中一杆长枪拨弄得"呼呼"旋转，枪尖几乎碰到狄公坐骑的耳朵。

狄公勒住了马，不由火冒三丈，他朝那强盗嗤了一声，"唰"地抽出腰间的宝剑便向那强盗砍去。强盗慌忙用长枪来招架，转身又抖起枪尖向狄公猛刺过来。狄公举剑一劈，正中那枪杆，顿时断作两截。强盗大惊，丢了枪杆，夹着马肚便跑进树林里去了。狄公哈哈大笑，将宝剑插入鞘内，一面还抱怨自己不应对一个小毛贼如此动怒。

狄公一直上到树林后的山顶，一路并不曾遇到人。冈头上狂风怒吼，树林里山涛响彻，翻过这山冈迂回下去便是黄河北堤了。翻腾的波浪冲击着一直向西延伸的岩石堤岸，黄河对岸隐在一片铅灰色的浓雾里。北堤一带并不见有渡船，古渡头只剩下断桩残阶，黄河水哗哗地卷上来又退下去。黄河由西向东呼啸澎湃，发出低沉的隆隆声。

狄公看着这一派萧条凄凉的景色，忍不住叹息频频，双眉紧锁。

明察秋毫

狄仁杰

这时他看见不远的山冈上有一幢旧式的庄园，庄园四周围着高墙，东西两边耸立着高高的戍楼，整个庄园正如一座壁垒森严的城堡。墙里一排高檐鳞次栉比，慢慢升起的炊烟被强劲的北风很快吹散了。狄公无可奈何，只得投奔去这庄园借求一宿。这时他才发现不仅无法传信给黄河两岸的军营官驿，就是与黄河北岸的扈从亲随也失去了联络。

狄公策马向那庄园走去，忽然他发现路旁的大木桩上挂着一颗血淋淋的人头。人头上的长发披覆在已经变了形的脸上，人头下面还钉着一双被剁下来的手。狄公茫然若失，慢慢策马向前。

狄公来到庄园的门楼前，见那两扇大门都包着厚厚的一层铁皮，显得十分坚固。他正想敲门，门却是先开了，一个老庄客探出头来，见狄公官员装束，忙将他引进一个宽敞、幽暗的庭院。狄公刚翻身下马，便听到沉重的大门被关上时发出的"嘎嘎"的声音。

一个瘦瘦的管家模样的人迎上前来，气喘吁吁地说："我在戍楼上早看见了你，我马上叫庄客来开门，贵相公显然是长途跋涉贲临敝庄的吧？"

狄公见那人四十上下年纪，容貌不老，言语文雅，知道是个受过教育的人。

"我姓狄，名仁杰，是北州的刺史。此刻正想赶路去京师公干，受阻于洪水，欲行不得，故想在贵庄暂宿一夜，随即拜纳房金。央烦先生向庄主禀报一声，万望周全方便。"

"原来是刺史大人，原谅小人无礼了。小人名叫廖隆，是这里的管事，我这就去向闵员外禀报，老爷厅下稍候片刻。"

廖隆转身径向内厅而去，这时狄公才发现庭院的两侧外屋挤满了大群的难民。庭院后有一个马厩，狄公忙把他的坐骑牵进了那马厩。马厩外有五六个少年正忙着放风筝，狄公见那风筝大都造型新巧，颜色鲜艳。几个已经放上天的由于风力太大，绳线绷得很紧，下面的少年使劲扯着，生怕绳线断了。狄公好奇地看了一会儿，请一个少年为他的坐骑洗刷喂料。那少年接过狄公给他的铜线，高兴地答应了，狄公然后又赶快回到外厅的台阶下等候。

一个头戴紫貂厚皮帽、身穿灰羊毛长袍的矮胖子从内厅急步出来，下得台阶，双手拉定狄公激动地问道："刺史大人，你是如何到达这里的？"

狄公皱了一下眉头，答道："我骑马来的。"

"你碰上了飞虎团吗？"

"什么飞虎团？"狄公疑惑不解。

那矮胖子正待张口解释，一个高大健壮的男子来到了他们面前，他很有礼貌地问道：

"刺史大人，你是独自一个人来到这里吗？"

"不，我有六十多名士卒随从，他们……"

"啊，苍天有眼！"矮胖子不禁叫了起来，"我们有救了！"

"他们此刻在哪里？"高个儿紧问道。

"在山冈北边的官道上。洪水在那里冲断了一个大缺口，我刚过了那缺口上的浮桥，浮桥便断了。浮桥一修好，他们马上便会来到这里。"

矮胖子听罢，耸了耸肩，失望地摊开了双手。

"请问你们谁是这庄园的庄主，我想今夜在这里借住一宿，依例拜纳房金。"

"到这里投宿？"矮胖子尴尬地一笑。

高个儿恭敬地答道："庄主卧病在床，有失远迎。我名叫颜源，是这庄园的总管。这位是庄主闵员外的胞弟闵国泰，他是昨天才赶来这里料理他哥哥的病情的。"

颜源一面说着一面引着狄公向内厅走去。狄公见那内厅两旁各有一间厢房，两边厢房与内厅之间用九折屏风隔开。颜源说道："且请刺史大人房中用茶。"说毕三人进了东厢房。颜源点亮了桌上的蜡烛，三人逊让坐定，颜源又忙捧壶献茶。狄公摘下他的宝剑放在桌上，又解开了狐裘长袍的纽儿，背靠椅子，暗中观察眼前这两个人。

颜总管白净面皮，容貌端正，眉须间却露出不安本分的神色，言语上又不免矫揉造作的腔调。年纪在二十五上下，但厚厚的眼睑下已隐隐有黑斑生出，松弛的嘴唇角散开几丝深深的皱纹。狄公一眼便知道他属于那一类城里游手好闲、轻浮好色的浪荡公子，但他竟在这么一个荒僻的乡村庄园里当了总管。

颜源献茶时，狄公便问道："颜总管和闵员外想来是亲戚了！"

"我同闵老夫人沾上点亲。我父母都在州府，去年我得了一场大病，险些坏了性命，病愈后父母便送我来这里调养调养，换个环境。"

"今夜飞虎团会彻底根除你的病！"闵国泰忍不住插话了。

闵国泰说活带有浓重的乡音，圆盘似的脸上一圈浓黑的络腮胡子，下颚宽厚，脑满腮肥，一副盛气凌人的傲慢相，看上去便知是城里商贾掌柜一流的人物。

"令兄患的是什么病症，闵先生？"狄公问道。

"哮喘，加之心脏有病，喘得就更厉害。"闵国泰草率地答道，"早些时候能留心颐养，他还不至于病成这么个模样。大夫说，如果不躺平在床上，不须一年半载这性命便要赔了，害得我只得把城里的茶叶行托给了那些信不过的人，一个人跑到这个鬼地方来。飞虎团今夜就要把这庄园杀得鸡犬不留，我算是晦气极了……"

狄公道："你们说的飞虎团莫不就是一伙剪径的草寇？我来时就碰上过一个，他们的肩上都披着一块虎皮吧？不消我两剑就将他吓跑了。你们休生恐惧，浮桥修好我的扈从士卒便能赶来这里救援。"

"你说得倒轻巧，刺史老爷，修浮桥的木头从哪里来？"闵国泰又急了。

"我来时便看见一处橡树林，不能派人去砍伐些吗？"

颜源苦笑一声答道："那橡树固然不错，但那伙强盗正潜伏在那里。你来时没见一株木桩上挂着一颗人头吗？那个可怜的人正是我们的庄客啊！飞虎团怕我们派人去缺口那边向官军求救，在村子前后都设了埋伏。"

总管说着又从茶盘里拿出一根筷子，在筷子的两侧各倒放一只茶盅，"这根筷子便是黄河，这边的茶盅是南岸官军的营寨，那边的茶盅就是敝庄。"他又用食指蘸了点茶水围着庄园画了一个圆圈，"敝庄所处的山冈是北岸唯一的高地，它的四周全被洪水淹没了，所以我们此刻正处于一个孤立无援的小岛上，往南岸去的渡船由于河水暴涨全卷走了，渡口也淹没了，闵先生恰好是昨天早上最后一班渡船从南边过来的。现在天知道渡口几时才能修复，还有山冈那边缺口上的浮轿。飞虎团扬言今夜就要动手了，他们正在赶制一辆云车，又准备将攻大门用的巨木搬运过来。"

狄公听罢，不由义愤填膺，问道："他们共有多少人？"

"大约一百来人，"总管答道，"他们虽是一群乌合之众，但都是亡命之徒，有许多便是久经沙场的兵痞。原先他们有三百多人，遭到官军的夹攻追击，剩下的这一些便逃到了我们这里。由于洪水淹没了周围的地方，官军找不到他们的踪迹，他们在这山冈后的洞穴里安顿了下来，潜伏了好些日子。他们得知昨天渡口被淹，渡船卷走，更壮大了胆，无须担忧南岸的官军前来剿捕他们了，便派了几个人来我们庄园，开口就索取二百两金子，若是不给，他们就要洗劫这座庄园，杀个鸡犬不留。闵员外无奈，为了我们庄园里的人和那些难民免遭荼毒，决定给他们金子。他把开银柜的钥匙给了我们，我们把那银柜一打开，柜里却是空空如也。就在同一天，闵员外的侍婢潜逃出了庄园，我们断定那二百两金子就是她偷走的，还疑心她早与强盗有联系，不然飞虎团怎的知道我家银柜里正好藏有二百两金子？我们把金子失窃的事告诉了强盗头目，那头目勃然大怒，说我们消遣他，有意设圈套拖延时间。他们限定了最后时间——今天夜里。如果还不捧去二百两金子，他们便正式发动进攻，此刻他们正忙着准备进攻器具哩。我们偷偷地派人去缺口那边找官军，结果都被他们捉住，割了头颅和双手挂了起来。"

狄公说："黄河南岸便有官军营寨，那里有一千多士兵驻戍，如果我们点起火，他们不是会来救援吗？"

闵国泰愤愤地说道："即使这里成了一片火海，他们也只会隔岸观火！"

"是的，刺史大人有所不知，"颜总管接着说，"现在河水猛涨，河道水情复杂，他们不敢冒翻船的风险，且他们做梦也不会想到飞虎团此刻正在这里猖獗横行，因为狡猾的飞虎团在渡口被冲毁之前从不干扰来回两岸的商旅行客。"

狄公"嗯"了一声，微微点头，说道："形势诚然紧迫，却也不是不可挽救。我们可以加强防护，坚壁死守。比如发些兵器给庄客，动员难民们一齐动手，昼夜巡逻，遇事报警，恐怕也不至于束手待毙吧！"

闵国泰冷笑了一声，说道："你知道我们有多少兵器吗？两杆生了锈的长缨枪，四五张弓，几十支箭，宝剑原有三柄，算上你搁在桌上的这柄，共四柄。"

总管点头道："原先这个庄园听说保持有二十名骁勇善战的团丁，并常备有一个小兵器库。天下太平了这么久，这些武备渐渐都荒废了。"

这时管事廖隆进来禀告为难民准备的米粥已经熬好。

闵国泰噘起嘴说道："你看，又添了四五十张光会吃饭的嘴！"

总管淡淡一笑，"我们还是先为狄使君安排下一个歇宿的房间吧。"

闵国泰道："这事得由我哥哥安排。刺史大人，原谅我们无法予你刺史的礼遇，这实在是不得已的事。我们三人此刻便要去为难民开饭，委屈大人你在此稍候片刻。"

狄公慌忙说："休要为我操什么心了，我在那靠墙的长椅上胡乱睡一宿便行。"

"待会儿让我哥哥来安排吧。"闵国泰又重复了一遍，说着便与颜源、廖隆出了厢房。

（三）

狄公自己倒了一盅茶，慢慢呷着，又站起来反剪了双手，抬头欣赏那墙上挂着的一幅大山水画。画轴两边是笔势拘谨的大字对联，云是：

九五勤政聿承天运；

亿兆乐业维是国本。

狄公赞许地点了点头，眼睛又落在书案的砚墨纸笔上。他忽然计上心来，飞快将茶水倾倒了些在那石砚上，从漆盒里挑选了一柱盘龙描金松烟墨，一面慢慢研磨，一面琢磨着拟撰。他抽出一沓信笺，笔酣墨饱地在一页上写了几行字。写完之后，吟读一遍，又如蒙童习字一样将那一页内容誊抄了十来张纸。然后小心翼翼在每张纸上盖上他的印章，便把这沓信笺卷了起来，放入他的衣袖——他的印章总是用一根青丝线吊在腰间随身携带着。

他背靠着长椅，猜测着成功的可能。他有一种急迫的责任感，他必须救出这庄园里无辜的人和那些嗷嗷待哺的难民。他甚至想去强盗面前暴露自己的姓氏，以朝廷里最高司法官员大理寺正卿的身份与强盗对话，做一番劝谕宣导的工作。这就意味着他将作为一个人质去冒一场不可预测的风险，很可能他会被那群暴徒割掉耳朵或手指，甚至头颅。但是他有自信，他知道如何对付那些强盗草寇，然而此刻他心里酝酿成熟的这个计划恐怕是最能取得成功的捷径。

他站了起来，抖了抖皮袍，走出大厅来到庭院里，庭院内一大群难

明察秋毫

狄仁杰

民正在狼吞虎咽地喝着薄粥。他转到庭院后的马厩里找到了那个为他喂马的少年，和他细细谈了半晌。只见那少年不住地点头，于是狄公从衣袖中取出那卷信纸交给了他，一面拍了拍少年的肩，嘱咐道："莫要耽误了！"少年仔细藏过那卷信纸便出了马厩，狄公也很快回到了大厅。

闵国泰正在大厅里等候他，见他从庭院回来，马上说道："休与那帮难民乞丐混在一起，我哥哥让你现在就去见他。"

闵国泰将狄公带到了楼上闵员外的房间，房间里又闷又热，弥漫着浓烈的药味。房子中间放着一个铜火盆，火盆里满是烧红的炭块，搁在火盆上的药罐正在"嘟嘟"冒气。靠墙边一张古式的雕案，案上一对高大的银烛台，两支"哔剥"地响着的大蜡烛把不大的房间照得通亮。狄公见后墙角安着一张雕花鸟檀木大床，两幅锦缎床帐拉开着，高高的枕头上躺着一个眉须皤白的老人。他的眼圈微微发红，两只凹陷的大眼睛毫无神采，花白胡子零乱散披，沾在满是汗水的头上、颊上和鬓边。

闵国泰上前彬彬有礼地向他哥哥介绍狄公："这位就是北州来的狄使君，他南下京师办公事，遇到了洪水，所以……"

"我早知道要出大事，皇历上明白地写着寅月冲撞着寅年，白虎星临位，白虎精便要出世。"闵员外颤抖着声音，激动地说道，"暴乱、暴死、杀人、破财、强盗抢，一样都逃脱不了——"他闭上了双眼，喘着粗气，"记得上次出白虎星时，我刚十二岁，也是黄河发大水，一直涨到我家大门楼，我亲眼看到……"

一阵剧烈的咳嗽中断了他的话，他不停地哆嗦，整个身子因为咳嗽都战栗了起来，在一旁服侍的闵老夫人忙端上一碗茶送到他嘴边。闵员外"咕咕"灌了两口，咳嗽稍稍平息下来。

"狄使君要在我们家借宿一夜，我想楼下西厢房还空着，是否就让他在那里暂时歇宿？"闵国泰开口问道。

老员外突然睁开布满血丝的眼睛，若有所思地盯了狄公一眼，嘴里又嘟囔起来："应了,分毫不差,完全应了。寅年寅月飞虎团来了,又发了大水,梅玉死了,我眼看也要一命归阴。我那可怜的女儿,我一时又不能给她闭殓落土,飞虎团会抢去她的尸体的,那帮杀人不眨眼的魔君什么事都会干出来,你们得赶快想法子——"

他咳嗽着努力想坐起来,一双像鸡爪一样的、苍白的手死死捏住了被子不放,他哽噎住了,眼睛又闭上,挤出了几滴老泪。

"梅玉是我哥哥的独生女。"闵国泰低声对狄公说,"她只有十九岁,是一个聪明伶俐的姑娘,不仅能读书写字,就是那琴棋书画、描鸾刺凤也样样精通。只是常犯心脏病,身子十分虚弱,不可担惊受怕。昨夜听得飞虎团要来攻打庄园,便猝发了心脏病,竟是死了。我哥哥疼她如掌上明珠,她这一死,我哥哥便倒在床上,旧病复发了。"

狄公心不在焉地点了点头,眼光却落在房间角落里端正放着的银柜上,银柜旁高高堆起四个朱漆衣箱。

闵老员外又睁开了眼睛,顺着狄公眼光,指着那银柜声音嘶哑地说道:"刺史大人,那是放金子的地方,整整二百两……"

"都被翠菊这小淫妇偷走了,那个不要脸面的贱货、九尾狐狸精。"闵夫人粗哑的嗓音忙插上嘴来。

闵国泰尴尬地对狄公说:"翠菊是这里的一个侍婢,她昨天竟卷了细软跑到飞虎团入伙去了,那二百两金子也被她偷走了。"

狄公站起来好奇地查看了那银柜。

"好像没有撬锁。"狄公说。

"她有钥匙!"老夫人愤愤地说。

老员外一只骨瘦如柴的手使劲摇了摇,用一种几近哀求的眼光望着老夫人。见他嘴唇鼓嗽了一阵,却只是发出一些意思不相关的断语只字,两行眼泪沿着他那干瘪的双颊慢慢流下。

狄公移开他的视线,弯着腰又细细地将那银柜看了半晌,银柜严严实实，四面铁板和紧固的挂锁上没有一点破损的痕迹。

闵员外渐渐恢复了平静，努了努嘴，说道："只有我、我的妻子和我的女儿梅玉知道放钥匙的地方。"

他那薄薄的、没有血色的嘴唇上露出一丝狡猾的微笑，他突然伸出手，用那细长的指爪摸到了乌檀木床雕花的床头。只见他轻轻地按了一下一朵荷花的花蕊，听得"咔嗒"一声，床头弹开一块小板，里面却是一个浅凹的小盒，盒中平放着一枚铜钥匙。老员外的脸上顿时露出天真的笑容，他好玩似的又连续开关了好几次。

"翠菊平日一直服侍你，你不知哪天发烧糊涂时告诉了她藏钥匙的地方。"老夫人狠狠地说，"你告诉了她，自己还不知道哩。"

"不，"老员外严肃地说，"翠菊是个知礼本分、手脚干净的姑娘，她家世世辈辈都是忠厚朴实的农民。"

老夫人动了气，"她老实本分谁见着来？她哪一点比得上梅玉？"

"啊！梅玉！我那苦命的梅玉！梅玉是一个多么聪明漂亮的姑娘啊！我为她选定女婿，那人家姓梁，是个殷实的大户，我已为她安排妥了出嫁的一切妆奁，她竟……"老员外又伤心地呜咽起来。忽然他又想到了什么，于是用一种恍惚迷离的眼神瞅了一下狄公，说道，"狄刺史今夜就住在我女儿梅玉的房间里，那里比较清净。"说罢，挥了挥手，深深叹了一口气，又闭上了眼睛。

闵国泰陪同狄公出了老员外的房间。

下楼来时，狄公说道："看来老员外病得不轻。"

"嗯，确是这样，但我们所有的人今夜都得被飞虎团杀死，还是梅玉有福分，没死于刀箭之下。"

"闵小姐恰恰死在结婚之前？"狄公问道。

"嗯，梁家的庄园远比这里大，奴仆成群，牛马无数，金银堆得如山一样，梁公子又是风流潇洒一流人物。我哥哥很费了番周折才攀上了这门亲，上个月订的婚，梁家原打算下月迎娶，却碰上了这些倒霉的事，洪水、飞虎团，竟是将小姐吓死了，此刻还不曾去梁家报信哩。"

"老员外说她尚未闭殓安葬，不知她的尸身如今暂厝何处？"

"棺材就搁在大厅后的佛堂里。"

狄公和闵国泰回到大厅时，颜源、廖隆已在饭桌上等候他们了，桌上早摆开四大碗饭，四碟子腌渍菜果，一盘咸鱼和四个酒盅。

"刺史大人委屈了，家里存粮存菜已不多。"颜总管说着一面苦笑地摇了摇头，一面站起为大家斟酒。

狄公饿了，他觉得这份简单的粗菜淡饭很合他的胃口，酒的质量也很高，甚是解乏。他抬头忽见廖隆神情阴郁，像有一腔心事，满满的酒盅未尝沾唇一滴。

廖隆放下手中的筷子，胆怯地望了一眼狄公，开口说道："狄老爷，你作为一个刺史总收捕过匪徒、强盗吧？你可知道那飞虎团肯不肯接受飞票。闵员外与州府里的两家金银号有些钱财往来，或许可以预支一些金子，先救了眼前的燃眉之急。"

狄公冷冷地说道："据我所知，强盗只肯收现银，你们胆小，强盗胆更小哩。"

狄公一杯酒下肚，顿觉全身暖和起来，他的马靴也早干了。他站了起来将皮袍脱下放在靠椅上，一面又接着说："你们千万不要惊恐，强盗非常害怕官军。我们感到时间紧迫，他们更感到时间紧迫，他们必须在洪水退去前逃离这里。不可期待强盗侥幸宽谅你们，要树立信心，靠自己的力量积极组织防御，有准备才能免患祸。这里濒临黄河，一定有不少渔民，今晚你们选上几名会打鱼的庄客或从难民里请几个渔民来，准备一张大渔网，让他们守着渔网先埋伏在大门上的暗楼里，千万不可走漏消息，然后我们通知强盗头目前来领取二百两金子——就说是金子找到了。强盗头目骄妄轻心，容易上当。他当然会带上一些保镖来，趁他们进出门楼时不备，便撒下渔网，将他们网住，纵使他们有天大的武艺，我们只需几根棍棒就可以将他们打得脑浆迸裂。但不要打死他们，而是收缴他们的兵器，将他们先用绳索捆绑起来。那时我们就可以提出谈判，有俘虏在手里，我们便有了点主动，不怕他们不退兵。”

“这倒是条妙计。”闵国泰慢慢点着头。

“不行，这太担风险，”颜源说，“万一出半点差池，他们真的会将一个庄园里的人全部杀死！”

狄公严峻着脸厉声说道：“万一有差失，你们将我一个关在门楼外，我自有妙策叫他们退兵。你们或许不知，我正是寅年寅月降生的，正经是飞虎团的克星。”

颜源、廖隆虽还有悸心，但也拿定了主意。

闵国泰道：“我来管设渔网，廖隆去找几名渔民来，就这样试试，或许狄大人真是飞虎团的克星哩。颜源你陪同狄大人去梅玉房里休歇，我此刻要上戍楼去换番。”

他转回头对狄公说：“庄园里已开始宵禁，戍楼上每两个时辰轮番当值，监视飞虎团的动静。”

“我理应也充一个数，我替换你的当番如何，闵先生？”狄公说道。

闵国泰迟疑了一下，只得答应了狄公严正的请求。

“好，你的当番时间从前夜亥时到后夜丑时，颜源从丑时到天亮卯时。”

闵国泰说着便与廖隆去库房整理渔网，颜源将狄公领到了三楼上梅玉小姐的房间。

颜源在门口停下了脚步，苦笑着说：“老员外安排狄大人住这房间，实在令人不解，这房间里刚死了人。狄大人如果嫌不方便，可以换到下面大厅的西厢房去，那里现在空着。”

“不，这房间环境甚是清静，我就在这里住吧。”狄公坚持道。

颜源无奈，拿出钥匙将房门打开，房间里阴冷黑暗。颜源熟练地将桌上的蜡烛点亮，一面指着房间里整齐的陈设说道："梅玉小姐是个淡雅素洁的人，你看这些摆设便可明白，那扇折门外是一露台，梅玉小姐最喜欢在夏天的夜晚独个坐在那里弹琴赏月。"

"闵小姐可是独自一个住在这层楼上？"

"是的，这三层楼上没有其他的房间了，小姐也喜爱这里清静。好了，我让仆人替你送茶来，你好好休歇一下，半夜我再来唤你去戍楼值番。"

（四）

颜总管走后，狄公将皮袍穿上。这房间相当阴冷，且折门关闭不严，一丝丝北风透了进来。他将宝剑放在桌上，打量起这房间，房间的地上铺着一条很厚的草绿地毯，靠门右手安着一张狭小的床，床四面悬挂着一幅绿色纱罗帐，床边也照例堆起四个朱漆衣箱。折门边是一张梳妆台，台上一面银镜闪闪发光，镜下是铅粉盒、胭脂膏，靠门左首一座古色古香的几上安放着一架古琴。临窗是一张雕镂得精致细巧的书案，书案旁立着湘妃竹书架，书架里整齐堆着一函一函的书，书册间往往插着象牙标签。靠书案的墙上挂着一幅春冰寒梅图，看其款识系出于齐梁时代一个名画家之手，书案上砚墨纸笔无不精美。狄公微微点头，他这才知道梅玉是一个有相当文化素养的、兴趣多面又典雅娴静的姑娘。

狄公在书案前的一只乌檀木凳子上坐了下来，一面捋着颏下一把又浓又黑的美髯，一面陷入了沉思。

他想，他对武备的意见，即用渔网捕人的想法虽无很大把握，但显然已起到了为这个庄园里的人壮胆的作用。看来最可靠的还是由他亲自出面与那帮飞虎团谈判，倘使强盗扣留了他作为人质，朝廷闻讯便会出来干涉，因为他此刻已是朝廷里的重要官员。强盗一旦知道了他的真正身份，毕竟胆怯，哪敢轻率杀害？他知道如何一步一步将这帮强盗一网打尽。

不知怎的，他想着想着又想到了闵员外的那二百两金子。侍婢翠菊固然可能知道放钥匙的地方，但狄公隐隐察觉某种事实被人故意掩盖了，可他一时又说不明白究竟这个事实是什么。闵老员外很疼爱他的女儿，但他也相信翠菊不会偷钱，老员外又为什么偏偏要我这个过路的官员住在他刚死了的女儿的房间里呢？

忽闻几下敲门，一个驼背的老仆走进房里将茶盘奉上，刚待要走，狄公叫住了他，问道：“梅玉小姐犯心脏病时，是不是她独个在这房里？”

“嗯，她就躺在那张床上，穿着一件白绸长裙。那正是吃晚饭之前，颜先生上楼来敲门，她不回答，颜先生下楼去叫来了闵先生和我。我们进房来时，她就直挺挺地躺着。闵先生叫了她几声，她也不回答。闵先生上前推了她一下，竟不动弹，便觉不妙，又慌忙替她切脉。我见闵先生脸色顿时吓得发白，口里说了句，‘唉，竟是这样快就死了’。颜先生闻言也惊了手脚，命我下楼去叫我老伴给两人抬一张竹榻来；又吩咐不要马上去禀告老员外，怕他有病受惊不起。我同老伴抬来竹榻时，颜先生便叫我们将小姐尸身先抬到楼下大厅后的佛堂里，我当时记得小姐的尸身还怪沉的，他又叫来廖先生帮我们将小姐尸身放入棺材。廖先生当时就发了呆，最后还是我同老伴将小姐匆匆放进了棺材的。”

狄公说：“明白了，你可以下去了。”

老仆走后，狄公想找柄梳子梳一下胡子，他拉开了梳妆台的抽屉，发现抽屉里有一个锦缎卷轴。他解开了卷轴的丝带，慢慢展开，原来是一幅娉婷女子的画像，边款题着“梅玉二八芳龄写影”八字，显然是梅玉小姐三年前的画像。狄公将画像展开在书案上细细端详。

画像上的梅玉，侧面半身，乌黑发亮的长发在脑后梳扎了一条蓬松的大辫，双肩水蛇般瘦削，纤细的右手拿着一枝梅花，紫绡轻衫上也绣着梅花的图案。她的脸隐隐有一种不可思议的女性的魅力，细眉略有点高，双颊略有点凹，鼻尖微钩，嘴唇微紫，只是那一双炯炯有神的大眼睛灵光闪烁，射出一种令人不安的贪婪神色。

画家不愧是个高手，神明写照全在那转盼若生的眼睛上，狄公看着那眼睛，心里不禁略略一怔，仿佛这位死去的小姐正走进了她的房间，狄公感到阵阵寒噤。

窗外大雨滂沱，漆黑一片。他放下了画像，听了一会儿雨声，他不明白画像上那眼睛为什么竟使他感到格外不安。他蹀步到书架前，将那《列女传》《女儿箴》《金闺宝训》一类的书搁到一边，一函四位南朝诗人的合集引起了他的注意，因为诗集的许多页码上都夹了绢箔或插有牙签，这说明梅玉小姐非常喜欢读这些诗。狄公马上发觉这四位诗人都是郁郁厌世而自杀的，他抚摸着胡子，思索着这个发现可能的含义。当他再翻阅其他的书籍时，更感到迷惑不解了，因为许多竟是道家养生炼气、转丹合汞、八卦阴阳、鬼仙符录之类的著作。狄公摇了摇头，叹了一口气，又回到书案前，挪近蜡烛，慢慢揣摩起那轴画像来。

狄公终于明白了，这位可怜的姑娘患了心脏病，日夜为生命不久担忧。她害怕她婚前就会死去，病态的心理驱使她从幻想破灭悲观厌世的诗人作品中寻求安慰，她的这对贪婪的大眼睛正是她对美好生活渴望和追求的写照。他也明白了，梅玉之所以把这轴画像放在梳妆台的抽屉里，只是为了每天梳妆时可以对着镜子比较，寻找哪怕一点点病情恶化的迹象。她对梅花的偏爱也是很自然的，因为梅花是严冬过去、新春到来的象征。这个可怜的姑娘幻想自己的生命如同梅花一样坚强、一样娇美、一样雅洁，她的名字又正占着一个"梅"字。

狄公在床上躺下，听着屋外单调的雨声，闭上眼睛努力想睡一会儿，然而梅玉的画像却像幽灵一样一直浮现在他的眼前，有时他甚至感到梅玉就在他面前正娇啼凄凄地向他泣诉自己的不幸和冤屈。大概还是太疲乏了，他终于睡着了。

颜总管摇了摇狄公的肩膀，狄公惊觉地醒来，他发现此时窗外的雨已经停了。

颜源说：“我下戍楼时看见那强盗的山洞里火光很亮，不知他们正在干什么。”

他提着一盏长明灯在前面为狄公引路。

潮湿、漆黑的庭院里靠墙有三个人挤作一堆打鼾。颜源用长明灯照了一下他们三人，说道：“这就是请来的三个渔民，他们已在门楼上安放了一张大渔网，一有情况马上可以将大网撒下，网住从门楼下进出的人。”

狄公满意地点了点头，随着颜总管上到了东戍楼。

戍楼四面有栏杆护定，尖顶很低，不仅可以防风雨，而且可以避乱箭，居高临下，戍楼外平川冈峦历历在目。

颜总管安排了狄公的值番，仍没有走开的意思，他将长明灯放在地上，凑到了狄公身旁。

“狄大人，你看飞虎团在山洞里点起了大火，他们想干什么？”

狄公凝视了一晌，“天晓得，可能是为了取暖吧。”

他向后看了看，只见漆黑一片，哗哗的河水夜来流声更急。风虽停了，但戍楼上甚是寒冷，狄公忍不住打了一个寒战。他说道：“我见闵员外说话瞻前顾后，吞吞吐吐，好像有什么心事，但我可以断定他是个相当精明的人。”

“当然。”颜源答道，“他既精明，为人也正直厚道，又肯周济贫寒，闲常处理事务也公心大度，故在庄园颇得人心。老员外很有钱，闵家在这里经营了好几辈，他在州府的几家金银号里还存有大量的金银哩。”

“闵员外死后，谁继承他的家产？”

“当然是梅玉，然而她死了。看来闵员外的全部钱财产业只能由他的胞弟闵国泰承继了。那家伙已经有使不完的钱，但他正觊觎着老员外这一笔飞来横财哩。"

狄公点点头，又问："发现梅玉死了时，你可在场？"

"嗯——不，我当时不在场，但我发现情况有些不对头。由于飞虎团索逼金子，梅玉昨天和我们大家一样相当沮丧，老夫人说她上楼比往常早。吃晚饭时我上楼去敲她的房门，里面却没人答应。我忙下楼去报告闵国泰，闵国泰喊了老仆人一起上了楼来，开门进去，见梅玉已死在床上，穿得齐齐整整，一动都不动。"

"会不会是自杀？"狄公说。

"自杀？不，闵国泰懂得脉理，他切过小姐的脉，断定是心脏病猝发死了的。我们不敢马上禀报老员外，怕他积年哮喘又要复发。记得是廖隆和老仆人抬着放到佛堂里的一口棺材里的，事后才告诉了老员外。"

"原来如此。"狄公说道，"闵老夫人说起一个名叫翠菊的侍婢如何偷去了二百两金子，这又究竟是怎么回事？"

"嗯，那二百两金子很可能就是翠菊偷的，银柜的钥匙只有闵员外和闵夫人两人知道。翠菊虽是个农村姑娘，但很机灵，长得又有三分姿色。平时只一味巴结、讨好老员外，盼望有朝一日被老员外收了房，做小老婆。老员外在喝醉了酒或发高烧时，或被小淫妇迷住了灵魂时讲出了放钥匙的地方。当飞虎团扬言要二百两金子时，翠菊想不如自己趁早一步动手。她偷偷拿了钥匙开了银柜，取走了那笔金子，逃到山冈乱树林子里做个窖埋了起来，然后投奔那强盗去了。将来强盗剿灭了，她瞅个空儿再来挖出金子，到州府或京师嫁个富户，岂不是坐稳了百年富贵。"

颜源突然觉得说滑了口，尴尬地站了起来，对狄公说："噢，我该走了，丑时再来替换你。你见那椽上挂着面大铜锣，强盗如果攻来，便赶快鸣锣报警。"

颜源告辞走后，狄公仔细地观察了山洞里强盗的动静，他发现强盗正在扎云车，估计强盗在拂晓前不会轻易进攻。狄公此时的兴趣正在梅玉小姐之死这个谜上，他觉得闵老员外要他在梅玉的房间里过夜必有一层深意，看来梅玉之死系着一个复杂的案子。闵老员外刚才提到的白虎星临位、白虎精出世不正意味着飞虎团的暴乱和梅玉小姐的暴死吗？他老人家自己打着闷葫芦，一吞半吐，更说明这内情的蹊跷。狄公决定亲自侦查一下，首先把梅玉之死弄个水落石出。

颜总管来到戍楼上替换狄公时已是半夜了，风雨刚过，戍楼外出现一二疏星。狄公寒暄了一句，便提了那盏长明灯下了戍楼。

（五）

狄公悄悄回到了三楼房间，他轻轻将那折门拉开，一片银白色的月光倾泻进了房间。狄公走到露台上欣赏了一会儿月色，他发现露台一角有一座竹制的三层花架，架上放着几个空花盆，最上一层几乎挨着了宽大的屋檐。折门横楣一直到屋檐用一式三尺见方的天花板铺设，每块天花板上雕着双龙腾云的图案。这些精细的雕饰说明这幢宅子至少有二百年的历史，因为后来的建筑师们不再有这样的技艺，也不肯下这样的功夫了。

黑云如墨，寒风如刀。狄公敞着房门，万一有报警的锣声他可以很清楚地听到。他正待上床，眼光却瞥见了房间一角的那张古琴。他这时一点睡意也没有，心想不如乘机拨弹几下，正可调颐精神，且窗外如此好的月色，古人不是常说弹琴须得在明月之夜吗？狄公年轻时很爱弹古琴，听说这种乐器还是圣人孔子所喜爱的哩，"乐教"是孔子政治思想和教育内容的一个重要组成部分。但狄公多年没有抚摸过琴弦了，他好奇地想看看是否仍旧记得那些复杂的指法。

狄公摩擦了一下他那冰冷的手指，用拇指先拨了一下那七根琴弦。琴声特别幽沉，在寂静的房间里袅袅回响。宫商五音大致正确，这说明梅玉死前不久还弹过这张琴。狄公尽力回忆他所喜爱的曲谱，但是没有一支曲谱能完整地背出来。他摇了摇头，拉开了几下的一个抽屉，见里面放有几册古曲琴谱，但指法太难，抚公不敢拨弄。琴港中有一册题曰《梅花三弄》，狄公不由深深点了点头。这完全是可以想象的，梅玉对梅花有一种特别的感情。

　　狄公在抽屉底里发现了一册题名为《心上秋》的琴谱，狄公从未听过这个乐曲的名字，但这琴谱简单易弹，且琴谱旁边又用蝇头小楷配着歌词，歌词有许多处改动，显然这是梅玉自谱曲自填词的一部乐曲，其歌词云：

明察秋毫

狄仁杰

飘摇兮
黄叶，
寂寥兮
深秋。
逝者如斯兮
哀哀何求？
一点相思兮
眉间心头。
鸿雁兮
喟喟，
浮去兮
悠悠。
川山邈绵兮
战国小楼，
越鸟南翔兮
狐死首丘。

狄公按谱慢慢弹了一遍，口中也随着轻声吟唱。这曲子节奏明快，声调婉转，容易记住，其词意哀怨、如泣如诉，又感人至深，狄公重复弹了两遍便全部背出来了。他高兴地两手向上抖了抖，使皮袍的宽袖往肘部退缩一截，抬头凝望着窗外皎洁的月光，准备认真地再弹一遍。

突然，他的眼角瞥见一个窈窕女子的身影站在折门边的角落里，心里蓦地一惊，不由毛骨悚然。那影子徘徊了一会儿，轻微叹息了一声，很快消失在黑暗里了。

狄公呆呆坐在那里，手抚摸着那张古琴，一种莫名的紧张情绪使他口燥心乱。他慢慢站起身来，向那折门走去，房间里根本没有人。折门外露台上一片惨淡的月光，周围是死一样的静寂。

狄公用手揉了揉眼睛，心想莫不是死去的梅玉显灵了。他镇定了下来，踱步到露台上，深深呼吸了几口新鲜潮润的空气。在他漫长的生涯里，他碰到过不少次鬼怪显灵的事，但后来都证明是自然现象或主人行为的错觉，这些经验使他不肯轻易相信真有什么鬼魂、神灵的出现。但眼前这已死的姑娘的幽灵又是怎么一回事呢？难道又是错觉？此刻他的神志却是很清醒的啊！

狄公苦苦思索着又走进了房间，随手关上了那扇折门。他点亮了长明灯，心中盘算起来，他突然又相信梅玉幽灵的出现可能是冥中来向他诉冤，她的幽灵试图冲破阴阳间的大限，顽强地显露自己的存在，好让她的死因大白于人间。他下定了决心提起长明灯便下楼去，在底楼大厅的后面寻到了那间佛堂。

佛堂的门没有上锁，狄公推门一进去便闻到浓烈的檀香气味。他随手轻轻地关上了门，将长明灯高高擎起。佛堂后墙一张朱漆的高高供案，供案前是一个干净的蒲团。供案后端正一个精致小巧的神龛，神龛里供着大慈大悲观世音镀金塑像。供案上安放一尊白银打制的香炉，香炉里有半炉香灰，四支点燃的香的青烟袅袅飘升。

狄公看了看那四支点燃的香，突然从香炉旁搁着的一大把未用过的香里抽出一根来与香炉里点燃的香比了一下长短。他发现点燃的香才烧掉短短一截，这说明刚才还有人来佛堂上过香。

佛堂正中厝着一口尚未油漆的棺材，棺材搁在两条长凳上，这无疑便是梅玉小姐的棺材了。佛堂的这边悬挂着一幅古色古香的锦缎帷幕，帷幕上绣着释迦升天前的情景：释迦侧身躺在卧榻上，他的弟子们和三千世界的菩萨都围在卧榻旁默默含悲。

狄公将长明灯搁在供案上，正待细看那棺材，忽然觉得身后闪过一个人影。狄公警觉地掀开那帷幕看了一看，帷幕后只是严实的墙壁，并不见有什么人躲藏。他回转身来，借着长明灯的光亮细细观察起那口棺材。棺材约六尺长、两尺高，看来尸身无须搬出来就可检验。他满意地发现棺材盖没有钉死，而只是用一长条宽油纸围着棺材盖下密匝匝糊了一周。他用力推了一推，发觉那棺材盖相当沉重，一个人不易打开。

226

狄公脱掉了皮袍，叠好后放在蒲团上，开始用手指甲轻轻掀剥那油纸。"淅淅"的撕纸声里突然夹着一声人的叹息，狄公猛地吓了一跳。他愣住了，屏住呼吸侧起耳朵再听了听，只有自己心脏跳动的"怦怦"声，再不就是风吹动那帷幕的声音。他弯下腰来又开始撕剥棺材盖下的油纸，这时棺材盖上出现了一个长长的黑影，狄公慌忙回头，见廖隆正立在他的背后。

"老爷，让小姐的灵魂得个安宁吧！"廖隆用一种沙哑的声音平静地说道。

狄公惊魂未定，不由恼了火，"这是一个肮脏的骗局！我要检验梅玉小姐的尸体，你又为什么来这里，廖管事？"

"老爷，我……我来这里是为了给小姐烧香的，望她的灵魂早日超升。"

"那你为什么要躲藏起来？你刚才究竟躲藏在哪里？"

廖隆将那锦缎帷幕拉开，指着墙角一扇小门说道："我就躲藏在那里，那里原是一扇小门，现在堵死了。老爷说得对，我没有必要躲藏起来，不瞒老爷，我心里很爱小姐。"

"小姐也爱你吗？"

"我从不敢在小姐面前露出这个意思，我们家族早败落了，我寄人篱下，半个奴才的身份，怎敢奢望小姐喜欢我。再说小姐已许了人家，正准备着办婚事哩。"

"你认为小姐的死有什么蹊跷没有？"

"她常犯心脏病，情绪不可激动，飞虎团来庄园勒索金子可能使她受了惊吓。"

"廖管事亲眼见了小姐的尸体没有？"狄公又问道。

"我很悲伤，不忍心看。老爷，你知道听见小姐死了，我自己都吓昏了，是那对老仆夫妇将小姐尸体收拾了。"

"好吧，你现在来帮我移开这块棺材盖！"

狄公掀开油纸的最末一段，用力一扯，那油纸便全被撕剥了下来。

"你托住那头，我们把它放在地上！"

他们抬起了棺材盖。

"啊！"廖隆惊叫一声，"这——这是翠菊！"

"住嘴！"狄公命令道。他俯身细看棺材里躺着的女子。那女子的脸长得很是俊俏，只是皮肤粗黑了点。两条长眉下紧闭着浅蓝的眼皮，一张小口旁两点甜甜的酒靥，与那画像上的梅玉毫不相似。

"我们将这盖轻轻放在地上！"狄公对木然发呆的廖隆说道。

两人放倒了棺材盖。狄公将长明灯放进棺材的一角，他注意到翠菊身上穿的那件白绸长裙上也绣有好几朵淡红的梅花，长裙的腰带在她那丰满的胸脯下系着一个漂亮的蝴蝶结子。

"这长裙是梅玉的！"狄公说。

"老爷判断的是，但这死人分明是翠菊。"廖隆应道。

"我现在就检验翠菊的尸体，你去佛堂门口替我守着，见有人来送个信息与我。千万别点蜡烛，此事看来暂时不能让这里的任何人知道。"

廖隆听命出了佛堂，哆嗦着身子站在佛堂门口。

狄公花了好大工夫才解开长裙腰带的那个蝴蝶结子，他抽出腰带挂在棺材沿上，又将尸体抬高一点，尸体果然很沉。尸体双臂已经僵直，长裙内没穿内衣，皮肤上不见有施行暴力的痕迹，狄公发现她已有四个月的身孕。他将尸体翻过来，只见左肩下贴着一块铜钱般大小的黑膏药。他小心地揭开那膏药，见一圈变了色、发着腐臭的肉中露出一个小小的伤口。狄公用银发针探了探伤口的深浅，马上明白这小小的伤口正是死者致命之处，凶器是一柄又尖又长的匕首，匕首的尖端正刺着了死者的心脏。

狄公将尸体重新仰面放下，再将长裙系上。他想将那腰带打成原来那样的蝴蝶结子，但无论如何却是打不成了，他只得草草将长长的腰带两头一系，打了个简单的结子。然后狄公叫廖隆进来，廖隆又惊又怕，且在门口受了冷，脸像死人一样苍白，两人再将棺材盖盖上。

"你回房间睡觉去吧，我设法找到梅玉。"狄公吩咐道。

狄公又迅速回到三楼梅玉的房间，他将长明灯搁在桌上，很快拉了折门，走到了露台上，现在他完全相信在他弹琴时曾露过一面的并不是梅玉的灵魂而是梅玉的真身，他发现从二楼爬上露台或从屋檐爬下露台都不可能。梅玉曾在折门边上看他弹琴，而他追出来时却不见人影，看来问题还是出在露台上。

他细细观察了露台的每个角落，看了看从折门门楣一直延伸到屋檐边缘的那一排天花板，又走进房间见那天花板竟与房间里的天花板一般高低，他断定这天花板与屋顶之间必有一个阁楼。阁楼在折门门楣处只有二三尺高，但愈近屋背便愈升高。他琢磨会不会露台上有一个通向阁楼的入口，他又到露台上看了看那座三层花架，一个人很容易将那三层花架作为阶梯从而够到天花板的高度。

狄公用脚试了试那花架的第一层，花架摇摇晃晃，似乎受不住他身体的重量，但看来承担一个年轻女子还是绰有宽裕的。狄公回到房间搬来了那张乌檀木凳子放到花架旁，他踩了上去，一双手便毫不费力地碰到了那天花板。

他轻轻顶了顶那天花板，发现可以移动，便用力向上一推，一块天花板打开了——惨淡的月光正照着一张灰白的脸！

"啊"的一声，一个女子缩在黑暗里正瞪大了一双眼睛惊惶地望着爬上来的狄公。

"闵小姐，下来吧！"狄公冷冷地说，"你无需害怕，我是你父亲闵老员外的客人，今天夜里在房间歇宿。来，我扶你一下。"

那女子不用狄公帮助，一脚踩着那花架的最上一层，轻松利索地爬下了阁楼，她将沾满了灰土的蓝绉夹裙拍了拍，向露台外山坡上迅速溜了一眼，那里飞虎团正在烧着篝火，她一声不响地走进了房间。

狄公示意那女子坐在琴几边的一把靠椅上，他自己从露台上端回了那乌檀木凳子，拂了拂便坐下。他轻轻捋着胡子，一面注视着那女子一张葱白的长脸。看来三年里梅玉的模样没有多少变化，狄公不由对那画家的高超笔法深感钦佩。梅玉腰以上的部位原有点弓，额头原很大，但都被画家巧妙地掩盖了。

狄公微微笑道："闵小姐，我听说你犯心脏病死去了，这一个庄园里的人都在为你致哀，要不是飞虎团的麻烦，都要为你闭殓落葬了！然而事实上棺材里躺着的死人却是翠菊，她这个可怜的侍婢无疑是被人谋害死的！"

狄公停了停，看了看梅玉，梅玉沉默不语，便继续又说道："我姓狄，是外州来的一个刺史。路过此地，这里既然出了人命，身为朝廷命官，我有责任查讯一下出人命的原委。"

梅玉抬起头来，一双大眼睛露出忧郁的神色，她开了口："刺史大人没见天空已经出现了鲜红的晨曦，天一亮我们全部都要被飞虎团杀掉。"

狄公淡淡地说："尽管如此，我还是等着你的说明。"

梅玉神秘地笑了笑，耸了耸那尖削的双肩，以一种故意拖长而显得有教养的声调说道："昨天晚饭之前，我上楼来梳洗完毕，站在露台上看了好一会儿黄昏美丽的山色，又想到飞虎团杀进庄园的可怕情景。天渐渐黑了下来，我想翠菊该来服侍我换衣服了，我回到了房间猛发现翠菊竟侧着身子躺在我的床上，登时冒了火，想上去骂她。待走近一看，才发现她已经死了，是被人用匕首刺死的。我刚要大声喊人，忽然想到此事来的蹊跷。翠菊平时从不睡在我的床上，凶手企图杀的是我而错杀了翠菊。如果凶手已明白错杀了人，此刻不会躲得很远。想到此我突然一阵战栗，冷汗直冒，心悸怦怦。正在这时门外响起了脚步声。一会儿脚步声停了，凶手开始敲我的房门，我吓得魂不附体，慌忙跑进露台，从那花架上爬到了那个秘密阁楼躲藏了起来。"

梅玉停顿了一下，溜眼打量了一阵狄公，矜持地用她那细洁柔滑的手指撩了撩一缕垂到鬓边的长发，又平静地说下去："就在最初听到飞虎团的消息时我就偷偷在这阁楼里铺了床单，储放了许多食物和一坛水。我想一旦强盗杀进庄园，我就把年老的双亲藏进这阁楼，等强盗离去后再下来，那里储藏的食物至少可以维持三五天。我爬上了阁楼后，好长一段时间什么声音都没听到。我刚要下阁楼来，又听得'砰砰'的敲门声，接着门打开了，我听到我叔叔哭着说我死了，他肯定把翠菊当成了我，他这次回来还未见过我哩。他当然也不会认识翠菊，我们年纪又差不多。我想跑下阁楼去告诉我叔叔怎么一回事，但我怕凶手也在下面窥伺着，我索性在阁楼里先藏几日，他们说我死了也好，我躲在这里正可细细观察他们的动静和凶手的企图。"

"今天一早我偷偷下楼来想弄点糕点上去，忽然听见走廊上颜源和廖隆正谈论我，说我是猝发心脏病而死的。我听了心里便感到恐惧，凶手已经脱掉了杀人的干系，这定是个非常残忍而严密的阴谋。傍晚我听见房间里颜源与一个陌生人在说话，夜里又听到有人在我房间里弹我最喜爱的一部乐曲，我惊奇万分，忍不住偷偷溜下来一看，原是一个大胡子。我吓了一跳，又逃进了阁楼，头里我还疑心那大胡子便是要杀害我的凶手，想不到原来是你——我父亲的朋友狄刺史。"

狄公慢慢点头，他发现梅玉是一个头脑非常灵活的女子。他倒了一盅茶递给她，梅玉接过一口气便灌下了肚，狄公问道："闵小姐，你猜可能是谁要杀害你？"

梅玉摇了摇头，然后说道："刺史大人，我实在想不出来谁与我有冤仇，正因为如此，我更感到害怕，我觉得随时我都会被那凶手杀掉，凶手好像就躲在这房间里。我久居深闺，很少与生人见面，又不问理财务，也不苛待奴婢。自从那梁家聘定了后，更不敢抛头露面了，独个在房间里做点针线，闲时也弹弹琴，弄点笔墨字句。"

狄公说："我听说你是这个庄园唯一的继承人，你父亲在州府各处还存有大量钱银。你可知道万一你死了，谁会继承你父亲留下的这一大笔财产？"

"我的叔叔。"

"这便是了，我听说你那叔叔虽然很富绰，但生性很贪婪。"

"啊！不，我叔叔绝不会觊觎我的财产，他更不会想到要害我，他与我父亲毕竟是手足之情、骨肉之爱。"梅玉眨了眨眼睛，想了一会儿，犹豫了一下又继续说道，"会不会是廖隆？他是我家的管事，我知道他很爱我，尽管他从不敢嘴上吐露，他明白他低贱的身份根本不敢奢望与我攀亲。我受聘梁家后，他一直闷闷不乐，转而切切有怨声，我已留意到这一点了。他看上去虽很谦和，却是一套假斯文。"

狄公微微一惊，低头呷了一口茶，说道："闵小姐，我看翠菊不像是被错杀的，我检验过她的尸体，她已有四个月的身孕，你知道这可能是谁干的？"

梅玉脸上露出鄙夷的神色，轻蔑地说道："翠菊是一个淫荡的女子，一向不安本分，她与这里的许多男人都有勾搭，那股妖劲真令人作呕，我父亲二百两金子很可能便是她伙同她的奸夫偷的。狄大人所言不差，她不是被错杀的，正是她的奸夫为了独吞那金子杀人灭口，干的这事。"

狄公漫不经心地说道："我又听别人说翠菊很单纯、很稳重，而且她对你父亲的服侍是无微不至的。"

梅玉的脸气得通红，尖着嗓音说："那淫妇最惯使手段，在我父亲面前娇模娇样，百般献媚，我父亲迷了心窍就把藏钱的钥匙给了她。我母亲几次将她从我父亲的房间里赶出来……"

狄公微微点头，"小姐说得不差，我也相信翠菊是被她的奸夫杀害的。但那奸夫看来不会是长工和奴仆，可能是这庄园进进出出而不受盘问的人。那凶手杀了翠菊，又将你的白绸长裙给她穿上，想来是警告你，你如果知情乱说也便杀了你。闵小姐，此刻还有谁知道你躲藏在这阁楼里？"

"谁都不知道有这么一个阁楼，整个庄园里的人都认为我死了。"

狄公正色说道："我认为嫌疑只有两个人，一个是你说的廖隆，另一个便是颜源。他俩都是这庄园里进进出出不受盘问的人，且与小姐你和翠菊都十分稔熟……"

梅玉急忙说："颜总管是个温文尔雅有教养的君子，与我家又是亲戚，他绝不会与翠菊那淫妇鬼混。"

明察秋毫

狄仁杰

"我听说他在城里犯了几件风流案子，他父亲才决定送他到乡下来。"

"你毁谤好人！"梅玉气愤地大声嚷道，"颜总管生了一场重病，他父母送他来乡下是为了让他调养调养，吃些新鲜的果蔬。"

"好吧，在你去见你父亲之前我们先去戍楼，我要让颜源先生当你面证明他是无罪的，然后我们再找回那二百两金子！"

狄公拽着梅玉的手便出房门下了戍楼来，正在这时，戍楼上的警锣敲响了，庭院里的难民吓得到处乱跑。狄公挽着梅玉爬上了戍楼，狄公朝下一看，几十个飞虎团正明火执仗，横马提刀从山冈那边杀来，他们左边轰隆轰隆推来一辆高高的云车，右边十来个飞虎团正抬着一根巨木——那是用来撞开庄园的大门的。狄公也看到那三个年轻的渔民正敏捷地爬上戍楼，那里安好了一张很大的渔网。

颜总管刚要下戍楼去禀告闵员外，迎面正与梅玉打了个照面，他大吃一惊，"你……小姐是你……"

梅玉冷冷地说："是我，颜总管，我还活着，是这位狄刺史把我带来这里见你的。你没有见着我的尸体，这不奇怪，棺材里躺着的是翠菊。"

戍楼下，满山遍谷响着喊杀声，一队一队骑马的飞虎团纵横驰骋，手上的刀枪在晨曦里闪闪发光，肩上的虎皮在微风中上下飘动。狄公焦急地回首望了望远处浊流滚滚的黄河，河水似乎涨得更高了。烟雾渐散，阳光透来，狄公隐约看见黄河上有一个黑点正慢慢变大。

狄公转过脸来，严厉地对颜源说："颜总管，现在一切都清楚了，是你同梅玉两个人一起杀害了翠菊。你使她怀了孕，但你梦寐以求的是与梅玉小姐结婚，小姐也钟情于你，你们两个早有来往。你知道老员外绝不会同意你们的婚事，因为他老人家对你在城里干的风流勾当一清二楚，所以他早早同梁家缔了婚约。飞虎团的到来为你们施展阴谋提供了机会，梅玉小姐先将二百两金子偷出来藏好，然后你们两人一同杀了翠菊，让她穿上小姐的长裙。梅玉你就躲进了阁楼，颜源你则先瞒住老员外，让闵国泰看了死尸便与那两个老仆人将翠菊放进了棺材。庄园里人人都认为梅玉死了，你们用一块黑膏药将翠菊背上的伤口贴上。闵国泰许久没有见过小姐的面，故很容易瞒过他，因为翠菊穿着小姐的昂贵的长裙，而事实上他做梦也想不到这背后藏着一个精心设计的骗局。等老员外知道消息时，假的小姐已放进棺材了！他有什么法子呢？他知道自己的女儿有心脏病，而且闵国泰已切过脉下了诊断。"

梅玉轻蔑地一声冷笑，"编造得干净如同传奇一般，刺史大人，不知按你这本传奇故事，这之后，我们又会干些什么？"

"这不难猜测。当飞虎团来攻打这个庄园时，颜源就乘混乱爬上那个阁楼和你藏在一起，等强盗们将这里的人斩尽杀绝、洗劫一空离去后，你们俩从阁楼里爬下来，悄悄等洪水退去，强盗不敢放火烧这房子。然后你们携带那二百两金子逃到州府里先住下，一边去告状，编出一套横遭不幸的谎言来。你们会说飞虎团绑架了你们，你们经受了种种磨难，吃尽了苦，最后从魔掌里逃脱了出来。官府当然信了你们的话，小姐你便合法继承了闵老员外的全部财产，你们便结婚，从此过起富绰淫乐的生活。这场劫难虽然使你梅玉失掉了双亲，但你是不会感到不安的，事实上你也根本不会想到让你年迈的双亲躲进那个阁楼。"

"你父亲说白虎星临位，昨天夜里我这个真正的白虎精下世了。一个极偶然的机会，我到你们庄园来借宿，你们俩命数里便倒了霉。我发现了棺材里不是小姐，发现了小姐原来藏在阁楼里。我戳穿了你们玩耍的花招，我破获了真正杀人谋财的凶手。"

戍楼下的呐喊更响了，云车的轧轧声已很清晰，十几个飞虎团扛着巨木眼看就要撞上庄园的大门。

梅玉一对惨绿的大眼睛燃烧着怒火，一张长脸气得如死人一样苍

明察秋毫

狄仁杰

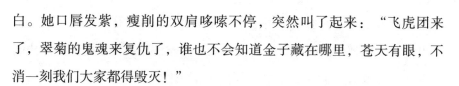

白。她口唇发紫，瘦削的双肩哆嗦不停，突然叫了起来："飞虎团来了，翠菊的鬼魂来复仇了，谁也不会知道金子藏在哪里，苍天有眼，不消一刻我们大家都得毁灭！"

颜源如大梦始醒，痛苦地忏悔道："翠菊，是我负了你，我是个没脸面的禽兽。"说着又转脸对梅玉，"就是你，梅玉，你这个卑鄙的女人！你要我杀死翠菊，而我竟听了你的撺掇，做出了那等伤天害理的事来！翠菊是个天真无邪的姑娘，又美丽又善良，她把什么都给了我，她那样爱我，她要与我结婚。我竟鬼迷心窍，糊涂油蒙了心，被你这个蛇蝎一样的女人骗了！甘愿与你这个丑恶的、干瘪的、驼背的女人鬼混……我现在恨透了你，梅玉，我要把肮脏的一切都告发出来——"

突然一声惨叫，梅玉已经越过戍楼的栏杆，坠下了十几丈的高墙。

颜源忙扒在栏杆向戍楼下面看，他的眼睛里闪出恐惧、绝望的神色。只见戍楼下一个飞虎团强盗从马上跳了下来，走到摔得血肉模糊的梅玉尸身旁，从她的耳朵上拉下耳环，又在她的手腕上摸了摸，愤愤地站了起来，拔出利剑残忍地朝她的肚子砍去，肚子裂了膛，五脏六腑都流淌了出来。

颜源大惊失色，发疯似的回过头来，声嘶力竭地叫道："完了，飞虎团杀来了！梅玉一死，我们谁也不能得到那笔金子了！"

狄公厉声喝道："颜源！你快从实招来！你是如何将翠菊杀死的。"

颜源从恐怖中清醒过来，大汗淋漓，他气喘吁吁地说道："我没有杀翠菊，她不是我杀的。昨天梅玉跑来告诉我说，她从银柜里拿金子时正被翠菊看见，她说必须封住翠菊的口，最好是将她杀了。她交给我一柄又尖又长的匕首，我犹豫不决。她把翠菊叫到她的房间里盘问，翠菊矢口否认监视过小姐。她恼羞成怒，劈手从我手里夺过那匕首，狠狠地瞪了我一眼，命翠菊转过脸去。她格格冷笑了一声，突然用力将匕首刺进翠菊的背脊。我双手捂住脸跟跄地倒退了几步，我见她脱下翠菊的衣服,拭去了背上的血迹,用一张黑膏药贴住了那个伤口,又从衣箱里拿出她自己的那条白绸长裙给翠菊穿上。接着她叫我把翠菊的尸体扶倒躺在床上,她迅速地将长裙的腰带打了一个蝴蝶结子。"

狄公笑道:"对!正是这个蝴蝶结子暴露了她杀人的真相。这种复杂的蝴蝶结子只有平时习惯系的女人才会系,而这件长裙、这条腰带又正是梅玉自己的。不过最初使我怀疑到她的死还是闵老员外微妙的态度,他坚持要我住在梅玉的房间我就明白这里面必有深意,果然我在阁楼里找到了她,解开了她'死'的谜。至于你,颜总管,你对飞虎团的到来无所谓的态度则说明你早有了退步。这儿每个人都为死到临头而恐惧,而你却有点超然,但事实上你又不像是个有胆魄、有见识、有勇谋的男子。我相信你刚才说的话,梅玉确实是主犯,是她预谋杀人,又亲自执刃。但你是个可恶的帮凶,一个阴险的骗局中的同谋,按律法,你也要被处斩首。"

颜源忽然放声大笑起来,"我的狄大人,你没见飞虎团已经撞破了庄园的大门,到时候,你同我——一个侦破了案子的大官和一个犯了案子的罪人将一并去西天,一路上也做个伴儿。翠菊的鬼魂不放过梅玉,梅玉的鬼魂也不肯饶了你。"

狄公平静地望了望戍楼下,突然巨木撞门的声音停下,飞虎团开始调转方向向山冈子里蜂拥而逃,叫骂声、马蹄声响作一片。

远处黄河上一条大战船正飞速驰近,船头两边溅起几尺高的浪花,两舷是列队齐整的兵士,矛戈森严,铠甲闪光,船尾金鞍铁辔的战马如白云一堆在那里蠕动。

颜源感到纳罕,问道:"狄大人,这是怎么一回事?"

狄公淡淡地答道:"昨夜我给黄河南岸官军营寨的折冲都尉送了一封信,请他派一营骑兵和一队工兵来。骑兵剿捕飞虎团,工兵则越过山冈子橡树林去那边大缺口上架浮桥,让我的扈从人员来这里与我会齐。我已经

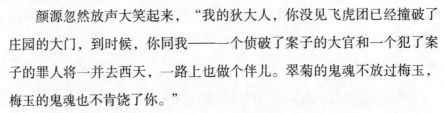

破获了一起杀人谋财案，还得继续赶路去京师赴职，只能将你送到本州官府治罪。你无须上京师喊冤，我正是朝廷的新任大理寺正卿。"

颜源哭丧着脸，声音嘶哑地问道："狄大人是如何将信送到南岸营寨的？"

"我早说过我正是飞虎团的克星，我有我自己的飞虎团。"狄公笑着答道，"我写了十二封内容相同的信，将它们交给了一个放风筝的少年。我叫他在每只风筝上系上一封信，然后将风筝一个接一个放上天，当风筝升到高空时就将绳线剪断。当时正北风劲吹，我想至少有一两只色彩鲜艳的风筝会落到南岸。倘有人发现风筝上系着有信，定会及时将信送到营寨的折冲都尉手中，都尉见是我的信，便会马上发兵前来救应。好了，现在飞虎团的末日到了，颜源，你也打点行装跟我去官府投案吧！"

公元677年（大理寺正卿、京都留守）

断案神仙，名传千古

狄仁杰在四十七岁上，被唐高宗李治任命为大理寺丞，就是朝廷的审判官员。狄仁杰一上任，凭着他的处事冷静和超人智慧，很快将许多疑难案子调查清楚，赢得了朝廷上下一致的赞扬。

干练的身材，清癯的面容，蓄着长须，说起话来时不时将它轻轻捋着，这就是狄仁杰留给人独特的形象。

有一次，狄仁杰亲自到边疆小城兰坊办一件案子，案主钱牟是兰坊当地一霸，杀人谋财手段极其狠毒，且为人狡猾异常，前几次朝廷派人来调查，不是被钱牟贿赂住了，就是惧怕钱牟的势力，总之是不了了之。狄仁杰一来，追根究底，彻底查清了钱牟的罪行。狄仁杰决定就在当地开堂判决，兰坊城里的老百姓见到告示，一传十，十传百，都来了。

判决完毕，处死了钱牟，狄仁杰又将惊堂木一拍，开口说道："多年来恶霸钱牟在兰坊一手遮天，篡权敌政，欺负百姓。本官宣布：从现在起开始放告，全县父老百姓，有冤申冤，有仇报仇，只要是控告钱牟，每案必访，有错必纠，有失必偿，以使得人心安，民愤平。"

堂下众人听见这话，欢声雷动，尤其是妇女，竟激动得哭了，差役赶忙高喊着让众人安静。狄仁杰拈着长须，稳稳地坐在台上。

众人欢呼的当儿，靠墙角有三个和尚却在弯腰曲背窃窃私语；等欢呼声停止了，他们挤出人群，大声高呼冤屈。

三个和尚向高台走近，狄仁杰锐眼看得分明，喊冤者一个个贼头贼脑，听不出半丝真正悲伤怨恨的音调，心中明白了几分。

三个和尚在堂前齐齐跪下。

狄仁杰问："你们三个谁最年长？"

跪在中间的和尚答道："回禀京官大人，我算痴长了几岁。"

"你叫什么名字？有什么冤屈？慢慢说来。"

"我法名慧海，与二师弟在城南广孝寺出家，整日念珠、木鱼相伴，苦心修行。我们寺里其他没有什么值钱的物件，只有一尊南无观世音金身雕像。阿弥陀佛！不想两个月前，钱牟带着一伙打手闯入寺内，竟将菩萨雕像抢去了。罪过！我们出家人虽说是慈悲为怀，可是对这种盗宝亵渎圣灵的恶行，却是难以容忍的。现在钱牟既然伏法，我们三人恳请京官大人将圣物追回，归还小店，如果钱牟已将菩萨全身焚化，就祈求京官大人从钱牟金库里赐给我们金银，弥补我们的损失。老爷大恩大德，我师兄弟三人永难忘记，阿弥陀佛！"那和尚口齿伶俐，说完后

明察秋毫

狄仁杰

在水青石地板上一连叩了三个响头。

堂下看审的众人屏声静气听完和尚诉了冤情，肃静异常，刚才他们已听到了狄仁杰的豪言壮语，现在正可以看看他审问听断的聪明才智了。

狄仁杰坐堂审案何止千百次，自然明白堂下百姓的用意，只见他微眯双眼，略一思索，开口问道："这金身圣像是你们庙中唯一的宝物，想必你们一向爱护备至的吧？"

那和尚不知是计，答道："老爷说得是，每天早晨我都亲自拿着拂尘为圣像掸拭灰土，口诵经文。"

狄仁杰又问："你那二位师弟想来也是早晚勤奋侍奉菩萨？"

跪在右边的和尚见问，答道："回老爷垂问，我自从归了佛门，一心断恶修善，每日早晚两次在菩萨面前青灯高香，唱经念佛，瞻仰慈容，已数年如一日了！"

第三个和尚说道："小僧自剃发从佛以来，每日服侍于大慈大悲南无观世音菩萨莲台近旁，寸步不离，好像金童玉女，只是手中少了净瓶杨柳，阿弥陀佛！"说着合掌胸前，一派虔诚。

三个和尚怕狄仁杰说他们对佛不敬，所以争相表白自己，狄仁杰听了，粲然一笑，连声说"妙妙"，扭头对书记员说："你去给这三个原告每人木炭一块，白纸一张。"

那三个和尚拿到了黑炭白纸，不知道狄仁杰是什么意思，一旁众人看了，也是莫名其妙。

狄仁杰命左边那和尚："你向左走到高台左侧！"又命右边那和尚："你走到高台右边去！"最后剩下慧海，狄仁杰命令道："你转过身去，面对堂下观众！"

三个和尚皱着眉，只得遵命。

狄仁杰又发出了命令："你们都跪下，每人模仿菩萨金身画一幅像交上来！"

这一招着实灵验，三个和尚搔头抓腮，大汗淋漓，想回头吧，却又不敢，磨蹭半天，每人才胡乱画出一像。

狄仁杰命人将画像取来扫了一眼，便推出公案之外。纸片飘飘落地，人人都看得明白，三幅画像没有一幅相同。一幅将观音画成三头四臂，一幅三头八臂，第三幅则是一头两臂，身旁多了女童一名。

狄仁杰冷冷一笑，随即板了面孔喝道："你们这些佛门败类，竟敢无中生有，贪赃诬告，扰乱公堂，跑来欺骗我！左右，用大板！"

三个和尚早吓得全身颤抖像筛糠一般，这边众差人发一声喊，齐齐地将他们掀翻了，撩起衣衫，竹板在空中舞动，呼呼生风。

大板无情，打得那三个和尚鬼哭狼嚎，尖声讨饶，众差人哪里肯依，直打完二十大板才止息，只见和尚们一个个皮开肉绽，鲜血直流。

狄仁杰对着众人说道："刚才我正想宣布任何人不得墙倒众人推，浑水摸鱼，不料这三个秃和尚鬼迷心窍，前来自寻苦吃。今后，谁要是再敢不顾王法，诬告他人，这三人就是榜样！"

看审的百姓一片嗡嗡声，齐声称颂狄仁杰果真本领高强，审倒了钱牟，又教训了三个不守本分的和尚，真是恶有恶报，分毫不差。

传说狄仁杰在大理寺丞位上一年左右的时间里，判决了纠缠多年的"滞狱"，也就是疑难的案子一万七千多件，老百姓把他称为"断案神仙"，不是没有理由的。

明察秋毫